は し が き

　我が国の消費税は、他の税や、特定の物品やサービスに課税する個別消費税と異なり、消費一般に対し、子どもやお年寄りの方を含め、広く国民の皆さまに負担をお願いする点で、身近な税といえます。限定された一部の取引を除き、国内におけるほとんど全ての商品の販売やサービスの提供等の取引と輸入取引を課税対象として、取引の段階ごとに課税される間接税であり、令和4年度の当初予算ベースでは、国税収入に占める消費税の割合は約33％と我が国の財政を支える上で極めて重要な税となっています。

　平成元年4月の消費税の導入から34年が経過しましたが、この間、様々な制度改正が行われ、近年では、令和5年10月の適格請求書等保存方式（インボイス制度）の円滑な制度開始のために、これまで免税事業者であった者がインボイス発行事業者になった場合の納税額を売上税額の2割に軽減する3年間の激変緩和措置を講ずるなどの大きな制度改正があったところです。

　こうしたこともあり、事業を経営する方や経理を担当する方からは、「消費税の課税範囲や計算、届出・承認関係が複雑でよく分からない。」といった声も聞かれます。そこで本書は事業経営者の方や経理担当者の方々に消費税の基本的な仕組みや税額の計算方法をはじめ、様々な届出・許可・承認関係などを、具体的な事例を交えながらポイントを絞り、できるだけ容易に理解していただけるように工夫しました。

　はからずも、本書は平成10年9月に刊行して以来、多くの方々からご好評をいただき、ここに版を重ねることができました。今後とも、より良い内容に改めて参りたいと考えておりますので、お気付きの点、また、ご意見などをお寄せいただきますようお願い申し上げます。

　なお、本書は、現在、関東信越国税局課税第二部消費税課に勤務する者が、休日などを利用して執筆したものですが、文中意見にわたる部分は、個人的な見解であることを念のため申し添えます。

　本書を消費税の身近な参考書としてご利用いただき、少しでも皆様方の実務のお役に立てれば幸

令和5年4月

JN124016

霜　崎　良　人

〔目　　　次〕

1 基本的な仕組み

消費税は
どんな仕組みの税金か

消費税は、消費に対して広く公平に負担を求めるという観点から、商品の販売や貸付け、サービスの提供などの国内取引や輸入取引に対して課税される国税で、間接税に分類されます。

1 消費税

　消費税は、特定の物品やサービスに課税する個別消費税（酒税、たばこ税等）とは異なり、消費に対して広く公平に負担を求めるという観点から、金融取引や資本取引、医療、福祉、教育等の一部を除き、国内で行うほとんど全ての商品の販売や貸付け、サービスの提供（国内取引）や保税地域から引き取られる外国貨物（輸入取引）を課税の対象として、取引の各段階ごとに標準税率10％（うち2.2％は地方消費税）、軽減税率8％（うち1.76％は地方消費税）の税率で課税される間接税です。

2 税の累積排除と消費者への転嫁

　消費税は、事業者に負担を求めるものではなく、その税金分は事業者が販売する商品や提供するサービスの価格に含まれて転嫁され、最終的には消費者が負担します。また、生産、流通等の各段階で二重、三重に税が課されることのないように、課税売上げに係る消費税額から課税仕入れ等に係る消費税額を控除することにより、税が累積しない仕組みとなっています。

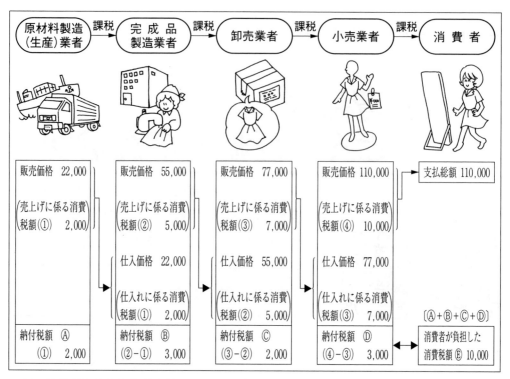

（注）　消費税と地方消費税を合わせた税率（10％）で計算しています。

3　申告・納付

　　消費税の納税義務者は、製造・卸・小売・サービスなどの各段階の事業者と保税地域からの外国貨物の引取者です。

　　納税義務者は、国内取引について、納税地の所轄税務署長に課税期間の末日の翌日から2月以内（個人事業者の場合は翌年の3月31日まで）に消費税及び地方消費税の確定申告書を提出し、消費税額と地方消費税額を併せて納付します。

4　税率

　　消費税の税率は標準税率7.8％、軽減税率6.24％の複数税率です。このほか地方消費税が消費税率換算でそれぞれ、2.2％、1.76％（ともに消費税額の$\frac{22}{78}$）課税されますので、合わせた税率は標準税率10％、軽減税率8％となります（116ページ参照）。

5 納付税額の計算

納付税額は、次の算式により計算します。

消費税額	=	課税売上げに係る消費税額 （売上税額）（注1）	−	課税仕入れ等に係る消費税額 （仕入税額）（注1、2）

地方消費税額	=	消費税額	×	$\dfrac{22}{78}$

（注1） 消費税額は税率ごとに区分して計算する必要があります。

（注2） 簡易課税制度を適用する事業者は170ページを参照してください。

納付税額	=	消費税額	+	地方消費税額

また、直前の課税期間の確定消費税額に基づき、消費税及び地方消費税の中間申告と納付が必要となります（210ページ参照）。

なお、輸入取引について、外国貨物の引取者（事業者に限らず、消費者である個人が輸入者となる場合も含まれます。）は、保税地域から外国貨物を引き取る時までに、その所轄税関長に引取りに係る消費税額と地方消費税額を申告し、納付します。

6 納税事務の負担軽減措置等

事業者の納税事務の負担を軽減するため、次のような措置が講じられています。

① 小規模事業者に係る納税義務の免除（53ページ参照）

② 簡易課税制度（170ページ参照）

7 消費税収入の使途

消費税の収入については、地方交付税法の定めによるほか、年金、医療及び介護の社会保障給付並びに少子化に対処するための施策に要する経費（社会保障4経費）に充てることとされています（法1②）。

2 課税範囲

どんな取引が課税対象になるのか

　消費税は、国内で行われる取引と、保税地域から引き取られる外国貨物を課税対象にしています。

　国外で行われる取引は課税対象になりません。

1 国内取引における課税対象

　国内において事業者が行う資産の譲渡等（特定資産の譲渡等㊟を除きます。）及び特定仕入れが、消費税の課税の対象となります（法4①）。

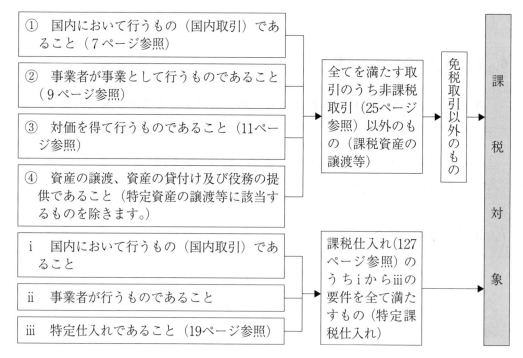

① 国内において行うもの（国内取引）であること（7ページ参照）		
② 事業者が事業として行うものであること（9ページ参照）	全てを満たす取引のうち非課税取引（25ページ参照）以外のもの（課税資産の譲渡等）	免税取引以外のもの
③ 対価を得て行うものであること（11ページ参照）		
④ 資産の譲渡、資産の貸付け及び役務の提供であること（特定資産の譲渡等に該当するものを除きます。）		
ⅰ 国内において行うもの（国内取引）であること	課税仕入れ（127ページ参照）のうちⅰからⅲの要件を全て満たすもの（特定課税仕入れ）	
ⅱ 事業者が行うものであること		
ⅲ 特定仕入れであること（19ページ参照）		

課税対象

㊟ 「特定資産の譲渡等」とは、事業者向け電気通信利用役務の提供及び特定役務の提供をいいます（19ページ参照）。

2 輸入取引における課税対象

保税地域（注１）から引き取られる外国貨物（注２）が、消費税の課税の対象となります（法４②）。

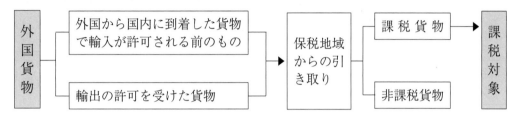

（注１）「保税地域」とは、輸出入手続を行い、また、外国貨物を蔵置し又は加工、製造、展示等することができる特定の場所をいいます。

（注２）「外国貨物」とは、外国から国内に到着した貨物で、輸入が許可される前のもの及び輸出許可を受けた貨物をいいます（関税法２①三）。

ポイント

○ 保税地域において外国貨物が消費され又は使用された場合には、その消費又は使用をした者がその消費又は使用した時に外国貨物を保税地域から引き取るものとみなして課税されます（法４⑥）。

○ 保税地域から引き取られる外国貨物については、国内取引のように「事業として対価を得て行われる」ものに限られませんから、保税地域から引き取られる外国貨物に係る対価が無償である場合又は保税地域からの外国貨物の引取りが事業として行われるものではない場合のいずれについても課税の対象となります（基通５−６−２）。

［取引の類型］

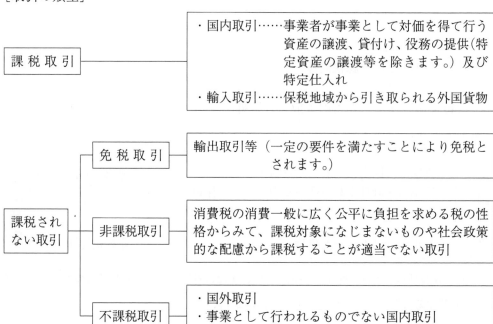

課税取引
・国内取引……事業者が事業として対価を得て行う資産の譲渡、貸付け、役務の提供（特定資産の譲渡等を除きます。）及び特定仕入れ
・輸入取引……保税地域から引き取られる外国貨物

課税されない取引
　免税取引　　輸出取引等（一定の要件を満たすことにより免税とされます。）
　非課税取引　消費税の消費一般に広く公平に負担を求める税の性格からみて、課税対象になじまないものや社会政策的な配慮から課税することが適当でない取引
　不課税取引
・国外取引
・事業として行われるものでない国内取引
・反対給付としての対価性を有しない国内取引

国内において行うものとは

消費税は、国内において行われる取引（国内取引）に対して課税されますので、国外で行われる取引は課税の対象になりません。

また、事業者が国内と国外の双方にわたって取引を行っている場合には、その取引が国内取引であるか、国外取引であるかを判定する必要があります。

国内取引の判定

資産の譲渡等が国内で行われたかどうかの判定は、次のとおりです（法4③）。

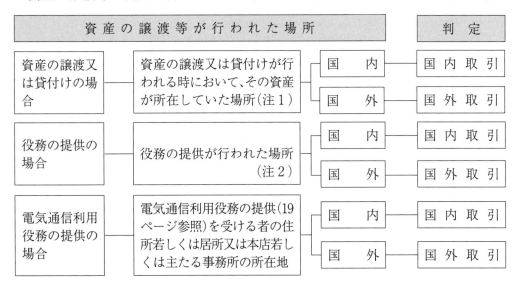

資産の譲渡等が行われた場所			判　定
資産の譲渡又は貸付けの場合	資産の譲渡又は貸付けが行われる時において、その資産が所在していた場所（注1）	国　内	国　内　取　引
		国　外	国　外　取　引
役務の提供の場合	役務の提供が行われた場所（注2）	国　内	国　内　取　引
		国　外	国　外　取　引
電気通信利用役務の提供の場合	電気通信利用役務の提供（19ページ参照）を受ける者の住所若しくは居所又は本店若しくは主たる事務所の所在地	国　内	国　内　取　引
		国　外	国　外　取　引

（注1）　譲渡又は貸付けの対象資産が船舶、航空機、特許権等である場合には、その船舶等の登録をした機関の所在地等が国内であれば、国内取引となります（令6①）。

（注2）　運輸、通信その他国内と国外の双方にわたって行われる役務の提供などの場合には、発送地又は到着地等の場所が国内であれば国内取引となります（令6②、基通5―7―13）。

ポイント

○　国外に所在する資産について、譲渡又は貸付けを行った場合には、国内の事業者間で譲渡又は貸付けが行われていても、国外取引となります（基通5－7－10）。

　　また、国外において購入した資産を国内に搬入することなく他へ譲渡する取引も国外取引に該当します。

事業者が事業として行うものとは

国内取引では事業者が事業として行う取引を課税対象としていますから、事業者以外の者が行う取引は課税対象になりません。

1 事業者

「事業者」とは、個人事業者（事業を行う個人）と法人をいいます（法2①四）。

2 事業として

「事業として」とは、対価を得て行われる資産の譲渡等を反復、継続、独立して行うことをいいます（基通5－1－1）。

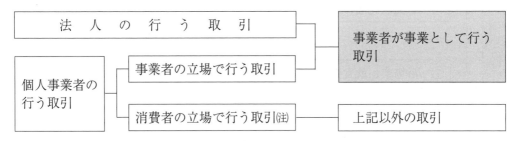

（注） 例えば、家庭で使用しているテレビ等の非業務用資産の売却などが該当します。

ポイント

○ 法人はそもそも事業活動を行うことを目的として設立されていますので、法人の行う取引の全てが「事業者が事業として行うもの」に該当します（基通5－1－1（注）2）。

○　事業活動に付随して行われる取引（例えば事業用固定資産の譲渡など）も「事業」に含まれます（令2③）。

　　例えば、事業活動の一環として、又はこれに関連して行われる次に掲げるようなものが該当します（基通5－1－7）。

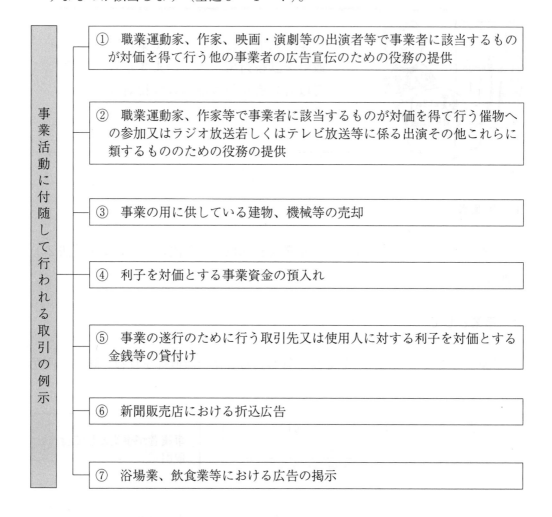

事業活動に付随して行われる取引の例示

① 職業運動家、作家、映画・演劇等の出演者等で事業者に該当するものが対価を得て行う他の事業者の広告宣伝のための役務の提供

② 職業運動家、作家等で事業者に該当するものが対価を得て行う催物への参加又はラジオ放送若しくはテレビ放送等に係る出演その他これらに類するもののための役務の提供

③ 事業の用に供している建物、機械等の売却

④ 利子を対価とする事業資金の預入れ

⑤ 事業の遂行のために行う取引先又は使用人に対する利子を対価とする金銭等の貸付け

⑥ 新聞販売店における折込広告

⑦ 浴場業、飲食業等における広告の掲示

対価を得て行うものとは

消費税は対価を得て行う取引に対して課されますので、無償による取引は、みなし譲渡に該当するものを除き、課税の対象になりません。

対価を得て行うもの

　「対価を得て行うもの」とは、資産の譲渡等に対して反対給付を受けることをいいます（基通5—1—2）。

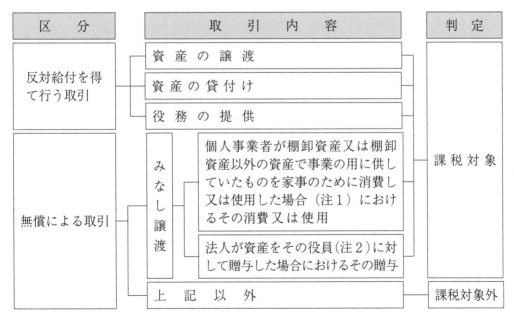

区　分	取　引　内　容		判　定
反対給付を得て行う取引	資　産　の　譲　渡		課税対象
	資　産　の　貸　付　け		
	役　務　の　提　供		
無償による取引	み な し 譲 渡	個人事業者が棚卸資産又は棚卸資産以外の資産で事業の用に供していたものを家事のために消費し又は使用した場合（注1）におけるその消費又は使用	
		法人が資産をその役員（注2）に対して贈与した場合におけるその贈与	
	上　記　以　外		課税対象外

（注1）　「家事のために消費し又は使用した場合」とは、棚卸資産又は棚卸資産以外の資産で事業の用に供していたものを個人事業者又は個人事業者と生計を一にする親族の用に消費し又は使用した場合をいいます（基通5—3—1）。

（注2）　「役員」とは、法人税法第2条第15号《定義》に規定する役員をいいます（法4⑤二）。

○　法人がその役員に対して無償で行った資産の譲渡（贈与）は対価を得て行われた資産の譲渡等とみなされますが、無償で行った資産の貸付け又は役務の提供については、対価を得て行われた資産の譲渡等とはみなされません（基通5－3－5）。

資産の譲渡・貸付け及び役務の提供とは

「資産の譲渡・貸付け及び役務の提供」とは、それぞれ次のとおりです。

1　資産の譲渡

　「資産の譲渡」とは、取引の対象となる一切の資産（棚卸資産又は固定資産のような有形資産のほか、権利その他の無形資産も含まれます。）について、その同一性を保持しつつ、他人に移転させることをいいます（基通5―1―3、5―2―1）。

ポイント

○　事業として対価を得て行われる資産の譲渡は、その原因を問いませんので、例えば、他の者の債務の保証を履行するために行う資産の譲渡であっても、事業として対価を得て行われる資産の譲渡に該当します（基通5―2―2）。

○　対価を得て行われる資産の譲渡等には、次の行為も含まれます（令2）。

資産の譲渡に含まれるもの	
	代物弁済による資産の譲渡
	負担付き贈与による資産の譲渡
	金銭以外の資産の出資（特別の法律に基づく承継に係るものを除きます。）
	貸付金その他の金銭債権の譲受けその他の承継（包括承継を除きます。）
	資産の交換

2　資産の貸付け

　「資産の貸付け」とは、賃貸借契約や消費貸借契約等により、資産を他の者に貸し付けることをいいます。これには、資産に係る権利の設定その他他の者に資産を使用させる一切の行為（電気通信利用役務の提供（19ページ参照）に該当するものを除きます。）が含まれます（法2②）。

　なお、「資産を他の者に使用させる」とは、動産、不動産、無体財産権その他の資産を他の者に使用させることをいいます。

　「資産に係る権利の設定」及び「資産を使用させる一切の行為」とは、例えば、次のようなものをいいます（基通5－4－1、5－4－2）。

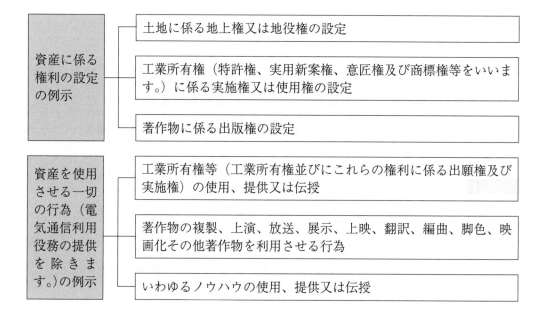

資産に係る権利の設定の例示	土地に係る地上権又は地役権の設定
	工業所有権（特許権、実用新案権、意匠権及び商標権等をいいます。）に係る実施権又は使用権の設定
	著作物に係る出版権の設定
資産を使用させる一切の行為（電気通信利用役務の提供を除きます。）の例示	工業所有権等（工業所有権並びにこれらの権利に係る出願権及び実施権）の使用、提供又は伝授
	著作物の複製、上演、放送、展示、上映、翻訳、編曲、脚色、映画化その他著作物を利用させる行為
	いわゆるノウハウの使用、提供又は伝授

3　役務の提供

　「役務の提供」とは、請負契約、運送契約、委任契約、寄託契約などに基づいて、労務、便益、その他のサービスを提供することをいいます。

　具体的には、次のようなものをいいます（基通5－5－1）。

役務の提供の例示	土木工事、修繕、運送、保管、印刷、広告、仲介、興行、宿泊、飲食、技術援助、情報の提供、便益、出演、著述その他のサービスの提供 ※　弁護士、公認会計士、税理士、作家、スポーツ選手、映画監督、棋士等によるその専門的知識、技能等に基づく役務の提供もこれに含まれます。

無形資産の譲渡

問　「特許権」、「著作権」、「農地法上の耕作権」、「鉱業権」、「温泉利用権」、「許可漁業の出漁権」の譲渡は課税されるのでしょうか。

答　課税の対象とされる資産には、棚卸資産、固定資産のような有形資産のほか、権利その他の無形資産など、およそ取引の対象となるものは全て含まれます（基通5—1—3）。したがって、これらの権利の譲渡についても課税の対象となります。

　ただし、農地法上の耕作権については、土地の上に存する権利としてその譲渡等は非課税となります（基通6—1—2）。

火災に遭った場合の課税関係

問　倉庫が火災により全焼し、倉庫、商品が全て消失してしまいました。甲保険会社の火災保険に加入していたため、倉庫及び商品の保険金を受領しましたが、消費税の課税関係はどのようになりますか。

答　甲保険会社から受け取った火災保険金は、保険事故の発生に伴い受け取るものですから、資産の譲渡等の対価に該当せず、課税の対象外となります（基通5—2—4）。

　また、倉庫及び商品の火災による滅失も、資産の譲渡等に該当しません（基通5—2—13）。

　なお、焼失した商品に係る仕入れであっても、その商品を仕入れた課税期間において、仕入税額控除の対象となります（基通11—2—11）。

ゴルフ会員権の譲渡

> **問** ゴルフ場やリゾートクラブの会員権の譲渡は、課税の対象となるのでしょうか。

答 ゴルフ場やリゾートクラブの会員権は、それらの施設を優先的に利用できる権利を表彰した証書であり、その証書を譲渡することにより優先的利用権が譲渡されたものと認められます。そのため、これらの証書の譲渡は、ゴルフ場やリゾートクラブの利用権、すなわち課税資産の譲渡に該当しますので、事業者が事業として行うそれらの取引は、課税の対象となります（基通6―2―2）。

　なお、個人事業者が所有するゴルフ会員権については、会員権販売業者である個人事業者が保有している場合には棚卸資産に当たり、その譲渡は課税の対象となりますが、その他の個人事業者が保有している場合には生活用資産に当たり、その譲渡は課税の対象となりません（基通5―1―1㈲1）。

テナントから領収するビルの共益費

> **問** ビル管理会社等がテナントから受け入れる水道光熱費等の共益費等は、いわゆる「通過勘定」という実費精算的な性格を有しますので、課税の対象外となりますか。

答 ビル管理会社等が、水道光熱費、管理人人件費、清掃費等を共益費等と称して各テナントから毎月一定額を領収し、その金額の中からそれぞれの経費を支払う方法をとっている場合には、ビル管理会社等が領収する共益費等は課税の対象となります（基通10―1―14）。

　一方、水道光熱費等の費用がメーター等によりもともと各テナントごとに区分されており、かつ、ビル管理会社等がテナント等から集金した金銭を預り金として処理し、本来テナント等が支払っているべき金銭を預かって電力会社等に支払っているにすぎないと認められる場合には、その預り金はビル管理会社等の課税売上げには該当せず、また、電力会社等への支払も課税仕入れに該当しません。

建物賃貸借に係る保証金から差し引く原状回復工事費用

> **問** 当社はマンションの賃貸を行っており、貸付けに当たって保証金を徴しておき、賃借人が退居する際には、当社において原状回復工事を行い、これに要した費用相当額をその保証金から差し引いて、残額を返還することとしています。
>
> この保証金から差し引くこととなる原状回復工事に要した費用相当額は課税の対象となるのでしょうか。

答 建物の賃借人には、退去に際して原状に回復する義務があることから、賃借人に代わって賃貸人が原状回復工事を行うことは賃貸人の賃借人に対する役務の提供に該当します。したがって、保証金から差し引く原状回復工事に要した費用相当額は課税の対象となります。

なお、住宅の貸付けは非課税取引（28ページ参照）に該当しますが、その住宅を賃借人が退去する際の原状回復工事費用は、住宅の家賃に該当するものではないので、課税の対象となります。

「対価補償金」とされる「移転補償金」

> **問** 資産の移転に要する費用の補てんに充てるために受ける「移転補償金」であっても、その交付を受ける者が実際にはその資産を取り壊した場合に、法人税では「対価補償金」として取り扱われますが（租税特別措置法関係通達64(2)—8）、この場合、消費税法上も対価補償金として課税の対象となるのでしょうか。

答 法人税の課税の特例として「対価補償金」とされるものであっても、所有権等の権利を取得する者から交付を受けるその権利の消滅に係る補償金ではなく、資産の移転に要する費用又は取壊しに要する費用の補填に充てるために交付を受ける補償金（「移転補償金」又は「経費補償金」）は、課税の対象とはなりません（基通5—2—10）。

権利金・敷金の課税

> **問** 建物などの賃貸借契約の締結に当たって受領する権利金や敷金は課税されるのでしょうか。

答 賃貸借契約の締結や更改に当たって受領する権利金のように、後日になっても返還しないものは、権利の設定の対価（資産の貸付けの対価）に該当し、課税の対象となります（ただし、住宅の貸付けに係るものは非課税となります。）。

　しかし、敷金のように賃貸借の終了時に返還されるものは一種の預り金であり、資産の貸付けの対価には該当しませんので課税の対象になりません（基通5－4－3）。

経営指導料、フランチャイズ手数料等

> **問** 大手チェーンストアグループの傘下のフランチャイズ店では、毎月売上利益の何％というように定められた金額を、経営指導料、フランチャイズ手数料、ロイヤリティなどの名目の手数料としてグループの主宰者に対して支払っていますが、これらの手数料は課税の対象となるのでしょうか。

答 経営指導料は、販売・仕入の手法又は財務面を指導するという役務の提供の対価であり、フランチャイズ料及びロイヤリティは、グループの傘下店として統一された名称の使用料、グループの共同広告の分担金等の役務の提供の対価に該当し、いずれも課税の対象となります（基通5－5－1）。

　したがって、これらの手数料はいずれもグループの主宰者の課税売上げに該当し、また、フランチャイズ店の課税仕入れに該当することになります。

従業員を派遣して対価を得る場合

> **問** 他の会社の食堂に自社の従業員を派遣している場合の派遣料収入（人件費、管理費）は課税されますか。

答 人材派遣契約に基づく従業員の派遣は、出向契約に基づき使用人等を出向させている場合とは異なり、人材を派遣して派遣先の事業者の指示に従い派遣先の事業者のために役務の提供をして対価を得ているものですから、課税の対象となります（基通5－5－11）。

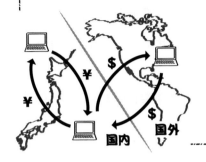

特定仕入れとは

国内において事業者が行った特定仕入れも課税の対象となります。

1　特定仕入れ

「特定仕入れ」とは、事業として他の者から受けた特定資産の譲渡等（事業者向け電気通信利用役務の提供及び特定役務の提供）をいいます（法4①）。

2　電気通信利用役務の提供

「電気通信利用役務の提供」とは、電気通信回線（インターネット等）を介して行われる電子書籍・広告の配信などの役務の提供をいいます（法2①八の三）。

(1)　事業者向け電気通信利用役務の提供

「事業者向け電気通信利用役務の提供」とは、国外事業者(注)が行う電気通信利用役務の提供のうち、役務の性質や取引条件等から当該役務の提供を受ける者が通常事業者に限られるものをいいます（法2①八の四）。

事業者向け電気通信利用役務の提供には、例えばインターネットを介した広告の配信や、インターネット上でのゲームソフトやソフトウエアの販売場所を提供するサービスなどが該当します。

(2)　消費者向け電気通信利用役務の提供

本書では、国外事業者(注)が行う電気通信利用役務の提供のうち、事業者向

け電気通信利用役務の提供以外のものを便宜的に「消費者向け電気通信利用役務の提供」といいます。

　消費者向け電気通信利用役務の提供は、例えば、消費者に対しても広く提供されるような、インターネット等を通じて行われる電子書籍等の配信や、クラウド上のソフトウエアやデータベースを利用させるサービスなどが該当します。

(注)　「国外事業者」とは、非居住者（所法2①五）である個人事業者及び外国法人（法法2四）をいいます。

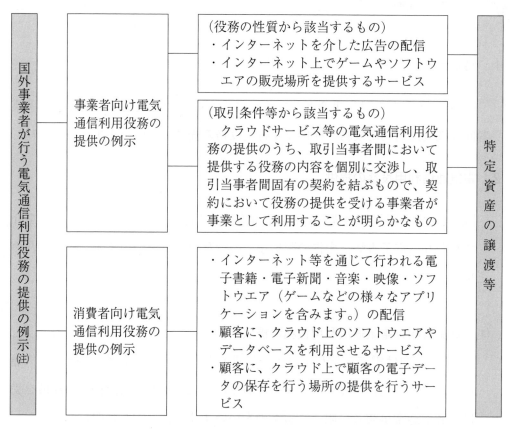

(注)　国内事業者が国内の事業者や消費者に対して行う電気通信利用役務の提供は、全て国内取引に該当します（特定資産の譲渡等には該当しません。）ので、国内の事業者が申告・納税を行います。

3　特定役務の提供

　「特定役務の提供」とは、国外事業者が行う映画若しくは演劇の俳優、音楽

家その他の芸能人又は職業運動家の役務の提供を主たる内容とする事業として行う役務の提供のうち、国外事業者が他の事業者に対して行う役務の提供（不特定かつ多数の者に対して行う役務の提供を除きます。）をいいます。

　特定役務の提供には、例えば、国外事業者が対価を得て芸能人として行う映画、テレビへの出演、音楽家として行う演劇、演奏、職業運動家として行うスポーツ競技大会等への出場などが該当します。

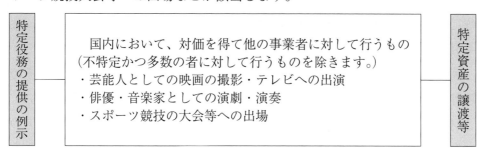

| 特定役務の提供の例示 | 国内において、対価を得て他の事業者に対して行うもの（不特定かつ多数の者に対して行うものを除きます。）
・芸能人としての映画の撮影・テレビへの出演
・俳優・音楽家としての演劇・演奏
・スポーツ競技の大会等への出場 | 特定資産の譲渡等 |

電気通信利用役務の提供に該当する取引

> 問　電気通信利用役務の提供には、具体的にどのような取引が該当しますか。

答　対価を得て行われる取引で、次のようなものが該当します（基通5—8—3）。

① インターネット等を介して行われる電子書籍・電子新聞・音楽・映像・ソフトウエア（ゲームなどの様々なアプリケーションを含みます。）の配信

② 顧客に、クラウド上のソフトウエアやデータベースを利用させるサービス

③ 顧客に、クラウド上で顧客の電子データの保存を行う場所の提供を行うサービス

④ インターネット等を通じた広告の配信・掲載

⑤ インターネット上のショッピングサイト・オークションサイトを利用させるサービス（商品の掲載料金等）

⑥ インターネット上でゲームソフト等を販売する場所を利用させるサービス

⑦ インターネットを介して行う宿泊予約、飲食店予約サイト（宿泊施設、飲食店等を経営する事業者から掲載料等を徴するもの）

⑧ インターネットを介して行う英会話教室

電気通信利用役務の提供に該当しない取引

> 問 電気通信利用役務の提供に該当しない取引には、どのようなものがあり
> ますか。

答 通信そのもの、又は、その電気通信回線を介する行為が他の資産の譲渡等に
付随して行われるものは、電気通信利用役務の提供に該当しません。電気通信利
用役務の提供に該当しない他の資産の譲渡等の結果の通知その他の他の資産の譲
渡等に付随して行われる役務の提供には、例えば、次のものが該当します（基通
5―8―3㊟）。

① 国外に所在する資産の管理・運用等について依頼を受けた事業者が、その管
　理等の状況をインターネットや電子メールを利用して依頼者に報告するもの

② ソフトウエア開発の依頼を受けた事業者が、国外においてソフトウエアの開
　発を行い、完成したソフトウエアについて、インターネットや電子メールを利
　用して依頼者に送信するもの

消費税の対象とならない取引（不課税取引）とは

消費税の課税の対象とならない取引を例示すると次のとおりです。

消費税の課税の対象とならない取引

消費税は国内において事業者が事業として対価を得て行う資産の譲渡、資産の貸付け、役務の提供（特定資産の譲渡等を除きます。）及び特定仕入れ並びに外国貨物の保税地域からの引取りに課税されますので、次のように、対価性がなく資産の譲渡等に該当しない取引や、国外において行われる取引は、消費税の課税の対象外（不課税取引）となります。

〔不課税取引の例〕

対価性がないなど資産の譲渡等に該当しない取引	資産の無償貸付け
	贈与（みなし譲渡となるものを除きます。）
	同業者団体等の会費（対価性のないものに限ります。）
	受取保険金
	株式・出資に係る利益の配当等
	物品切手等の発行
	受託販売による物品切手等の販売（受領すべき販売手数料は課税となります。）

対価性がないなど資産の譲渡等に該当しない取引	僧侶のお布施、戒名料等
	お札、お守り、おみくじの販売
	入学寄付金
	入湯税
	罰金、科料、過料
	外貨建債券・債務に係る為替換算差損益又は為替決済差損益
	給与等を対価とする役務の提供（退職金を含みます。）
	出向社員に係る給与負担金
	リース物件の滅失により支払う規定損害金（リース物件のバージョンアップ等を図るため、リース業者及びユーザーが合意の下に解約する場合の解約損害金は課税となります。）
	冠婚葬祭に伴う祝金、見舞金、ご祝儀、香典等
	本店と海外支店との間で授受される利子
	収益補償金、経費補償金、移転補償金
	差入補償金・敷金（返還されるものに限ります。）
	譲渡担保（一定の要件を満たすものに限ります。）

国外において行う取引	国外にある資産の譲渡又は貸付け
	国外での請負工事（下請工事を含みます。）
	いわゆる三国間貿易
	国外間の輸送
	本邦からの輸出貨物に係る船荷証券の譲渡
	海外出張等に係る外国におけるホテル代、食事代、交通費等
	海外出張のために支給する旅費、宿泊費、日当等

3 非課税

非課税となる取引

消費税の消費一般に広く公平に負担を求める税の性格からみて、課税対象になじまないものや社会政策的な配慮から課税することが適当でない取引については、非課税取引として消費税を課さないこととしています。

1 非課税となる国内取引

国内において事業者が行う資産の譲渡等のうち、次のものは非課税取引として消費税を課さないこととされています（法6①、別表第一）。

課税の対象としてなじまないもの	
	① 土地（土地の上に存する権利を含む。）の譲渡及び貸付け（一時的に使用させる場合等を除く。）（注1）
	② 有価証券、有価証券に類するもの及び支払手段（収集品及び販売用のものは除く。）及び支払手段に類するものの譲渡（注2、3）
	③ 利子を対価とする貸付金その他の特定の資産の貸付け及び保険料を対価とする役務の提供等（注4）
	④ 郵便切手類、印紙及び証紙の譲渡（注5）
	⑤ 商品券、プリペイドカードなどの物品切手等の譲渡（注6）
	⑥ 住民票、戸籍抄本等の行政手数料など、国や地方公共団体等が法令に基づき徴収する手数料等に係る役務の提供
	⑦ 外国為替業務に係る役務の提供

（注1） 土地（土地の上に存する権利を含みます。）の譲渡及び貸付け（一時的に使用させる場合等を除きます。）に係る取扱いは、次のとおりとなります。

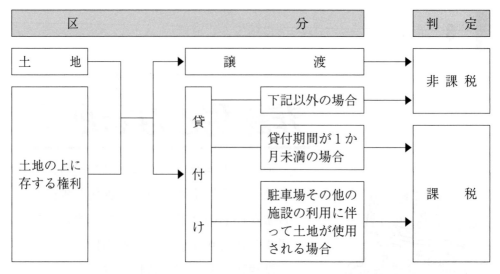

① 「土地の上に存する権利」とは、地上権、土地の賃借権、地役権、永小作権等の土地の使用収益に関する権利をいいます（基通6―1―2）。

② 土地の貸付けのうち、その貸付期間が1か月に満たない場合及び建物、駐車場、テニスコートその他の施設の利用に伴って土地が使用される場合など、短期の貸付け及び施設の貸付けと認められるものは、課税の対象となります（基通6―1―5）。

③ 土地（非課税）と建物（課税）を一括して譲渡した場合には、土地と建物のそれぞれの価格（対価の額）を合理的に区分することとなります（令45③）。

（注2）「有価証券」とは、例えば次のものをいいます（基通6―2―1）。

○ 国債証券、地方債証券、社債券、株券又は新株予約権証券

○ 投資信託又は外国投資信託の受益証券、貸付信託の受益証券

○ コマーシャルペーパー、抵当証券、外国法人が発行する譲渡性預金証書
また、「有価証券に類するもの」とは、例えば次のものをいいます。

○ 証券の発行がない国債、地方債、社債、株式等

○ 合名会社、合資会社又は合同会社の社員の持分、協同組合等の組合員又は会員の持分等

○ 貸付金、預金、売掛金その他の金銭債権
なお、船荷証券、貨物引換証、倉庫証券や、株式・出資・預託の形態によるゴルフ会員権等は有価証券等に含まれず、課税の対象となります（基通6―2―2）。

（注3）「支払手段」とは、例えば次のものをいいますが、これらのうち収集品や販売用のものは課税対象とされます（基通6―2―3）。

また、資金決済に関する法律第2条第5項に規定する暗号資産の譲渡は支払手段に類するものとして非課税となります（令9④）。

○　銀行券、政府紙幣、小額紙幣及び硬貨

○　小切手（旅行小切手を含みます。）、為替手形、郵便為替及び信用状

○　証票、電子機器その他の物に電磁的方法により入力されている財産的価値であって、不特定多数の者相互間での支払のために使用することができるもの（その使用の状況が通貨と近似しているものに限られます。）

○　約束手形

(注4)　例えば、次のものを対価とする資産の貸付け又は役務の提供が非課税とされます（基通6―3―1）。

○　国債、地方債、社債、預金、貯金及び貸付金の利子

○　所得税法第2条第1項第11号《定義》に規定する合同運用信託、同項第15号に規定する公社債投資信託又は同項第15号の2に規定する公社債等運用投資信託の信託報酬

○　信用の保証料、保険料、共済掛金、手形の割引料

○　いわゆるファイナンス・リースに係るリース料のうち、利子又は保険料相当額（契約において利子又は保険料の額として明示されている部分に限られます。）等

(注5)　非課税とされる郵便切手類又は印紙の譲渡は、日本郵便株式会社が行う譲渡のように一定の場所における譲渡に限られます（基通6―4―1）。

なお、例えば、次のものが非課税とされます（法別表第一4）。

○　日本郵便株式会社が行う郵便切手類又は印紙の譲渡

○　簡易郵便局、郵便切手類販売所又は印紙売りさばき所等における郵便切手類又は印紙の譲渡

○　地方公共団体又は売りさばき人が行う証紙の譲渡

※　「郵便切手類」とは、郵便切手、郵便葉書、郵便書簡をいい、郵便切手を保存用の冊子に収めたものその他郵便に関する料金を示す証票に関し周知し、又は啓発を図るための物は、含まれません（基通6―4―2）。

(注6)　「物品切手等」とは、例えば、商品券、ビール券、図書カード、旅行券、プリペイドカードのように物品の給付、役務の提供又は物品の貸付けに係る請求権を表彰する証書及び資金決済に関する法律第3条第1項《定義》に規定する前払式支払手段として各号に規定する番号、記号その他の符号をいいます（令11）。

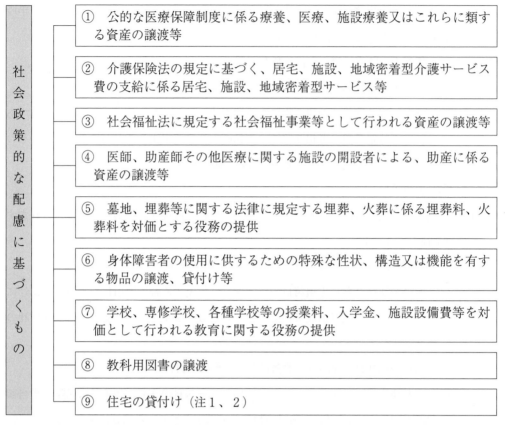

<table>
<tr><td rowspan="9">社会政策的な配慮に基づくもの</td><td>① 公的な医療保障制度に係る療養、医療、施設療養又はこれらに類する資産の譲渡等</td></tr>
<tr><td>② 介護保険法の規定に基づく、居宅、施設、地域密着型介護サービス費の支給に係る居宅、施設、地域密着型サービス等</td></tr>
<tr><td>③ 社会福祉法に規定する社会福祉事業等として行われる資産の譲渡等</td></tr>
<tr><td>④ 医師、助産師その他医療に関する施設の開設者による、助産に係る資産の譲渡等</td></tr>
<tr><td>⑤ 墓地、埋葬等に関する法律に規定する埋葬、火葬に係る埋葬料、火葬料を対価とする役務の提供</td></tr>
<tr><td>⑥ 身体障害者の使用に供するための特殊な性状、構造又は機能を有する物品の譲渡、貸付け等</td></tr>
<tr><td>⑦ 学校、専修学校、各種学校等の授業料、入学金、施設設備費等を対価として行われる教育に関する役務の提供</td></tr>
<tr><td>⑧ 教科用図書の譲渡</td></tr>
<tr><td>⑨ 住宅の貸付け（注1、2）</td></tr>
</table>

（注1）「住宅」とは、人の居住の用に供する家屋又は家屋のうち人の居住の用に供する部分をいい、一戸建ての住宅のほか、マンション、アパート、社宅、寮等を含みます。

（注2）「住宅の貸付け」とは、契約において人の居住の用に供することが明らかにされているもの（契約において貸付けに係る用途が明らかにされていない場合にその貸付け等の状況からみて人の居住用であることが明らかなものを含みます。）に限られます。ただし、その貸付けに係る期間が1か月に満たない場合、又はその貸付けが旅館業法に規定する旅館業に係る施設の貸付けに該当する場合（旅館、ホテル等）は課税の対象となります（令16の2）。

2 非課税となる外国貨物

　国内における非課税取引とのバランスを図るため、輸入取引（保税地域から引き取られる外国貨物）のうち、有価証券等、郵便切手類、印紙、証紙、物品切手等、身体障害者用物品、教科用図書については非課税とされています（法6②、別表第二）。

土地と建物の一括譲渡

> 問　土地と建物を一括譲渡した場合の取扱いはどのようになりますか。

答　土地とその土地の上に存する建物を一括して譲渡した場合には、土地の譲渡は非課税ですので、建物部分についてのみ課税されることとなります。

　この場合、譲渡代金を土地と建物部分に合理的に区分する必要がありますが、この区分方法としては、例えば次のような方法があります。

①　譲渡時における土地及び建物のそれぞれの時価の比率によりあん分して計算する方法

②　相続税評価額や固定資産税評価額を基にあん分して計算する方法

③　土地及び建物の原価（取得費、造成費、一般管理費・販売費、支払利子等を含みます。）を基に按分して計算する方法

　なお、所得税又は法人税の土地の譲渡等に係る課税の特例の計算における取扱いにより区分しているときには、その区分した金額によることとなります（基通10―1―5）。

庭石等と宅地との一括譲渡

> 問　庭石や庭木を含めて宅地を売却する場合は、土地の譲渡として全体が非課税となりますか。

答　宅地の場合には、庭石や庭木は土地の定着物であり、それらを含めた全体を土地として評価すべきと考えられますから、庭石や庭木付きの宅地を譲渡した場合には、その全体が非課税である土地の譲渡に該当することとなります（基通6―1―1）。

建物部分と敷地部分を区分記載した賃貸料

> 問　オフィスビルを賃貸する場合において、敷地部分の賃貸料を区分して記載している場合には、その敷地部分の賃貸料は非課税と考えてよいでしょうか。

答 賃貸借契約において敷地部分の賃貸料を建物部分の賃貸料と区分して記載している場合であっても、その賃貸料の全体が建物の賃貸料に該当するものとして、総額が課税の対象となります（基通6－1－5㊟2）。

土地取引の仲介手数料

> **問** 土地の取引であればその仲介手数料も非課税ですか。

答 土地の売買又は貸付け等に関する仲介手数料は、売買等のあっせんという役務の提供の対価であり、課税の対象となります（基通6－1－6）。

なお、仲介手数料を支払った場合には、課税仕入れに該当することとなります。

駐車場の貸付け

> **問** 駐車場の使用は、土地の貸付けに含まれるのでしょうか。

答 土地に駐車場としての用途に応じる地面の整備又はフェンス、区画、建物の設置等をしている場合には、施設の貸付けに該当しますので、土地の貸付けに含まれないことになります。

また、施設の貸付けに該当しないような場合であっても、駐車している車両を管理していると認められるような場合には、役務の提供に該当しますので、課税されることになります（基通6－1－5㊟1）。

クレジット取引の課税関係

> **問** 次のクレジット取引に対する手数料等の課税関係はどのようになるのでしょうか。
> ① 加盟店が信販会社へ支払うもの（債権譲渡の対価が安くなる部分）
> ② 消費者が信販会社へ支払うもの
>
>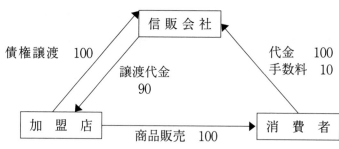

答 課税関係は、次のとおりとなります。

① 信販会社が加盟店から譲り受ける債権の額（100）と加盟店への支払額（90）との差額（10）は、消費税法施行令第10条第3項第8号に該当し、非課税となります。

② 消費者が信販会社に支払う手数料は、包括信用購入あっせん若しくは個別信用購入あっせんに係る手数料又は賦払金のうち利子に相当する額であり、非課税となります（令10③九、十）。

金融機関以外の企業の貸付利子

> **問** 金融機関以外の企業が行う金融取引に伴う受取利子も非課税となるのでしょうか。

答 貸付金等の利子は非課税とされていますので、金融機関以外の企業が行うものであっても同様に非課税となります（令10①）。

商品券、株券等の発行

> **問** 商品券等の物品切手や株券等の有価証券については、その発行時においても有価証券の譲渡と認識されるのでしょうか。

答 商品券等の物品切手や株券等の有価証券の発行は、証券に表彰される権利（財産権）の発生ですので、資産の譲渡等に該当せず、課税の対象外となります（基通6―4―5）。

(注) 消費税法上非課税とされる有価証券の譲渡とは、有価証券を取得した者がさらに他の者へ譲渡することをいいます。

プリペイドカードの譲渡

> **問** プリペイドカード等の役務の提供が受けられる券類の譲渡には、消費税が課税されるのでしょうか。

答 役務の提供、いわゆるサービスとの引換え機能を持つプリペイドカード等の券類は、物品切手等に該当することとなり、その譲渡は非課税となります（基通6―4―4(注)）。

物品切手等の仕入税額控除の可否

> **問** ビール券を購入して得意先に贈答した場合のその購入費用は、仕入税額控除の対象となるのでしょうか。

答 ビール券等の物品切手の譲渡は非課税とされていますので、その購入費用（支払対価）は仕入税額控除の対象とはなりません。

(注) ビール券等の物品切手と物品とを引き換えた事業者において、物品の対価が仕入税額控除の対象となります。

引換え済みのビール券等の代金決済

> **問** ビール券又は清酒券と引換えにビール又は清酒を引き渡した小売店は、引換え済みのビール券等を添えて卸売店に代金を請求し、卸売店は発行者に請求することになりますが、この場合の消費税の取扱いはどうなりますか。

答 ビール又は清酒と引き換えられたビール券等は、その引換えにより物品切手等としてではなく、代金を請求し支払いを受けるために卸売店に交付する単なる証拠書類として取り扱われますので、引換え済みのビール券等の引渡しは、資産の譲渡等には該当しません。

また、ビール券等と引換えに給付したビール等の代金を、ビール券等の発行者に対して順次請求する場合、支払を受ける金額と引換えに給付したビール等の価額との差額又は支払いを受ける金額と引換え済みのビール券等の引渡しを受けて支払った金額との差額は、取扱手数料となり、課税対象となります。

薬局の薬剤販売

> **問** 当薬局は医師の処方せんに基づき薬剤を調合し、患者に投薬しています。この行為は医療として非課税となりますか、それとも単なる薬品の譲渡として課税となるのでしょうか。

答 薬局が医師の処方せんに基づき行う患者への投薬は、医療行為の一環として行われるものです。したがって、その医療行為が健康保険法等の療養の給付に該当する場合には、薬局が行う処方せんに基づく投薬は非課税となります。

医薬品代の課税

> **問** 医薬品、医療機器の取扱いはどのようになりますか。

答 健康保険法等の適用対象となる社会保険医療等は非課税となりますが、医薬品、医療機器の譲渡等の取引はこれに含まれないので課税となります。

なお、社会保険医療の一環として病院又は診療所等から給付される医薬品、医療機器は非課税となります（基通6─6─2）。

要介護者が負担する介護サービス費用の取扱い

> **問** 要介護者が負担する介護サービス費用の1割相当額も消費税は非課税となるのでしょうか。

答 居宅介護サービスの場合、そのサービスが居宅介護サービス費の支給対象となる種類のサービスであれば、保険者（市町村等）から支給される居宅介護サービス費部分（9割）に限らず、本人負担額（1割）も非課税となります。

（注1） 利用者の選定に係る負担部分（利用者の居宅の所在地が通常の事業実施区域となっていない介護サービス事業者を利用した場合の交通費や訪問入浴介護における特別の浴槽水等）は、課税対象となります。

施設介護サービス費の支給対象となる施設サービスの場合も、本人負担額（1割）は非課税となります。

（注2） 要介護者が選定する特別な居室の室料、特別な食事の料金等の負担部分については、課税対象となります。

いわゆるNPO法人が介護保険サービス事業を行う場合の消費税の取扱い

> **問** いわゆるNPO法人が介護保険サービス事業を行う場合の消費税の取扱いはどうなるのでしょうか。

答 介護保険制度における居宅介護サービス及び施設介護サービスについては、これらのサービスを提供する介護サービス事業者がいわゆるNPO法人か否かに関わらず、原則として、消費税は非課税となります。

（注1）「NPO法人」とは、特定非営利活動促進法の規定に基づいて設立される特定非営利活動法人のことであり、同法において、消費税法の適用に関しては別表第三に掲げる法人とみなすこととされています。

（注2）　介護サービスとして行われるサービス等であっても、要介護者の求めに応じて提供
　　　　される特別な食事や特別な居室等の料金は、非課税範囲から除かれます（これらの料
　　　　金は介護保険の給付対象からも除かれています）。

認可外保育施設の利用料

> 問　都道府県知事の認可を受けていない保育所の保育料については、消費税
> が課税されるのでしょうか。

答　都道府県知事の許可を受けていない、いわゆる認可外保育施設のうち、一定
の基準（認可外保育施設指導監督基準）を満たすもので、都道府県知事等からそ
の基準を満たす旨の証明書の交付を受けた施設の利用料については、児童福祉法
の規定に基づく認可を受けて設置された保育所の保育料と同様に非課税となりま
す。

助産に係る資産の譲渡等の範囲

> 問　非課税とされる「助産に係る資産の譲渡等」とはどのような範囲をいう
> のでしょうか。

答　「助産に係る資産の譲渡等」とは、次のものをいいます（基通6—8—1）。
①　妊娠しているか否かの検査
　　この場合には、検査の結果、妊娠していない場合でも非課税となります。
②　妊娠していることが判明した時以降の検診、入院
③　分娩の介助
④　出産後（2か月以内）に行われる母体の回復検診
⑤　新生児に係る検診及び入院
㊟　死産、流産の場合についても、助産に係る資産の譲渡等に含まれます。

身体障害者用物品の範囲

> 問　身体障害者用物品の範囲及び非課税となる身体障害者用物品の修理の範
> 囲はどのようになるのでしょうか。

答　非課税となる身体障害者用物品の範囲は、身体障害者が購入する物品全てで
はなく、義肢、盲人安全つえ、義眼、点字器、人工喉頭、車いすその他の物品で、
身体障害者の使用に供するための特殊な性状、構造又は機能を有する物品として

厚生労働大臣が指定した物品であり、これらの譲渡、貸付け又は製作の請負及び厚生労働大臣が指定した物品の修理が非課税となります（基通6―10―1）。

(注) 譲渡、貸付け及び製作の請負が非課税となる物品と修理が非課税となる物品の範囲は異なります。

私立幼稚園の授業料

> 問 個人や宗教法人が経営する私立幼稚園の授業料は課税となりますか。

答 私立幼稚園は、学校教育法第2条第1項の規定により、原則として学校法人でなければ設置することができないこととなっていますが、同法附則第6条の規定により、当分の間、学校法人以外の者でも幼稚園を設置することができることとなっていますので、この規定により設置された幼稚園も学校教育法第1条に規定する幼稚園に該当することから、その授業料は非課税となります（基通6―11―5）。

貸付けが非課税となる住宅の範囲

> 問 非課税となる住宅の貸付けの範囲は、どうなりますか。

答 「住宅」とは、人の居住の用に供する家屋又は家屋のうち人の居住の用に供する部分をいいます。したがって、一戸建住宅、アパート、マンション、社宅等のほか、貸間、店舗等併設住宅の居住用部分等の貸付けが住宅の貸付けに該当することとなります。

なお、住宅を一時的に使用させるために貸し付ける場合（1か月未満の貸付け）及び旅館業法に規定する旅館業に係る施設（旅館、ホテル等）の貸付けである場合には非課税とはなりません。したがって、旅館、ホテル等に宿泊する場合には、仮に宿泊期間が1か月以上となる場合であっても課税されることになります（基通6―13―4）。

また、店舗等併設住宅については、建物の貸付けに係る対価の額を居住用の住宅に係る対価の額と事業用の施設に係る対価の額とに面積比等により合理的に区分することになります（基通6―13―5(注)）。

共益費の取扱い

> **問** 住宅の賃貸借の場合の共益費の取扱いはどのようになりますか。

答 集合住宅における共用部分に係る費用（廊下の電気代、エレベーターの運行費用、集会所の維持費等）を入居者が応分に負担する、いわゆる共益費は、住宅の貸付けの対価に該当し非課税となります（基通6—13—9）。

ただし、次のような施設に係る費用部分は、住宅家賃と合わせて徴収される場合であっても課税の対象となります。

① プール、アスレチック施設等で、例えば、居住者以外の者も利用料や会費等を支払うことにより利用できるような施設（基通6—13—2）

② 駐車場等の施設で独立して賃貸借の目的となるような施設

なお、一戸建て住宅に係る駐車場のほか、集合住宅に係る駐車場で、入居者について1戸当たり1台分以上の駐車スペースが確保されており、かつ、自動車の保有の有無にかかわらず割り当てられる等、駐車場が住宅の貸付けに付随していると認められるもので、家賃とは別に使用料を徴収していない場合には、駐車場を含めた全体が住宅の貸付けに該当します（基通6—13—3）。

敷金、保証金等の取扱い

> **問** 住宅の貸付けに伴って収受する敷金、保証金等は、家賃同様非課税となりますか。

答 資産の貸付けに伴って収受する敷金、保証金等で返還しないこととされているものは、資産に係る権利の設定の対価として資産の貸付けの対価に含まれますから、住宅の貸付けに伴って収受する敷金、保証金等で返還しないこととされているものは、非課税となります（基通6—13—9）。

4 免税

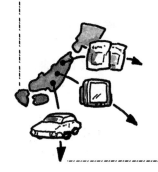

輸出免税となる取引とは

消費税は、国内の消費に負担を求めるという性格から、輸出取引については免税とされています。

なお、輸出免税の適用を受けるためには、輸出取引であることの証明書等を保存する必要があります。

1 輸出免税

課税事業者が国内において行う資産の譲渡等のうち、次の要件を満たしているものは、輸出免税の規定により消費税が免除されます（法7）。

要件	
	① 国内において行われるものであること。
	② 課税資産の譲渡等に該当するものであること。
	③ 国内からの輸出等として行われたものであること。
	④ 輸出等を行ったことにつき、所定の証明がなされたものであること。（42ページ参照）

2 免税とされる輸出取引等の範囲

　国内において行われる課税資産の譲渡等のうち、次に掲げるものが免税とされる輸出取引等です。

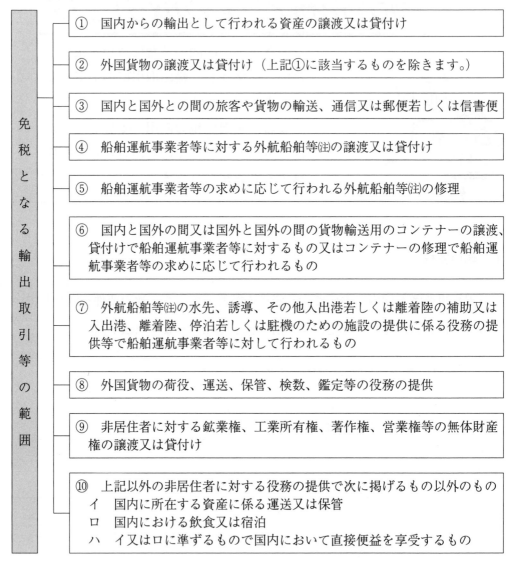

免税となる輸出取引等の範囲

① 国内からの輸出として行われる資産の譲渡又は貸付け

② 外国貨物の譲渡又は貸付け（上記①に該当するものを除きます。）

③ 国内と国外との間の旅客や貨物の輸送、通信又は郵便若しくは信書便

④ 船舶運航事業者等に対する外航船舶等㊟の譲渡又は貸付け

⑤ 船舶運航事業者等の求めに応じて行われる外航船舶等㊟の修理

⑥ 国内と国外の間又は国外と国外の間の貨物輸送用のコンテナーの譲渡、貸付けで船舶運航事業者等に対するもの又はコンテナーの修理で船舶運航事業者等の求めに応じて行われるもの

⑦ 外航船舶等㊟の水先、誘導、その他入出港若しくは離着陸の補助又は入出港、離着陸、停泊若しくは駐機のための施設の提供に係る役務の提供等で船舶運航事業者等に対して行われるもの

⑧ 外国貨物の荷役、運送、保管、検数、鑑定等の役務の提供

⑨ 非居住者に対する鉱業権、工業所有権、著作権、営業権等の無体財産権の譲渡又は貸付け

⑩ 上記以外の非居住者に対する役務の提供で次に掲げるもの以外のもの
イ 国内に所在する資産に係る運送又は保管
ロ 国内における飲食又は宿泊
ハ イ又はロに準ずるもので国内において直接便益を享受するもの

㊟ 「外航船舶等」とは、国内と国外との間又は国外間で行われる旅客や貨物の輸送の用に供される船舶又は航空機をいいます。

ポイント

○　次のような取引は輸出免税の規定の適用はありません（基通7－2－2）。

　① 輸出する物品の製造のための下請加工

② 輸出取引を行う事業者に対して行う国内での資産の譲渡等

○ 非居住者に対する役務の提供のうち、例えば、次のようなものは輸出免税とはなりません（基通7—2—16）。

① 国内に所在する資産に係る運送や保管

② 国内に所在する不動産の管理や修理

③ 建物の建築請負

④ 電車、バス、タクシー等による旅客の輸送

⑤ 国内における飲食又は宿泊

⑥ 理容又は美容

⑦ 医療又は療養

⑧ 劇場、映画館等の興行場における観劇等の役務の提供

⑨ 国内間の電話、郵便又は信書便

⑩ 日本語学校等における語学教育等に係る役務の提供

国際輸送の一環として行われる国内輸送の輸出免税

> **問** 国際航空運賃の一部として国際航空券として発行された国内輸送区間は免税と考えてよいでしょうか。

答 国際輸送の一環として行われる役務提供の一部に国内輸送区間分が含まれているとしても、次の要件の全てを満たす場合にはその全体が国際輸送に該当するものとして免税となります（基通7—2—4）。

① 契約において国内輸送に係る部分が国際輸送の一環としてのものであることが明らかにされていること。

② 国内間の移動のための輸送と国内と国外との間の移動のための国内乗継地又は寄港地における到着から出発までの時間が定期路線時刻表上で24時間以内である場合の国内輸送であること。

保税地域における消費税の免税取引の範囲

> **問** 輸入貨物に係る荷役・運送・保管等の役務の提供が保税地域内で行われる場合には、全て輸出免税の対象となりますか。

答 関税法第29条《保税地域の種類》に規定する保税地域（指定保税地域、保税蔵置場、保税展示場及び総合保税地域）に所在する輸出しようとする貨物及び輸入の許可を受けた貨物に係る荷役・運送・保管等の役務の提供についても、輸出免税の対象となります（令17②四）。

この場合の「輸入の許可を受けた貨物」とは、輸入の許可を受けた際に蔵置されていた保税地域にある貨物をいいますので、この保税地域内にある輸入の許可を受けた貨物に係る荷役・運送・保管等の役務の提供のみが、輸出免税の対象となります。

なお、この場合の役務の提供には、検数、鑑定、通関手続等も含まれます。

旅行業者が主催する海外パック旅行の取扱い

> **問** 旅行業者が主催する海外パック旅行の取扱いは、どのようになるのでしょうか。

答 旅行業者が主催する海外パック旅行に係る役務の提供は、当該旅行業者と旅行者との間の包括的な役務の提供契約に基づくものであり、国内における役務の提供及び国外において行う役務の提供に区分されますから、次の区分に応じ、それぞれ次のように取り扱われます（基通7―2―6）。

① 国内における役務の提供

国内輸送又はパスポート交付申請等の事務代行に係る役務の提供については、国内において行う課税資産の譲渡等に該当します。

なお、輸出免税の適用はありません。

② 国外における役務の提供

国内から国外、国外から国外及び国外から国内への移動に伴う輸送、国外におけるホテルでの宿泊並びに国外での旅行案内等の役務の提供については、国内において行う資産の譲渡等に該当しません。

なお、国内から国外、国外から国内への輸送は、本来、国内取引に該当し、輸出免税の対象となりますが、海外パック旅行は、包括的な役務の提供契約であることから、これらを分解して課否判定を行うことは実情に合わないため、その全体を国外取引としています。

輸出取引に係る輸出免税の適用者

> **問** 輸出免税制度の適用者は、その適用要件として輸出したことを証する所定の書類を保存すること（42ページ参照）とされていますが、友好商社等が介在する取引等の場合には、名義貸しに係る取引が多く、当該友好商社等を輸出申告者として掲名するものの、輸出申告書の原本は実際に輸出取引を行った者（実際の輸出者）が保管しています。
>
> このように、輸出申告書に輸出者として掲名された者が形式的な輸出者であり、実際の輸出者がある場合には、消費税法上、輸出免税の適用者は実際の輸出者であるとして取り扱うことはできないでしょうか。

答 実際の輸出者及び名義貸しに係る友好商社等は、次の措置を講ずることを条件に、輸出申告書の名義にかかわらず、実際の輸出者が輸出免税制度の適用を受けることができることとされています。

① 実際の輸出者が講ずる措置

　　実際の輸出者は、輸出申告書等の原本を保存するとともに、名義貸しに係る事業者に対して輸出免税制度の適用がない旨を連絡するための「消費税輸出免税不適用連絡一覧表」などの書類を交付します。

　　なお、実際の輸出者は、名義貸しに係る事業者に対して、名義貸しに係る輸出取引にあっては、当該事業者の経理処理の如何にかかわらず、税法上、売上げ及び仕入れとして認識されないものであることを指導することとします。

　(注) 名義貸しに係る手数料は、実際の輸出者に対する役務の提供に係る対価であり、これについて輸出免税の対象とすることはできません。

② 名義貸しに係る事業者が講ずる措置

　　名義貸しに係る友好商社等の事業者は、確定申告書の提出時に、所轄税務署長に対して、実際の輸出者から交付を受けた「消費税輸出免税不適用連絡一覧表」の写しを提出します。

輸出免税の適用を受ける
ために必要な書類

輸出取引等に係る免税の適用を受けるためには、輸出許可書、税関長の証明書又は輸出の事実を記載した帳簿や書類を整理し、納税地等に保存する必要があります。

　次に掲げる場合の区分に応じ、それぞれ次の書類又は帳簿を保存する必要があります（法7②、規則5、措規36①、基通7—2—23）。

区　　　　　　　　　　分		輸　出　証　明　書　等
輸出として行われる資産の譲渡又は貸付け	関税法第67条《輸出又は輸入の許可》の規定により輸出の許可を受ける貨物である場合（船舶又は航空機の貸付けである場合を除きます。）	輸　出　許　可　書 （税関長が証明した書類）
	郵便による輸出の場合 — その輸出の時におけるその資産の価額が20万円を超えるとき (注)　輸出の時におけるその資産の価額が20万円を超えるかどうかの判定は、原則として郵便物1個当たりの価額によりますが、郵便物を同一受取人に2個以上に分けて差し出す場合には、それらの郵便物の価額の合計額によります。	輸　出　許　可　書 （税関長が証明した書類）
	郵便による輸出の場合 — その輸出の時における資産の価額が20万円以下で、小包郵便物又はEMS郵便物として輸出する場合	1　日本郵便㈱から交付を受けた当該郵便物の引受けを証する書類 2　発送伝票等の控え（以下の事項が記載されたもの） 　(1)　輸出した事業者の氏名又は名称及び住所等 　(2)　品名並びに品名ごとの数量及び価額 　(3)　受取人の氏名又は名称及び住所等

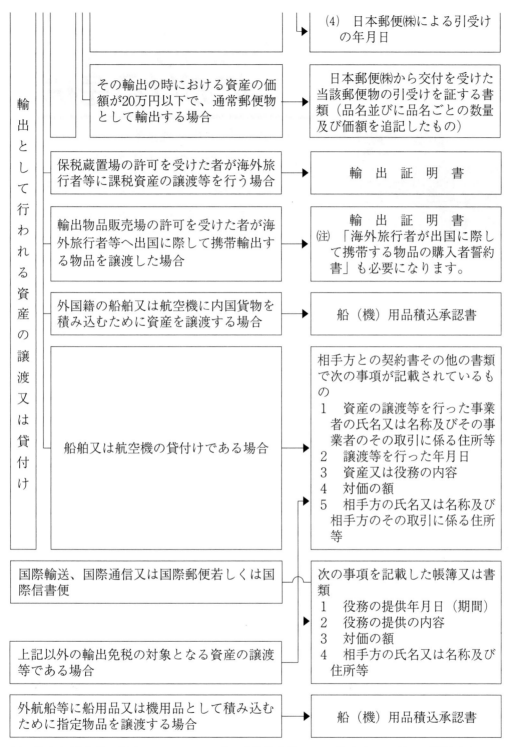

		（4） 日本郵便㈱による引受けの年月日
輸出として行われる資産の譲渡又は貸付け	その輸出の時における資産の価額が20万円以下で、通常郵便物として輸出する場合	日本郵便㈱から交付を受けた当該郵便物の引受けを証する書類（品名並びに品名ごとの数量及び価額を追記したもの）
	保税蔵置場の許可を受けた者が海外旅行者等に課税資産の譲渡等を行う場合	輸 出 証 明 書
	輸出物品販売場の許可を受けた者が海外旅行者等へ出国に際して携帯輸出する物品を譲渡した場合	輸 出 証 明 書 ㈲ 「海外旅行者が出国に際して携帯する物品の購入者誓約書」も必要になります。
	外国籍の船舶又は航空機に内国貨物を積み込むために資産を譲渡する場合	船 （機） 用品積込承認書
	船舶又は航空機の貸付けである場合	相手方との契約書その他の書類で次の事項が記載されているもの 1 資産の譲渡等を行った事業者の氏名又は名称及びその事業者のその取引に係る住所等 2 譲渡等を行った年月日 3 資産又は役務の内容 4 対価の額 5 相手方の氏名又は名称及び相手方のその取引に係る住所等

国際輸送、国際通信又は国際郵便若しくは国際信書便	次の事項を記載した帳簿又は書類 1 役務の提供年月日（期間） 2 役務の提供の内容 3 対価の額 4 相手方の氏名又は名称及び住所等
上記以外の輸出免税の対象となる資産の譲渡等である場合	
外航船等に船用品又は機用品として積み込むために指定物品を譲渡する場合	船 （機） 用品積込承認書

㈲ 輸出証明書等の保存については、電子計算機を使用して作成する国税関係帳簿書類の保存方法等の特例に関する法律第2条第3号《定義》に規定する電磁的記録によることができます。

輸出物品販売場における免税

輸出物品販売場を経営する事業者が、外国人旅行者などの非居住者に対して、通常生活の用に供する物品を所定の方法により販売する場合には、消費税が免除されます。

1　輸出物品販売場の許可要件

　輸出物品販売場、いわゆる免税店を開設しようとする事業者（課税事業者に限ります。）は、納税地の所轄税務署長から許可を受けなければなりません（法8⑥）。

　輸出物品販売場には、販売場を経営する事業者自身がその販売場においてのみ免税販売手続を行う「一般型輸出物品販売場」、その販売場が所在する商店街やショッピングセンター等の特定商業施設内に免税販売手続を代理するための設備（免税カウンター）を設置する事業者が免税販売手続を代理する「手続委託型輸出物品販売場」、そして、免税販売手続が自動販売機によってのみ行われる「自動販売機型輸出物品販売場」の3種類があります（令18の2②）。

　「一般型輸出物品販売場」、「手続委託型輸出物品販売場」又は「自動販売機型輸出物品販売場」としての許可を受けるためには、次の要件を全て満たしている必要があります。

一般型輸出物品販売場	手続委託型輸出物品販売場	自動販売機型輸出物品販売
現に国税の滞納（その滞納額の徴収が著しく困難であるものに限ります。）がないこと。		
輸出物品販売場の許可を取り消され、その取消しの日から３年を経過しない者でないこと、その他輸出物品販売場を経営する事業者として特に不適当と認められる事情がないこと。		
現に非居住者が利用する場所又は非居住者の利用が見込まれる場所に所在する販売場であること。		
免税販売手続に必要な人員を販売場に配置し、かつ、免税販売手続を行うための設備を有する販売場であること。	販売場を経営する事業者と当該販売場の所在する特定商業施設内に免税手続カウンターを設置する一の承認免税手続事業者との間において次の要件の全てを満たす関係があること。 ① 販売場において譲渡する物品に係る免税販売手続について、代理に関する契約が締結されていること。 ② 販売場において譲渡した物品と免税手続カウンターにおいて免税販売手続を行う物品とが同一であることを確認するための措置が講じられていること。 ③ 免税販売手続について、必要な情報を共有するための措置が講じられていること。	一の指定自動販売機のみを設置する販売場であること（指定自動販売機とは、免税販売手続を行うことができる機能を有する自動販売機として国税庁長官が観光庁長官と協議して指定するものをいいます。）。

2　承認免税手続事業者の承認要件

　　他の事業者が経営する販売場において販売された物品につき、免税販売手続を代理しようとする事業者（消費税の課税事業者に限ります。）は、その販売場が所在する特定商業施設ごとに、免税手続カウンターを設置することについて、納税地の所轄税務署長の承認を受ける必要があります（令18の２⑦）。

　　承認免税手続事業者の承認を受けるためには、次の要件を全て満たしている必要があります。

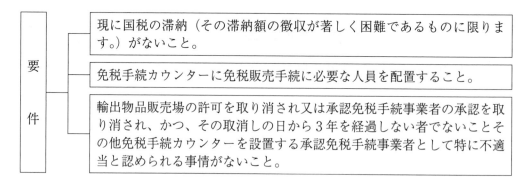

要件	現に国税の滞納（その滞納額の徴収が著しく困難であるものに限ります。）がないこと。
	免税手続カウンターに免税販売手続に必要な人員を配置すること。
	輸出物品販売場の許可を取り消され又は承認免税手続事業者の承認を取り消され、かつ、その取消しの日から３年を経過しない者でないことその他免税手続カウンターを設置する承認免税手続事業者として特に不適当と認められる事情がないこと。

3 臨時販売場設置事業者の承認要件

　輸出物品販売場を経営する事業者が、臨時販売場（注１）の設置事業者としてあらかじめ納税地の所轄税務署長の承認を受け、臨時販売場を設置する日の前日までに、納税地の所轄税務署長に「臨時販売場設置届出書」を提出した場合、その臨時販売場において免税販売（注２）を行うことができます（法８⑧）。

　臨時販売場を設置する事業者（輸出物品販売場を経営する事業者に限ります。）として承認を受けるためには、次の要件を全て満たしている必要があります（令18の５②、規則10の８③、基通８−２−５）。

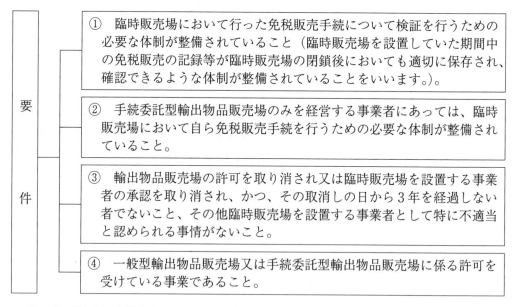

要件	① 臨時販売場において行った免税販売手続について検証を行うための必要な体制が整備されていること（臨時販売場を設置していた期間中の免税販売の記録等が臨時販売場の閉鎖後においても適切に保存され、確認できるような体制が整備されていることをいいます。）。
	② 手続委託型輸出物品販売場のみを経営する事業者にあっては、臨時販売場において自ら免税販売手続を行うための必要な体制が整備されていること。
	③ 輸出物品販売場の許可を取り消され又は臨時販売場を設置する事業者の承認を取り消され、かつ、その取消しの日から３年を経過しない者でないこと、その他臨時販売場を設置する事業者として特に不適当と認められる事情がないこと。
	④ 一般型輸出物品販売場又は手続委託型輸出物品販売場に係る許可を受けている事業であること。

（注１）　「臨時販売場」とは、７か月以内の期間を定めて設置する販売場をいいます。

（注２）　臨時販売場における免税販売手続は、届出書に記載した免税販売手続の区分（一般型、手続委託型又は自動販売機型）に応じて行うこととなります。

（注３）　自動販売機型の臨時販売場においては、②及び④の要件が除かれます。

4 免税の対象となる者

　輸出物品販売場での免税販売は、外国人旅行者などの「非居住者」に対する販売に限られます（法8①）。

　ここでいう「非居住者」とは、外国為替及び外国貿易法第6条第1項第6号《定義》に規定する非居住者をいい、外国人旅行者など、日本国内に住所又は居所を有していない者が該当します。

　例えば、外国人であっても、日本国内に住所又は居所を有する者のほか、日本国内に勤務している者及び日本に入国後6か月以上経過した者は、非居住者に該当しません。

　なお、令和5年4月1日以後に行われる課税資産の譲渡等から、免税の対象となる者は、次の免税購入対象者に限られます（法8①、令18①、規6①、19①）。

免税購入対象者	非居住者	上陸の許可を受けて在留する者
		外交の在留資格を持って在留する者
		公用の在留資格を持って在留する者
		短期滞在の在留資格をもって在留する者
	日本国籍を有する者であって、国内以外の地域に引き続き2年以上住所又は居所を有することにつき、領事館の在留証明又は戸籍の附票の写しでその者が最後に入国した日から6か月前の日以後に作成された書類で確認された者	
	日米地位協定第1条に規定する合衆国軍隊の構成員、軍属及びこれらの家族（以下「合衆国軍隊の構成員等」といいます。）	

5 免税の対象となる物品

　輸出物品販売場における物品の譲渡のうち、次のものが輸出免税の対象となります（法8①、令18①）。

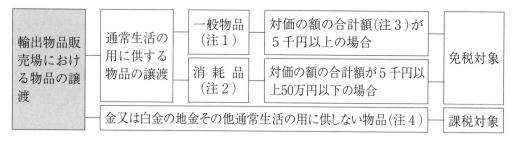

（注1）「一般物品」とは、消耗品以外の物品をいいます。

（注2）「消耗品」とは、食品類、飲料類、薬品類、化粧品類その他の消耗品をいいます。

（注3）「対価の額の合計額」とは、非居住者に対し、同時に販売した物品の合計額をいいますが、同一の輸出物品販売場において、同一の日に、その居住者に対して時間又は売場を異にして販売した複数の物品を販売した場合には、一般物品又は消耗品の区分に応じたそれぞれの対価の額の合計額となります。

（注4）「通常生活の用に供しない物品」とは、例えば、事業用の機械器具や販売用として多量に購入されるような物品等事業用又は販売用であることが明らかな物品をいいます。

（注5）一の承認免税手続事業者が免税販売手続を行う一の特定商業施設に所在する複数の手続委託型輸出物品販売場において同一の日に同一の非居住者に対して譲渡する一般物品の対価の額（税抜き）の合計額と消耗品の対価の額（税抜き）をそれぞれ合計している場合には、当該複数の手続委託型輸出物品販売場を一の販売場とみなして、免税販売の対象となる下限額を超えるかどうかを判定できます。

（注6）商店街の地区等に所在するショッピングセンター等の大規模小売店舗を設置している者が商店街振興組合又は事業協同組合の組合員である場合、その大規模小売店舗内で販売場を経営する他の事業者は、この販売場を商店街の地区等に所在する販売場とみなして、手続委託型輸出物品販売場の許可を受けることができます（令18の2⑤）。この場合、許可を受けた手続委託型輸出物品販売場とこの商店街の地区等に所在する手続委託型輸出物品販売場の免税販売手続を代理する一の承認免税手続事業者（免税カウンター）は、それぞれの販売価額（税抜き）の合計額を一般物品と消耗品の別に合算して、免税販売の購入下限額以上かどうかを判定できます。

（注7）一般物品と消耗品の販売価額が5千円未満であったとしても、合計額が5千円以上であれば、一般物品を消耗品と同様の指定された方法により包装することで、免税販売することができることとされています。この場合、その一般物品は消耗品として取り扱うこととなります。

（注8）　手続委託型輸出物品販売場における消耗品の上限額の判定（50万円以下かどうか
の判定）は、それぞれの手続委託型輸出物品販売場における消耗品の販売価額（税
抜き）の合計額により判定することとなります。

6　購入記録情報の提供

　輸出物品販売場を経営する事業者は、購入記録情報（購入者から提供を受け
た旅券等の情報及び免税販売した免税対象物品等について記録した電磁的記録
（データ））を、電子情報処理組織を使用して（インターネット回線等を通じて
電子的に）、遅滞なく国税庁長官に提供しなければなりません（令18⑥）。

　この購入記録情報の提供は、一定の要件を満たす場合、輸出物品販売場を経
営する事業者と契約を締結した承認送信事業者が、その契約に係る輸出物品販
売場ごとに行うことができることとされています（令18の4）。

（注1）　輸出物品販売場を経営する事業者は、あらかじめ、電子情報処理組織を使用して
購入記録情報を提供することについて、その納税地を所轄する税務署長に届出書を
提出する必要があります（令18⑥）。

　　なお、届出書の提出後、税務署から輸出物品販売場を経営する事業者に対して、
輸出物品販売場ごとの識別符号が通知されます。

（注2）　「承認送信事業者」とは、以下の承認要件の全てを満たす事業者（課税事業者に
限ります。）で、購入記録情報を提供することについて、その納税地を所轄する税
務署長に申請書を提出し、承認を受けた者をいい、以下の購入記録情報を提供する
ための要件（提供要件）を全て満たすときは、契約を締結した輸出物品販売場を経
営する事業者のためにその事業者が行うべき購入記録情報の提供を、その契約に係
る輸出物品販売場ごとに行うことができます。

承認要件	現に国税の滞納（その徴収が著しく困難であるものに限ります。）がないこと。
	購入記録情報を適切に国税庁長官に提供できること。
	輸出物品販売場の許可を取り消され又は承認免税手続事業者若しくは承認送信事業者の承認を取り消され、かつ、その取消しの日から3年を経過しない者でないことその他購入記録情報を提供する承認送信事業者として特に不適当と認められる事情がないこと。

提供要件	輸出物品販売場を経営する事業者と承認送信事業者との間において、承認送信事業者がその輸出物品販売場に係る購入記録情報を国税庁長官に提出することに関する契約が締結されていること。
	承認送信事業者が購入記録情報を国税庁長官に提供することにつき、契約に係る輸出物品販売場を経営する事業者との間において必要な情報を共有するための措置が講じられていること。

7　購入記録情報の保存

　輸出物品販売場を経営する事業者は、提供した購入記録情報（承認送信事業者から提供を受けた購入記録情報を含みます。）を保存しなければなりません（法8②、令18⑭）。

　なお、保存期間は、「免税販売を行った日の属する課税期間の末日の翌日から2か月を経過した日から7年間」となります（規則7）。

5 納税義務者

国内取引における納税義務者は、事業者（個人事業者又は法人）です。

納税義務者

消費税を納める義務のある者、すなわち納税義務者は、取引の区分に応じ、次のとおりとなります。

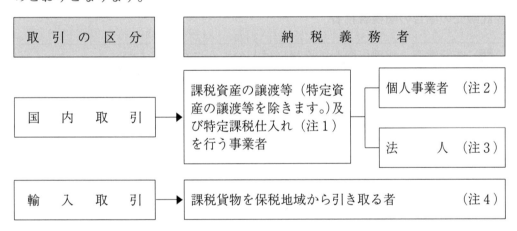

取 引 の 区 分	納 税 義 務 者	
国 内 取 引	課税資産の譲渡等（特定資産の譲渡等を除きます。）及び特定課税仕入れ（注1）を行う事業者	個人事業者 （注2） 法 人 （注3）
輸 入 取 引	課税貨物を保税地域から引き取る者 （注4）	

なお、輸入取引における納税義務者は、外国貨物を保税地域から引き取る者です（法5）。

(注1) 「特定課税仕入れ」とは、課税仕入れ（127ページ参照）のうち、特定仕入れ（19ページ参照）に該当するものをいいます（法5①）。

(注2) 「個人事業者」とは、事業を行う個人をいいます（法2①三）。

(注3) 国、地方公共団体、公共法人、公益法人、人格のない社団等も含まれます。

(注4) 事業者に限らず、消費者である個人が外国貨物を輸入する場合も納税義務者にな

ります。

ポイント

○　非居住者や外国法人であっても、国内において課税資産の譲渡等（特定資産の譲渡等（19ページ参照）を除きます。）や特定課税仕入れ、輸入取引を行う限り、納税義務者となります。

共同企業体の場合の納税義務者

> 問　共同企業体組織（ジョイントベンチャー）による建設工事を施工する場合の納税義務者及び課税標準はどのように考えるのでしょうか。

答　共同企業体組織による建設工事は、共同事業に該当しますので、共同事業に属する資産の譲渡等又は課税仕入れ等については、その共同事業の構成員がその事業の持分の割合又は利益の分配割合に対応する部分について、それぞれ資産の譲渡等又は課税仕入れ等を行ったこととなります（基通1―3―1）。

委託販売の場合の納税義務者

> 問　委託販売、代理店販売の取扱いはどのようになりますか。

答　委託者と受託者との間の契約内容等を総合判断して委託販売に係る納税義務者を判定する必要がありますが、一般的には次のとおりです（基通4―1―3、10―1―12）。

①　委託者については、販売を委託した商品の販売代金に対して、消費税が課税される一方、受託者に支払った委託販売（代理店）手数料は課税仕入れに係る支払対価となります。

②　受託者（代理店）については、販売を委託された商品の販売代金は、委託者の売上げとなることから課税対象とはならず、委託者から受け取る委託販売（代理店）手数料が役務の提供の対価として課税されます。

納税義務が免除される事業者とは

基準期間の課税売上高が1,000万円以下である課税期間は、原則として、国内取引について納税義務が免除されます。

1 基準期間

「基準期間」とは、個人事業者及び法人の区分に応じ、次のようになります（法2①十四）。

基準期間	個人事業者	前 々 年
	法 人	前々事業年度(注)

(注) 前々事業年度が1年未満である場合は、その事業年度開始の日の2年前の日の前日から同日以後1年を経過する日までの間に開始した各事業年度を合わせた期間をいいます。

〔例〕

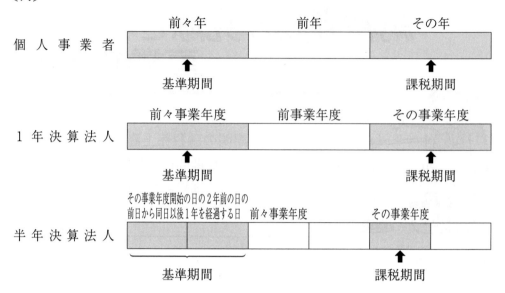

2　課税期間

　「課税期間」とは、納付すべき消費税額の計算の基礎となる期間をいい、個人事業者については暦年、法人については事業年度とされていますが、事業者の選択によりその課税期間を短縮することができます（88ページ参照）。

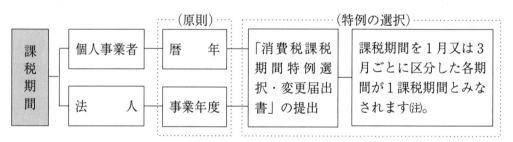

3　免税事業者

　「免税事業者」とは、その課税期間の基準期間における課税売上高が1,000万円以下である事業者で、その課税期間の課税資産の譲渡等（特定資産の譲渡等を除きます。）及び特定課税仕入れについて、納税義務が免除される事業者をいいます（法9①）。

　なお、消費税課税事業者選択届出書を提出している事業者は、納税義務が免除されません（59ページ参照）。

また、特定期間の課税売上高が1,000万円を超える場合（61ページ参照）、個人事業者について、相続があった場合（65ページ参照）、法人について合併、分割等があった場合（68及び73ページ参照）、新設法人に該当する場合（81ページ参照）、特定新規設立法人に該当する場合（83ページ参照）及び高額特定資産を取得した場合（85ページ参照）には、納税義務を免除しないこととする特例があります。

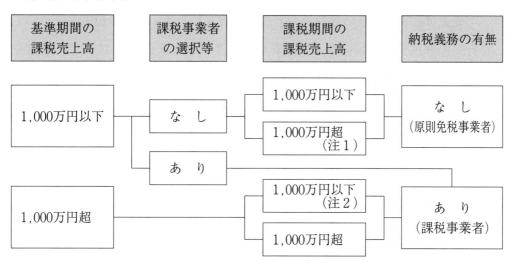

（注1）　その課税期間に係る基準期間の課税売上高が1,000万円以下である事業者の場合には、その課税期間の課税売上高が1,000万円を超えていても、その課税期間の納税義務は原則免除されます。

（注2）　その課税期間に係る基準期間の課税売上高が1,000万円を超えている事業者の場合には、その課税期間の課税売上高が1,000万円以下であっても、その課税期間の納税義務は免除されません。

ポイント

○　免税事業者が課税資産の譲渡等（特定資産の譲渡等を除きます。）を行った場合、その課税期間は消費税が課税されないこととされていますが、課税仕入れに係る消費税額及び課税貨物の引取りに係る消費税額の控除もできないこととなります。

4　基準期間の課税売上高

(1)　個人事業者及び基準期間が１年である法人の場合

　　基準期間における課税売上高とは、基準期間中に国内において行った課税資産の譲渡等（特定資産の譲渡等を除きます。）の対価の額（税抜き）から売上げに係る対価の返還等の金額（税抜き）を控除した金額です（法9②一）。

　　売上げに係る対価の返還等の金額（税抜き）とは、事業者が国内において行った課税資産の譲渡等（特定資産の譲渡等を除きます。）につき、返品を受け、又は値引き若しくは割戻しをしたことにより、その課税資産の譲渡等（特定資産の譲渡等を除きます。）の税込価額の全部若しくは一部の返還又はその課税資産の譲渡等（特定資産の譲渡等を除きます。）の税込価額に係る売掛金その他の債権の額の全部若しくは一部の減額をした場合に、その返還又は減額に係る金額から、消費税相当額を控除した金額をいいます。

(2)　基準期間が１年でない法人の場合

　　基準期間が１年でない法人の基準期間における課税売上高は、基準期間中に国内において行った課税資産の譲渡等（特定資産の譲渡等を除きます。）の対価の額（税抜き）から売上げに係る対価の返還等の金額（税抜き）を控除した残額をその基準期間に含まれる事業年度の月数で除し、これに12を乗じて計算した金額、つまり１年分に換算した金額となります（法9②二）。

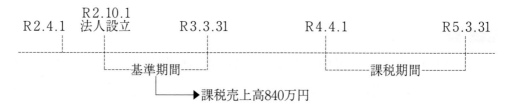

①　当該前々事業年度が１年未満の場合の基準期間

　　その事業年度開始の日（令和４年４月１日）の２年前の日（令和２年４月２日）の前日（令和２年４月１日）から同日以後１年を経過する日（令和３年３月31日）までの間に開始した各事業年度を合わせた期間（令和２年10月１日〜令和３年３月31日）（法2①十四）

② 基準期間の課税売上高が1,000万円超であるため、納税義務があります。

　（840万円÷6か月×12か月＝1,680万円＞1,000万円）
　（令和2年10月～令和3年3月）

ポイント

○　基準期間において免税事業者であった場合には、基準期間中の課税売上高には消費税及び地方消費税が含まれていませんので、その事業者の基準期間の課税売上高の計算に当たっては、税抜きの処理を行う必要はありません（基通1－4－5）。

○　事業者が、異なる種類の事業を行う場合又は2以上の事業所を有している場合であっても、それらの事業又は事業所における課税資産の譲渡等（特定資産の譲渡等を除きます。）の対価の額の合計額により基準期間の課税売上高を算出することとなります（基通1－4－4）。

○　個人事業者が年の中途で事業を開始した場合や事業を廃止した場合において、その年が基準期間となる場合は、事業を行った期間が1年に満たないこととなりますが、その基準期間の課税売上高を1年分に換算する必要はありません（基通1－4－9）。

○　輸出取引がある場合の基準期間の課税売上高には、輸出に係る課税資産の譲渡等の対価の額を含めることとなりますから、その基準期間の消費税の課税標準額と一致しない場合があります（基通1－4－2）。

異業種事業を兼業する者の課税売上高の判定

問　異なる種類の事業を兼業している場合には、それぞれの事業別に課税売上高を判定するのですか。

答　納税義務者に該当するか否かの判定は、原則として事業者を単位としてその基準期間の課税売上高が1,000万円を超えるか否かで判定することになります。したがって、同一事業者が異なる種類の事業を兼業している場合であっても、それぞれの業種における課税資産の譲渡等の対価の額の合計額で納税義務の有無を判定することになります（基通1－4－4）。

　なお、基準期間の課税売上高が1,000万円以下であっても、その課税期間の特

定期間における課税売上高（又は給与等支払額の合計額）が1,000万円を超える場合は、課税事業者となります（61ページ参照）。

国内事業者の納税義務の判定

> 問　国内に本店を有する法人です。当課税期間に国外事業者から「特定課税仕入れ」である「事業者向け電気通信利用役務の提供」を受けました。
>
> 　また、当課税期間は一般課税で課税売上割合も95％未満なので、特定課税仕入れに係る支払対価の額を課税標準として申告を行います。この場合に、翌々課税期間の事業者免税点の判定を行う際の基準期間における課税売上高に、特定課税仕入れに係る支払対価の額は含まれるのでしょうか。

答　消費税法第9条第1項《事業者免税点制度》の適用は、その事業者が行った課税資産の譲渡等の対価の額から計算した課税売上高により判定することとされています。したがって、特定課税仕入れは、その事業者の仕入れであって、課税資産の譲渡等ではありませんので、特定課税仕入れに係る支払対価の額を課税標準として消費税の申告・納税を行っていたとしても、事業者免税点制度や簡易課税制度が適用されるか否かの判定における課税売上高には、特定課税仕入れに係る支払対価の額は含まれません（基通1—4—2㈎4）。

課税事業者の選択

免税事業者は、「消費税課税事業者選択届出書」を所轄税務署長に提出することにより課税事業者となることができます。

1　課税事業者を選択しようとするとき

　免税事業者が課税事業者になることを選択しようとするときは、納税地を所轄する税務署長に「消費税課税事業者選択届出書」を提出することにより、その提出した日の属する課税期間の翌課税期間以後の課税期間から課税事業者になることができます（法9④）。

(注)　この消費税課税事業者選択届出書を提出した課税期間が事業を開始した課税期間である場合等、例えば、新設された法人（合併及び分割により新設された法人を含みます。）や事業を営んでいなかった個人が事業を開始した場合には、この届出書を提出した課税期間から課税事業者になることができます。

ポイント

○　事業者が法人である場合の「事業を開始した課税期間」とは、原則として、その法人の設立の日の属する課税期間をいいますが、例えば、非課税資産の譲渡等に該当する社会福祉事業のみを行っていた法人又は国外取引のみを行っていた法人が、新たに国内において課税資産の譲渡等に係る事業を開始した課税期間もこれに含まれます。

　　また、設立の日の属する課税期間においては設立登記を行ったのみで事業活動を行っていない法人が、実質的に事業を開始した事業年度も「事業を開始した課税期間」に含めることとされています（基通1─4─7）。

○　消費税課税事業者選択届出書を提出したことにより課税事業者となった後に

おいて基準期間の課税売上高又は特定期間の課税売上高が1,000万円を超えた場合であっても、「消費税課税事業者選択不適用届出書」を提出しない限りは、消費税課税事業者選択届出書の効力は継続するため、その後の基準期間の課税売上高及び特定期間の課税売上高が1,000万円以下になる課税期間についても課税事業者となります（基通1―4―11）。

○　消費税課税事業者選択届出書を提出した課税期間が事業を開始した課税期間等である場合には、原則として、その課税期間から課税事業者となりますが、その課税期間の翌課税期間から課税事業者となることを選択することもできます。この場合には、この届出書に課税事業者となることを選択する適用開始課税期間の初日の年月日を明確に記載しておく必要があります（基通1―4―14）。

2　課税事業者の選択をやめるとき

課税事業者を選択している事業者が、その選択をやめようとすることについて、納税地を所轄する税務署長に「消費税課税事業者選択不適用届出書」を提出した場合には、その提出した日を含む課税期間の翌課税期間から消費税課税事業者選択届出書の効力がなくなりますので、その課税期間以後の各課税期間については、基準期間又は特定期間の課税売上高等により課税事業者に該当するか否かを判定することになります（法9⑤⑧）。

(注)　消費税課税事業者選択不適用届出書は、事業を廃止した場合を除き、課税事業者の選択によって納税義務者となった初めての課税期間の初日から2年を経過する日の属する課税期間の初日以後でなければ提出することはできません（法9⑥）。つまり、課税事業者を選択した事業者は、2年間は納税義務者となります。

消費税課税事業者選択届出書を提出した事業者は、課税事業者となった課税期間の初日から2年を経過する日までの間に開始した各課税期間中に調整対象固定資産（159ページ参照）の課税仕入れを行い、かつ、その課税期間の確定申告を一般課税（124ページ参照）で行う場合には、調整対象固定資産の課税仕入れを行った日の属する課税期間の初日から原則として3年間は、免税事業者になることはできません（法9⑦）。

(注)　上記の場合、原則としてその3年間は簡易課税制度を適用して申告することもできません（173ページ参照）。

特定期間の課税売上高による納税義務の判定

その課税期間の特定期間における課税
売上高が1,000万円を超える場合には、
その課税期間は課税事業者となります。
なお、課税売上高に代えて、特定期間
の給与等支払額の合計額により判定する
こともできます。

1　特定期間の課税売上高による納税義務の免除の特例

その課税期間の基準期間における課税売上高が1,000万円以下の場合であっても、その課税期間の特定期間における課税売上高が1,000万円を超える事業者については、課税事業者となります（法9の2①）。

なお、特定期間における1,000万円の判定は、課税売上高に代えて、給与等支払額の合計額によることもできます（法9の2③）。

ポイント

○　この特例で課税事業者に該当しない場合であっても、相続（65ページ参照）、合併（68ページ参照）、分割等（73ページ参照）及び新設法人（81ページ参照）、特定新規設立法人（83ページ参照）並びに高額特定資産の取得（85ページ参照）の特例に該当する場合には、納税義務が免除されません。

○　特定期間の課税売上高（又は給与等支払額の合計額）の判定により課税事業者となる場合には、「消費税課税事業者届出書（特定期間用）」を速やかに所轄税務署長に提出する必要があります（法57①一）。

2 特定期間

「特定期間」とは、個人事業者及び法人の区分に応じ、次のようになります。

(1) 個人事業者の場合

その年の前年の1月1日から6月30日までの期間

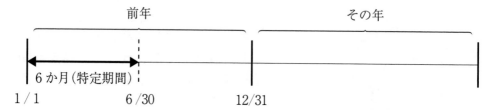

(2) 法人の場合

① その事業年度の前事業年度（「短期事業年度」（注1）を除きます。）の開始の日から6か月間

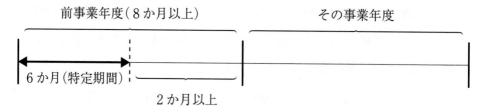

② その事業年度の前事業年度が短期事業年度となる場合で、その事業年度の前々事業年度（前々事業年度が基準期間に含まれる場合などを除きます。）があるときは、当該前々事業年度（注2）の開始の日から6か月間

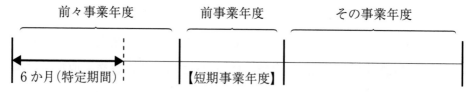

(注1)「短期事業年度」とは、次のいずれかに該当する前事業年度をいいます（令20の5①）。

なお、短期事業年度となる前事業年度は、特定期間に該当しません。
① 前事業年度が7か月以下である場合
② 前事業年度開始の日以後6か月の期間の末日の翌日から前事業年度終了の日までの期間が2か月未満の場合

(注2) 当該前々事業年度が6か月以下の場合には、当該前々事業年度の開始の日か

らその終了の日までの期間となります。

3　給与等支払額

　「給与等支払額」とは、特定期間中に支払った所得税の課税対象とされる給与、賞与等の金額の合計額をいいます（未払給与等は対象となりません。）。

　また、所得税が非課税となる通勤手当や旅費等も給与等支払額には含まれません。

基準期間の課税売上高がない場合等の特定期間における納税義務

> 問　基準期間の課税売上高がない場合や基準期間がない場合においても、特定期間の課税売上高の判定を行う必要がありますか。

答　基準期間の課税売上高が1,000万円以下の場合には、例えば、新たに開業した個人事業者の基準期間の課税売上高がない場合や新たに設立された法人の基準期間がない場合（消費税第12条の2に規定する新設法人及び同法第12条の3に規定する特定新規設立法人を除きます。）も含まれます。

　したがって、基準期間の課税売上高がない場合や基準期間がない場合であっても、特定期間がある場合には、当該特定期間の課税売上高（又は給与等支払額）による判定を行う必要があります（基通1－4－6）。

年の途中に事業を開始した個人事業者の特定期間

> 問　前年の4月1日に事業を開始した個人事業者の特定期間の課税売上高の判定はどのようになりますか。

答　個人事業者の特定期間は、その年の前年の1月1日から6月30日までの期間となります（法9の2④一）。

　したがって、事業を行っていない個人が、前年の4月1日に事業を開始した場合には、前年の4月1日から6月30日までの期間の課税売上高（又は給与等支払額）により判定することとなります（6か月分に換算する必要はありません。）。

(注)　個人が前年の7月1日から12月31日までの間に事業を開始した場合は、特定期間における課税売上高（又は給与等支払額）がないので、判定の必要はありません。

合併があった場合の特定期間

> **問** 法人が吸収合併した場合、合併法人の消費税の納税義務の判定については、合併法人と被合併法人の基準期間の課税売上高により判定しますが、特定期間の課税売上高の判定についても、同様に合併法人と被合併法人の課税売上高により判定を行う必要がありますか。

答 吸収合併があった場合には、納税義務の免除の特例が設けられていますので、合併法人と被合併法人の基準期間の課税売上高で納税義務の判定をすることとされています。

　一方、特定期間の課税売上高の判定については、吸収合併に係る特例は設けられていないため、合併法人の特定期間の課税売上高のみで判定することとなります。

　なお、新設合併の場合も同様です。

給与等支払額の範囲

> **問** 給与等支払額の中には、退職手当も含まれますか。

答 「給与等支払額」とは、特定期間中に支払った所得税の課税対象とされる給与、賞与等の合計額をいいますから、退職手当は含まれません（法9の2③、規則11の2）。

給与所得となる経済的利益

> **問** 事業者がその使用人に対して無償又は低額の賃貸料で社宅や寮などを貸与することにより供与される経済的利益について、給与所得とされる場合がありますが、この給与所得とされた経済的利益の額は、特定期間の給与等支払額に含めて納税義務の判定をする必要がありますか。

答 「給与等支払額」とは、特定期間中に支払った所得税の課税対象とされる給与、賞与等の金額の合計額をいいますから、給与所得とされた経済的利益の額についても、特定期間の給与等支払額に含めて納税義務の判定をすることとなります（基通1—5—23）。

相続があった場合の納税義務

相続により被相続人の事業を承継した相続人の納税義務の判定については、特例が設けられています。

1 相続のあった年の相続人の納税義務の判定

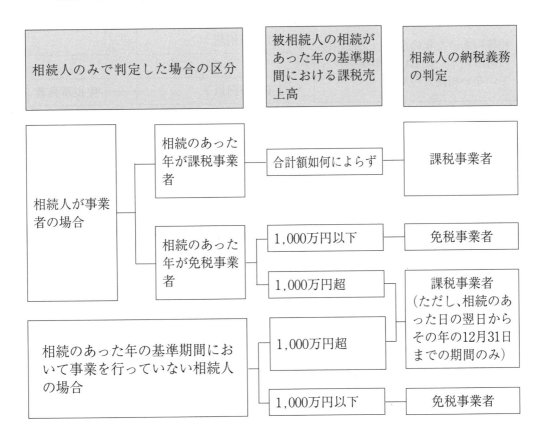

相続人のみで判定した場合の区分		被相続人の相続があった年の基準期間における課税売上高	相続人の納税義務の判定
相続人が事業者の場合	相続のあった年が課税事業者	合計額如何によらず	課税事業者
	相続のあった年が免税事業者	1,000万円以下	免税事業者
		1,000万円超	課税事業者（ただし、相続のあった日の翌日からその年の12月31日までの期間のみ）
相続のあった年の基準期間において事業を行っていない相続人の場合		1,000万円超	
		1,000万円以下	免税事業者

2 相続のあった年の翌年と翌々年の相続人の納税義務の判定

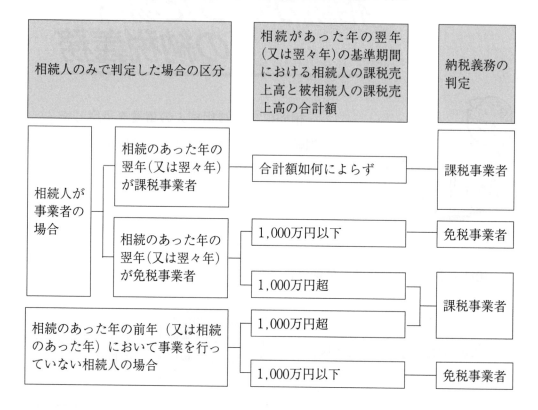

ポイント

○ 相続には包括遺贈（遺贈する財産を特定しないで、財産の全部又は財産の一定の割合として他人に遺贈すること）を含みますが、親が事業から引退し、その事業を子供が引き継ぐ場合、その事業の引継ぎは、相続によるものではありませんから、この特例の適用はありません。

○ 被相続人が2以上の事業場を有していた場合で、2以上の相続人が各事業場を事業場ごとに分割して承継した場合の被相続人の基準期間の課税売上高は、各相続人が相続した事業場に係る部分の課税売上高になります（令21）。

○ 特定遺贈又は死因贈与により受遺者又は受贈者が遺贈者又は贈与者の事業を承継したときは、相続によるものではありませんから、この特例の適用はありません。その受遺者又は受贈者のその課税期間の納税義務の有無の判定については、原則どおりその受遺者又は受贈者のその課税期間に係る基準期間の課税売上高のみによって判定します（基通1－5－3㊟）。

3 相続があった場合の「消費税課税事業者選択届出書」の効力等

相続があった場合における「消費税課税事業者選択届出書」に係る規定の適用は、次のようになります（基通1—4—12）。

(1) 被相続人が提出した消費税課税事業者選択届出書の効力は、相続によりその被相続人の事業を承継した相続人には及びませんので、その相続人が課税事業者を選択しようとするときには、新たに消費税課税事業者選択届出書を提出しなければなりません（(2)の場合を除き、届出書を提出した日の属する課税期間の翌課税期間から適用となります。）。

なお、相続により事業を承継した相続人が相続前に提出していた消費税課税事業者選択届出書の効力は、相続後も相続人に及びますので、この特例の適用はなく、相続後も課税事業者となります。

(2) 事業を営んでいない相続人が相続により被相続人の事業を承継した場合又は個人事業者である相続人が相続により消費税課税事業者選択届出書を提出していた被相続人の事業を承継した場合において、その相続人が事業を開始した日又は相続のあった日の属する課税期間から課税事業者となることを選択しようとするときは、その課税期間中に消費税課税事業者選択届出書を提出すればよいこととされています。

合併があった場合の納税義務

法人が合併した場合の納税義務の判定は、被合併法人の基準期間の課税売上高を含めて行うこととされています。

1 吸収合併の場合（免税事業者である法人が合併により被合併法人の事業を承継した場合）

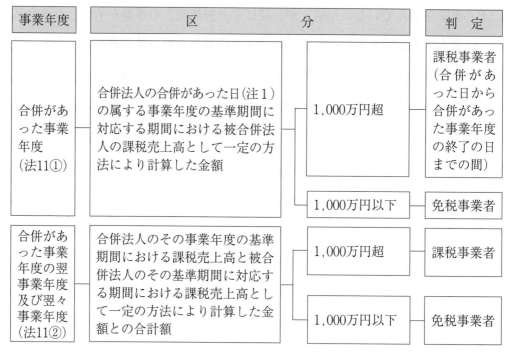

事業年度	区　　　　　　　　分		判　定
合併があった事業年度 （法11①）	合併法人の合併があった日（注1）の属する事業年度の基準期間に対応する期間における被合併法人の課税売上高として一定の方法により計算した金額	1,000万円超	課税事業者（合併があった日から合併があった事業年度の終了の日までの間）
		1,000万円以下	免税事業者
合併があった事業年度の翌事業年度及び翌々事業年度（法11②）	合併法人のその事業年度の基準期間における課税売上高と被合併法人のその基準期間に対応する期間における課税売上高として一定の方法により計算した金額との合計額	1,000万円超	課税事業者
		1,000万円以下	免税事業者

（注1）　吸収合併の場合の「合併があった日」とは、合併の効力を生ずる日（合併契約において合併期日として定めた日）をいいます（基通1—5—7）。

（注2）　合併法人のその課税期間の特定期間における課税売上高が1,000万円を超える場合には、その課税期間は課税事業者となります（法11）。

2 新設合併の場合（被合併法人の事業を承継した場合）

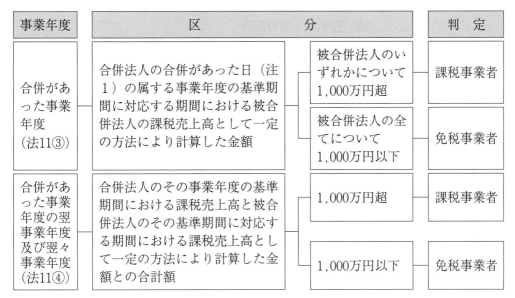

事業年度	区　　分		判　定
合併があった事業年度（法11③）	合併法人の合併があった日（注1）の属する事業年度の基準期間に対応する期間における被合併法人の課税売上高として一定の方法により計算した金額	被合併法人のいずれかについて1,000万円超	課税事業者
		被合併法人の全てについて1,000万円以下	免税事業者
合併があった事業年度の翌事業年度及び翌々事業年度（法11④）	合併法人のその事業年度の基準期間における課税売上高と被合併法人のその基準期間に対応する期間における課税売上高として一定の方法により計算した金額との合計額	1,000万円超	課税事業者
		1,000万円以下	免税事業者

（注1）　新設合併の場合の「合併があった日」とは、法人の設立の登記をした日をいいます（基通1―5―7）。

（注2）　合併法人のその課税期間の特定期間における課税売上高が1,000万円を超える場合には、その課税期間は課税事業者となります。

（注3）　新設合併の場合の納税義務の有無の判定において、免税事業者となった場合であっても、合併法人が新設法人又は特定新規設立法人に該当する場合には、基準期間がない事業年度は課税事業者となります（法12の2①、12の3①）。

3 計算の具体例

(1) 吸収合併の場合

前提：事業年度が1年である法人。また、合併法人の各課税期間において特定期間がある場合は、その特定期間の課税売上高は1,000万円以下。

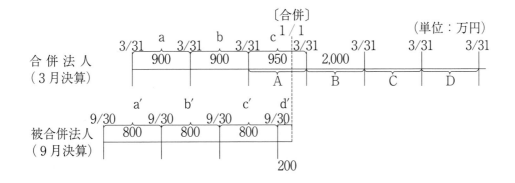

〔判定〕

　　課税期間Ａ：1　合併法人の基準期間(a)の課税売上高

　　　　　　　　900万円 ≦ 1,000万円

　　　　　　　　⇒　納税義務なし

　　　　　　　2　被合併法人の基準期間に対応する期間における課税売上高

　　　　　　　　（令22①）

$$\frac{(a')800万円}{(a')12月} \times 12 = 800万円 \leq 1,000万円$$

　　　　　　　　⇒　納税義務なし

　　課税期間Ｂ：1　合併法人の基準期間(b)の課税売上高

　　　　　　　　900万円 ≦ 1,000万円

　　　　　　　2　一定の計算による基準期間における課税売上高（令22②）

$$(b)900万円 + \frac{(b')800万円}{(b')12月} \times 12 = 1,700万円 > 1,000万円$$

　　　　　　　　⇒　納税義務あり

　　課税期間Ｃ：1　合併法人の基準期間(c)の課税売上高

　　　　　　　　950万円 ≦ 1,000万円

　　　　　　　2　一定の計算による基準期間における課税売上高（令22②かっこ書）

$$(c)\ 950万円 + \frac{(c')800万円 + (d')200万円}{(c')12月 + (d')3月} \times 12$$

$$\times \frac{9月(4/1\sim12/31)}{(c)12月} = 1,550万円 > 1,000万円$$

　　　　　　　　⇒　納税義務あり

　　課税期間Ｄ：Ｄ以降の課税期間については、この特例の適用はなく、合併法人のその課税期間の基準期間における課税売上高及び特定期間における課税売上高により納税義務を判定することとなります。

(2)　**新設合併の場合**

　　前提：事業年度が1年である法人。また、合併法人の各課税期間において特定期間がある場合は、その特定期間の課税売上高は1,000万円以下。

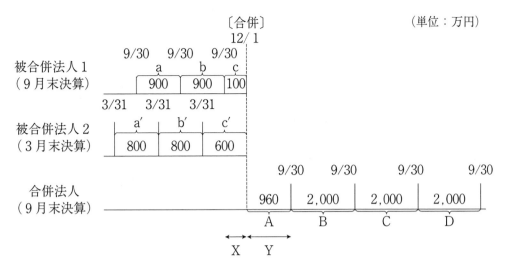

〔判定〕

課税期間Ａ：被合併法人の基準期間に対応する期間（ａとａ′）における課税
売上高（令22③）

いずれも1,000万円以下

⇒ 納税義務なし

課税期間Ｂ：一定の計算による基準期間における課税売上高の合計額（令22
⑥一）

(X)0万円 ＋ $\frac{(b)900万円}{(b)12月} × 12 ＋ \frac{(b′)800万円}{(b′)12月} × 12$

＝ 1,700万円 ＞ 1,000万円 ⇒ 納税義務あり

課税期間Ｃ：1 合併法人の基準期間(A)の課税売上高

960万円 ÷ 10月 × 12 ＝ 1,152万円 ＞ 1,000万円

⇒ 納税義務あり（2による判定は必要ありません。）

（参考）

2 一定の計算による基準期間における課税売上高の合計額
（令22④）

(Y)960万円 ＋ $\frac{(c)100万円}{(c)2月} × \frac{2月}{(10/1〜11/30)} \frac{(c′)600万円}{(c′)8月} × \frac{2月}{(10/1〜11/30)}$

＝1,210万円 ＞ 1,000万円

⇒ 納税義務あり

課税期間Ｄ：Ｄ以降の課税期間については、この特例の適用はなく、合併法
人のその課税期間の基準期間における課税売上高及び特定期間
における課税売上高により納税義務を判定することとなります。

4 合併があった場合の「消費税課税事業者選択届出書」の効力等

合併があった場合における「消費税課税事業者選択届出書」に係る規定の適用は、次のようになります（基通1 — 4 —13）。

(1) 被合併法人が提出した消費税課税事業者選択届出書の効力は、吸収合併又は新設合併によりその被合併法人の事業を承継した合併法人には及びませんので、その合併法人が課税事業者を選択しようとするときは、新たに消費税課税事業者選択届出書を提出しなければなりません（(2)の場合を除き、この届出書を提出した日の属する課税期間の翌課税期間から適用となります。）。

(2) 新設合併により事業を承継した場合又は吸収合併により消費税課税事業者選択届出書を提出していた被合併法人の事業を承継した場合において、その合併法人が合併のあった日の属する課税期間から課税事業者となることを選択しようとするときは、その課税期間中に消費税課税事業者選択届出書を提出すればよいこととされています。

分割があった場合の納税義務

一定要件を満たす分割子法人の納税義務の判定に当たっては、分割親法人の課税売上高を含めて判定することになります。

また、分割親法人の納税義務の判定についても特例が設けられています。

1 分割等があった場合

分割等があった場合の納税義務の特例の適用がある「分割」とは、次に掲げる分割等をいいます。

(1) 新設分割（会社法第2条第30号に規定する新設分割）

(2) 現物出資（新設分割親法人が新設分割子法人を設立するために金銭以外の出資をし、その出資により分割子法人に事業の全部又は一部を引き継ぐ場合における新たな設立）

(3) 事後設立（新設分割親法人が新設分割子法人を設立するために金銭の出資をし、その新設分割子法人と会社法第467条第1項第5号に掲げる行為に係る契約をした場合において、その契約に基づく金銭以外の資産の譲渡のうち一定の要件に該当するもの）

(4) 吸収分割（会社法第2条第29号に規定する吸収分割）

㊟ (1)から(3)の場合、分割等を行った法人を新設分割親法人といい、分割等により設立された、又は資産の譲渡を受けた法人を新設分割子法人といいます。

また、(4)の場合、分割を行った法人を分割法人といい、分割により分割法人の事業を承継した法人を分割承継法人といいます。

2　分割法人の納税義務

(1)　新設分割等（前記１の(1)から(3)の分割）の場合

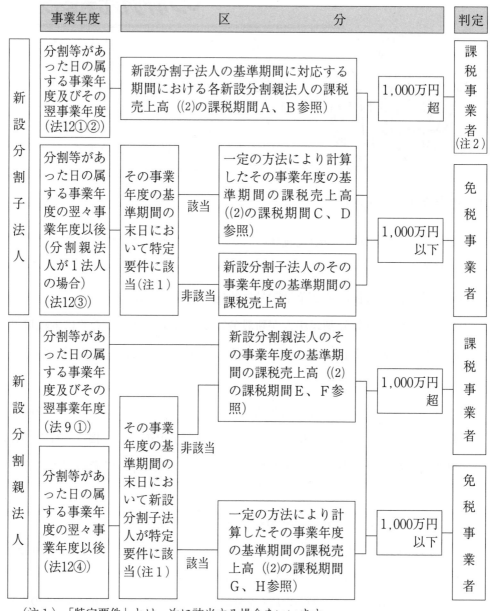

事業年度	区　　　　　　　　分		判定

新設分割子法人

- 分割等があった日の属する事業年度及びその翌事業年度（法12①②）
- 分割等があった日の属する事業年度の翌々事業年度以後（分割親法人が1法人の場合）（法12③）

新設分割子法人の基準期間に対応する期間における各新設分割親法人の課税売上高（(2)の課税期間A、B参照）──1,000万円超──課税事業者（注2）

その事業年度の基準期間の末日において特定要件に該当（注1）──該当──一定の方法により計算したその事業年度の基準期間の課税売上高（(2)の課税期間C、D参照）──1,000万円以下──免税事業者

非該当──新設分割子法人のその事業年度の基準期間の課税売上高

新設分割親法人

- 分割等があった日の属する事業年度及びその翌事業年度（法9①）
- 分割等があった日の属する事業年度の翌々事業年度以後（法12④）

新設分割親法人のその事業年度の基準期間の課税売上高（(2)の課税期間E、F参照）──1,000万円超──課税事業者

その事業年度の基準期間の末日において新設分割子法人が特定要件に該当（注1）──非該当

該当──一定の方法により計算したその事業年度の基準期間の課税売上高（(2)の課税期間G、H参照）──1,000万円以下──免税事業者

（注1）　「特定要件」とは、次に該当する場合をいいます。

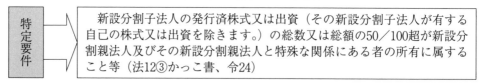

特定要件：新設分割子法人の発行済株式又は出資（その新設分割子法人が有する自己の株式又は出資を除きます。）の総数又は総額の50／100超が新設分割親法人及びその新設分割親法人と特殊な関係にある者の所有に属すること等（法12③かっこ書、令24）

上記の特定要件に該当するかどうかは、その課税期間の基準期間の末日の現況によります（法12③④）。

　　したがって、新設分割親法人が新設分割子法人の株式を譲渡し、特定要件に該当しないことになった後、再度株式を取得したことによりその課税期間の基準期間の末日において特定要件に該当することになったような場合にも、この特例の適用があります（基通1—5—13）。

　　なお、分割等があった場合の納税義務の判定の規定は、相続があった場合の納税義務の免除の特例、合併があった場合の納税義務の免除の特例又は吸収分割があった場合の納税義務の免除の特例のように相続、合併又は吸収分割があった日の属する課税期間から一定期間について適用されるのではなく、一定の要件を満たす分割等である限り、分割後の全ての課税期間に適用されます。

（注2）　分割等があった日の属する事業年度については、分割等があった日からその分割等があった事業年度の終了の日までの間となります。

（注3）　新設分割親法人、新設分割子法人のその課税期間の特定期間における課税売上高が1,000万円を超える場合には、その課税期間は課税事業者となります。

（注4）　新設分割等の場合の納税義務の有無の判定において、免税事業者となった場合であっても、新設分割子法人が新設法人に該当する場合には、基準期間がない事業年度は課税事業者となります（法12の2①）。

(2)　**新設分割等の場合の計算の具体例**

　　前提：分割の形態は分社型で、新設分割子法人が特定要件に該当。また分割子法人及び分割親法人の各課税期間において特定期間がある場合は、その特定期間の課税売上高は1,000万円以下。

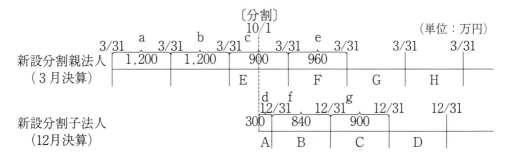

〔新設分割子法人の判定〕

　課税期間A：新設分割子法人の基準期間に対応する新設分割親法人の課税売

上高

　(a)　1,200万円 ＞ 1,000万円

　⇒　納税義務あり

課税期間Ｂ：新設分割子法人の基準期間に対応する新設分割親法人への課税

売上高

　(b)　1,200万円 ＞ 1,000万円

　⇒　納税義務あり

課税期間Ｃ：1　新設分割子法人の基準期間における課税売上高

$$\frac{\text{(d)}300万円}{\text{(d)}3月} \times 12 = 1,200万円 ＞ 1,000万円$$

⇒納税義務あり（2による判定は必要ありません。）

（参考）

2　一定の計算による基準期間における課税売上高（令23③④）

$$\frac{\text{(d)}300万円}{\text{(d)}3月} \times 12 \times \frac{6月（10/1〜3/31）}{\text{(c)}12月} + \frac{\text{(c)}900万円}{\text{(c)}12月} \times 12$$

= 1,500万円 ＞ 1,000万円

⇒納税義務あり

課税期間Ｄ：1　新設分割子法人の基準期間(f)における課税売上高

840万円 ≦ 1,000万円

2　一定の計算による基準期間における課税売上高（令23③④）

$$\frac{\text{(f)}840万円}{\text{(f)}12月} \times 12 + \frac{\text{(e)}960万円}{\text{(e)}12月} \times 12$$

=1,800万円 ＞ 1,000万円

⇒納税義務あり

〔新設分割親法人の判定〕

課税期間Ｅ：新設分割親法人の基準期間(a)の課税売上高

1,200万円 ＞ 1,000万円

⇒納税義務あり

課税期間Ｆ：新設分割親法人の基準期間(b)の課税売上高

1,200万円　＞　1,000万円

⇒納税義務あり

課税期間G：1　新設分割親法人の基準期間(c)における課税売上高

(c)900万円　≦　1,000万円

　　　　2　一定の計算による基準期間における課税売上高（令23⑤）

(c)900万円　＋　$\dfrac{\text{(d)300万円＋(f)840万円}}{\text{(d) 3 月＋(f)12月}}$　×　12　×　$\dfrac{6}{\text{(c)12月}}$

＝1,356万円　＞　1,000万円

⇒納税義務あり

課税期間H：1　新設分割親法人の基準期間(e)における課税売上高

(e)960万円　≦　1,000万円

　　　　2　一定の計算による基準期間における課税売上高（令23⑤）

(e)960万円　＋　$\dfrac{\text{(g)900万円}}{\text{(g)12月}}$　×　12　＝　1,860万円　＞　1,000万円

⇒納税義務あり

(3)　吸収分割（前記 1 の(4)の分割）の場合

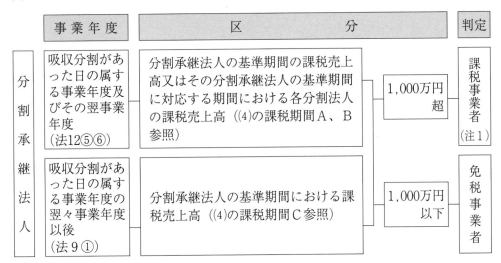

事 業 年 度	区　　　　　　　　　分		判定
分割承継法人	吸収分割があった日の属する事業年度及びその翌事業年度（法12⑤⑥）	分割承継法人の基準期間の課税売上高又はその分割承継法人の基準期間に対応する期間における各分割法人の課税売上高（(4)の課税期間A、B参照）	1,000万円超	課税事業者（注1）
	吸収分割があった日の属する事業年度の翌々事業年度以後（法 9 ①）	分割承継法人の基準期間における課税売上高（(4)の課税期間C参照）	1,000万円以下	免税事業者

（注1）　吸収分割があった日の属する事業年度については、吸収分割があった日から吸収分割があった事業年度の終了の日までの間となります。

（注2）　分割法人及び分割承継法人のその課税期間の特定期間における課税売上高が

1,000万円を超える場合には、その課税期間は課税事業者となります。

⑷　吸収分割の場合の計算の具体例

前提：分割承継法人及び分割法人の各課税期間に特定期間がある場合は、
その特定期間の課税売上高は1,000万円以下。

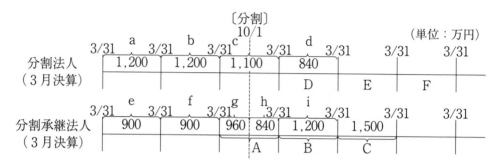

〔分割承継法人の判定〕

課税期間Ａ：1　分割承継法人の基準期間における課税売上高

(e)900万円　≦　1,000万円

2　分割承継法人の基準期間の各分割法人の課税売上高
（令23⑥）

$$\frac{(a)1,200万円}{(a)12月} \times 12 = 1,200万円 > 1,000万円$$

⇒hの期間の納税義務あり

課税期間Ｂ：1　分割承継法人の基準期間における課税売上高

(f)900万円　≦　1,000万円

2　分割承継法人の基準期間の各分割法人の課税売上高
（令23⑥）

$$\frac{(b)1,200万円}{(b)12月} \times 12 = 1,200万円 > 1,000万円$$

⇒納税義務あり

課税期間Ｃ：分割承継法人の基準期間における課税売上高

(g)960万円　＋　(h)840万円　＝　1,800万円　＞　1,000万円

⇒納税義務あり

〔分割法人の判定〕

　　課税期間D：基準期間(b)における課税売上高

　　　　　　1,200万円　　＞　　1,000万円

　　　　　　⇒納税義務あり

　　課税期間E：基準期間(c)における課税売上高

　　　　　　1,100万円　　＞　　1,000万円

　　　　　　⇒納税義務あり

　　課税期間F：基準期間(d)における課税売上高

　　　　　　840万円　　≦　　1,000万円

　　　　　　⇒納税義務なし

3　分割があった場合の「消費税課税事業者選択届出書」の効力等

　　分割があった場合における「消費税課税事業者選択届出書」に係る規定の適用は、次のようになります（基通1―4―13の2）。

(1)　分割法人が提出した消費税課税事業者選択届出書の効力は、分割により分割法人の事業を承継した分割承継法人には及びませんので、その分割承継法人が課税事業者を選択しようとするときは、新たに消費税課税事業者選択届出書を提出しなければなりません（(2)の場合を除き、この届出書を提出した日の属する課税期間の翌課税期間から適用となります。）。

　　なお、分割等により新設分割親法人の事業を引き継いだ新設分割子法人についても同様の取扱いとなります。

(2)　新設分割により事業を承継した場合又は吸収分割により消費税課税事業者選択届出書を提出していた分割法人の事業を承継した場合において、その新設分割子法人又は分割承継法人が新設分割又は吸収分割があった日の属する課税期間から課税事業者となることを選択しようとするときは、その課税期間中に消費税課税事業者選択届出書を提出すればよいこととされています。

個人事業者の法人成りの場合の課税売上高の判定

> **問** 前々年の課税売上高が1,000万円を超える個人事業者が、年の中途で法人成りした場合、その法人の納税義務はどうなるのですか。

答 納税義務の有無の判定は、事業者単位で行うこととなりますから、法人成りする前の個人と、法人成り後の法人とは別々に判断することになります。したがって、法人成りに係る個人事業者の前々年の課税売上高が1,000万円を超える場合であっても、新たに設立された法人については前々事業年度の課税売上高はありませんから、納税義務は生じないことになります。

ただし、基準期間がない法人のうち、特定期間における課税売上高が1,000万円を超える場合、資本金の額又は出資の金額が1,000万円以上の法人、1,000万円未満であっても特定新規設立法人（83ページ参照）については、納税義務は免除されません。

なお、質問の場合、法人成りに係る個人事業者の法人成りした年の基準期間における課税売上高が1,000万円を超えていますから、その年の個人事業者であった期間については納税義務は免除されません。

また、個人事業者が法人の設立に当たって、事業用資産等の現物出資を行った場合には、金銭以外の資産の出資に該当して課税対象となり、その課税標準は取得に係る株式（出資）の額となります。

新設法人の納税義務

新設法人に該当すると、基準期間がない事業年度における納税義務が免除されません。

1 新設法人の納税義務の免除の特例

その事業年度の基準期間がない法人（社会福祉法第22条に規定する社会福祉法人を除きます。）のうち、その事業年度開始の日における資本金の額又は出資の金額が1,000万円以上である法人（以下「新設法人」といいます。）は、その基準期間がない事業年度に含まれる各課税期間の納税義務が免除されません（法12の2①、令25①）。

2 新設法人の3年目以降の取扱い

新設法人に係る納税義務の免除の特例規定は、基準期間がない法人に適用されますので、資本金の額又は出資の金額が1,000万円以上の法人であっても、基準期間ができた以後の課税期間における納税義務の有無の判定は、原則どおり、基準期間の課税売上高で判定することとなります（基通1―5―18）。

なお、基準期間の課税売上高が1,000万円以下であっても、特定期間の課税売上高が1,000万円を超えた場合は課税事業者となります。

(注) 新設法人が、基準期間のない各課税期間中に調整対象固定資産（159ページ参照）の課税仕入れを行い、かつ、その課税期間の確定申告を一般課税（124ページ参照）で行った場合には、原則として、その調整対象固定資産の課税仕入れを行った日の属する課税期間の初日から3年間は、免税事業者になることはできません。

また、簡易課税制度を選択して申告することもできません。

ただし、当該新設法人が被災事業者（224ページ参照）に該当することとなったときは、この制限規定の適用はありません（措法86の5④）。

○　新設法人に該当し納税義務が免除されないこととなる事業年度には、法人の設立初年度に限らず、設立2期目であっても、基準期間がない事業年度の開始の日における資本金の額又は出資の金額が1,000万円以上である場合が含まれます（基通1—5—15）。

○　新設法人に該当する法人であっても、簡易課税制度の選択をすることができます（基通1—5—19）。

　　ただし、新設法人及び特定新規設立法人が、基準期間がない各課税期間中に調整対象固定資産の課税仕入れを行い、かつ、その仕入れた日の属する課税期間の消費税の確定申告を一般課税で行った場合には、原則として、その調整対象固定資産の課税仕入れを行った日の属する課税期間の初日から3年間は、簡易課税制度を適用して申告することはできません（法37③二）。

○　設立3期目以降に免税事業者となる新設法人が、消費税の還付を受けようとする場合は、還付を受けようとする課税期間の開始の日の前日までに消費税課税事業者選択届出書を提出しておく必要があります（例えば、設立3期目に還付を受けようとする場合には、設立2期目に届出書を提出する必要があります。）（基通1—5—18）。

特定新規設立法人の納税義務

基準期間がない資本金等の額が1,000万円未満の新規設立法人のうち、特定新規設立法人については、納税義務が免除されません。

1　特定新規設立法人の納税義務の免除の特例

その事業年度の基準期間がない法人（新設法人（81ページ参照）及び社会福祉法第22条に規定する社会福祉法人を除きます。以下「新規設立法人」といいます。）のうち、その事業年度開始の日において特定要件等に該当する法人（以下「特定新規設立法人」といいます。）については、その基準期間がない事業年度に含まれる各課税期間の納税義務は免除されません（法12の3①）。

2　特定新規設立法人

「特定新規設立法人」とは、次の①、②の要件のいずれにも該当する法人をいいます。

①　その基準期間がない事業年度開始の日において、他の者により発行済株式等の50％超を直接又は間接に保有される場合など、他の者によりその新規設立法人が支配される一定の場合（特定要件）に該当すること

②　①の特定要件に該当するかどうかの判定の基礎となった他の者及びその他の者と一定の特殊な関係にある法人のうちいずれかの者（以下「判定対象者」といいます。）のその新規設立法人のその事業年度の基準期間に相当する期間（以下「基準期間相当期間」といいます。）における課税売上高が5億円を超えていること

具体的な適用事例(設立1期目の納税義務の判定例)

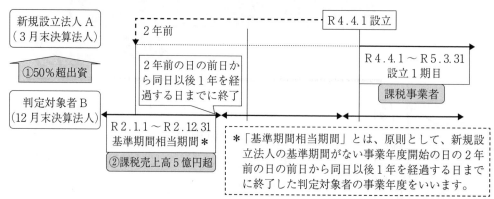

　Aは、①基準期間がない事業年度開始の日（令和4年4月1日）において、判定対象者Bにより株式等の50%超を保有されており、かつ、②基準期間相当期間（＊）における課税売上高が5億円を超えているため、当該基準期間がない事業年度（令和4年4月1日～令和5年3月31日）の納税義務は免除されません。

㊟　基準期間がない事業年度（設立1期目、2期目）について、それぞれ納税義務を判定する必要があります。

3　特定新規設立法人の3年目以後の取扱い

　基準期間ができた以後の課税期間における納税義務の有無の判定は、原則どおり、基準期間の課税売上高で判定することとなります。

　なお、基準期間の課税売上高が1,000万円以下であっても、特定期間の課税売上高が1,000万円を超えた場合は課税事業者となります。

㊟　特定新規設立法人が、基準期間のない各課税期間中に調整対象固定資産（159ページ参照）の課税仕入れを行い、かつ、その課税期間の確定申告を一般課税（124ページ参照）で行った場合には、原則として、その調整対象固定資産の課税仕入れを行った日の属する課税期間の初日から3年間は、免税事業者になることはできません。また、簡易課税制度を選択して申告することもできません。

　ただし、当該特定新規設立法人が被災事業者（224ページ参照）に該当することとなったときは、この制限規定の適用はありません（措法86の5④）。

高額特定資産を取得した場合の納税義務

事業者が、課税事業者であり、かつ、簡易課税制度の適用を受けない課税期間中に高額特定資産の仕入れ等を行った場合、一定期間、納税義務は免除されません。

1 高額特定資産を取得した場合の納税義務の免税の特例

(1) 高額特定資産

　課税事業者が、簡易課税制度の適用を受けない課税期間中に高額特定資産の課税仕入れ又は高額特定資産に該当する課税貨物の保税地域からの引取り（以下「高額特定資産の仕入れ等」といいます。）を行った場合には、その高額特定資産の仕入れ等の日の属する課税期間の翌課税期間からその高額特定資産の仕入れ等の日の属する課税期間の初日以後３年を経過する日の属する課税期間までの各課税期間においては、納税義務は免除されません（法12の4①）。

（注１）　「高額特定資産」とは、一の取引の単位（通常一組又は一式をもって取引の単位とされるものにあっては、一組又は一式）について、課税仕入れに係る支払対価の額の110分の100に相当する金額、又は保税地域から引き取られる当該資産の課税標準である金額が1,000万円以上の棚卸資産又は調整対象固定資産（159ページ参照）をいいます。

（注２）　上記の場合、原則としてその３年間は簡易課税制度を適用して申告することも

— 85 —

できません（173ページ参照）（法37③三）。

(2) 自己建設高額特定資産

　自己建設高額特定資産については、その自己建設高額特定資産の建設等に要した仕入れ等の支払対価の額（課税事業者であり、かつ、簡易課税制度の適用を受けない課税期間において行った原材料費及び経費に係るものに限り、消費税に相当する額を除きます。）の累計額が1,000万円以上となった日の属する課税期間の翌課税期間から、その建設等が完了した日の属する課税期間の初日以後3年を経過する日の属する課税期間までの各課税期間においては、納税義務は免除されません（法12の4①、令25の5②）。

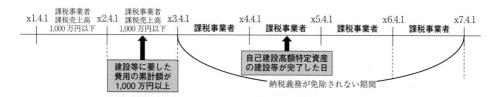

（注1）「自己建設高額特定資産」とは、他の者との契約に基づき自ら建設等をした資産又は事業者の棚卸資産若しくは調整対象固定資産として自ら建設等をした高額特定資産をいいます。

（注2）　上記の場合、原則として少なくとも3年間は簡易課税制度を適用して申告することもできません（法37③四）。

(3) 高額特定資産である棚卸資産等について、棚卸資産の調整措置の適用を受けた場合の納税義務の免除の特例の制限

　令和2年4月1日以後に、事業者が、高額特定資産である棚卸資産等又は調整対象自己建設高額資産について、免税事業者が課税事業者となった場合の調整等の適用を受けた場合には、その適用を受けた課税期間の翌課税期間からその適用を受けた課税期間（その適用を受けることとなった日の前日までに建設等が完了していない調整対象自己建設高額資産にあっては、その建設等が完了した日の属する課税期間）の初日以後3年を経過する日の属する課税期間までの各課税期間は納税義務が免除されません。

（注1）「棚卸資産の調整措置」とは、免税事業者が課税事業者となる日の前日に、免税事業者であった期間中に行った課税仕入れ等に係る棚卸資産を有している場合、その棚卸資産の課税仕入れ等に係る消費税額を、課税事業者となった課税期間の課税仕入れ等に係る消費税額とみなして仕入税額控除の計算の対象とする等の制度です（168ページ参照）。

（注2）上記の場合、原則として少なくとも3年間は簡易課税制度を適用して申告することもできません（法37③四）。

2 高額特定資産を取得した事業者の事業者免税点制度に関する届出

　上記1により、納税義務が免除されない課税期間の基準期間における課税売上高が1,000万円以下となった場合には、消費税課税事業者選択届出書を提出している場合を除き、「高額特定資産の取得等に係る課税事業者である旨の届出書」を速やかに事業者の納税地を所轄する納税署長に提出する必要があります（法57①二の二）。

ポイント

○　高額特定資産の判定における「課税仕入れに係る支払対価の額」とは、その資産に係る支払対価の額をいい、購入のために要する引取運賃、荷役費等又は資産を事業の用に供するために必要な課税仕入れに係る支払対価の額は含まれません（基通1―5―24）。

○　高額特定資産の判定は、自己建設資産が調整対象固定資産である場合には、調整対象固定資産ごとに、その建設等に要した仕入れ等に係る支払対価の額の合計額を基礎として判定することとなります（基通1―5―26）。

○　自己が保有する建設資材等の棚卸資産を自己建設資産の原材料として使用した場合には、この棚卸資産の仕入れに係る支払対価の額を自己建設高額特定資産の建設等に要した仕入れ等に係る支払対価の額に含めることとなります（基通1―5―28）。

6　課税期間

課税期間

　「課税期間」とは消費税の納付税額の計算の基礎となる期間です。
　個人事業者については暦年、法人については事業年度とされています。

1　課税期間の原則

区　分	課　税　期　間
個人事業者	暦年（1月1日から12月31日までの期間）（法19①一）
法　人	事業年度（法人税法の規定による事業年度）（法19①二）

ポイント

○　個人事業者が年の中途で事業を開始したり、廃止したりした場合でも、その開始した日や廃止した日がいつであるかにかかわらず、課税期間は1月1日から12月31日までの期間となります（基通3―1―1、3―1―2）。

○　法人の事業年度には、法人税法に規定するみなし事業年度も含まれます（基通3―2―3）。

○　法人が会社法その他の法令の規定によりその組織を変更して他の種類の法人となった場合には、組織変更前の法人の解散の登記、組織変更後の法人の設立の登記にかかわらず、その解散又は設立はなかったものとして取り扱われます。
　したがって、その法人の課税期間は、その組織変更によって区分されず継続

することとなります（基通3—2—2）。

2 課税期間の特例

(1) 課税期間の特例の選択

「消費税課税期間特例選択・変更届出書」を所轄税務署長へ提出した事業者は、課税期間を3か月ごと又は1か月ごとに短縮する特例を適用することができます（法19①三～四の二）。

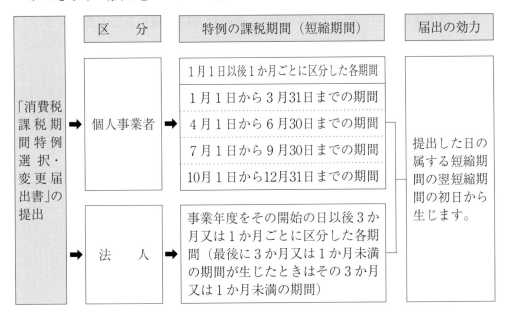

	区　　分	特例の課税期間（短縮期間）	届出の効力
「消費税課税期間特例選択・変更届出書」の提出	個人事業者	1月1日以後1か月ごとに区分した各期間 1月1日から3月31日までの期間 4月1日から6月30日までの期間 7月1日から9月30日までの期間 10月1日から12月31日までの期間	提出した日の属する短縮期間の翌短縮期間の初日から生じます。
	法　　人	事業年度をその開始の日以後3か月又は1か月ごとに区分した各期間（最後に3か月又は1か月未満の期間が生じたときはその3か月又は1か月未満の期間）	

ポイント

○ 消費税課税期間特例選択・変更届出書を提出した日の属する短縮期間が次の短縮期間である場合には、その提出した日の属する短縮期間の初日から届出の効力が生ずることとなります（法19②、令41①）。

① 国内において課税資産の譲渡等に係る事業を開始した日の属する短縮期間

② 個人事業者が相続により課税期間の特例の適用を受けていた被相続人の事業を承継した場合におけるその相続のあった日の属する短縮期間

③ 法人が合併（新設合併を除きます。）により課税期間の特例の適用を受けていた被合併法人の事業を承継した場合におけるその合併のあった日の属する短縮期間

④　法人が吸収分割により課税期間の特例の適用を受けていた分割法人の事業を承継した場合におけるその吸収分割があった日の属する短縮期間

○　この届出書を提出した日の属する年又は事業年度については、その年又は事業年度の初日から届出の効力が生じた日の前日までの期間が一の課税期間とみなされます。

○　この届出書を提出した場合には、基準期間における課税売上高が1,000万円以下となったことにより免税事業者となった場合にも「消費税課税期間特例選択不適用届出書」を提出しない限り、その効力は存続することとなります（基通3－3－1）。

〔例：課税期間の特例（3か月ごと）の選択の効果〕

イ　原則（個人事業者又は12月決算法人の場合）

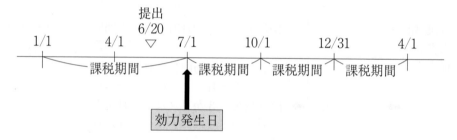

ロ　新設法人の場合（12月決算法人の例）

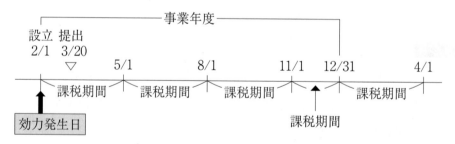

(2) 課税期間の特例選択の不適用

　課税期間の特例の適用を受けている事業者は「消費税課税期間特例選択不適用届出書」を提出することによって原則的な課税期間に戻ることができます（法19③）。

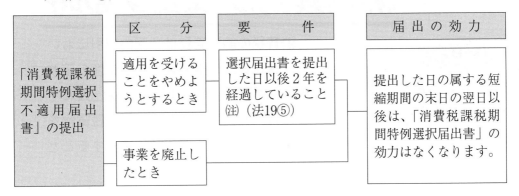

「消費税課税期間特例選択不適用届出書」の提出	区　　分	要　　件	届 出 の 効 力
	適用を受けることをやめようとするとき	選択届出書を提出した日以後2年を経過していること㊟（法19⑤）	提出した日の属する短縮期間の末日の翌日以後は、「消費税課税期間特例選択届出書」の効力はなくなります。
	事業を廃止したとき		

　㊟　事業を廃止した場合を除き、消費税課税期間特例選択・変更届出書の効力が生じる日から2年を経過する日の属する課税期間の初日以後でなければ、「消費税課税期間特例選択不適用届出書」を提出して課税期間の特例の適用をやめることはできません。

ポイント

○　この届出書を提出した日の属する短縮期間の末日の翌日から、その年の末日又は事業年度の末日までの期間が一の課税期間とみなされます（法19④）。

〔例：課税期間の特例（3か月ごと）の選択不適用の効果〕

　個人事業者又は12月決算法人の場合

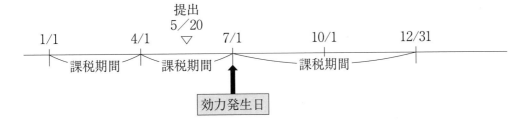

7　納税義務の成立

納税義務が成立する時

消費税の納税義務は、国内取引においては課税資産の譲渡等（特定資産の譲渡等を除きます。）又は特定課税仕入れをした時、輸入取引においては課税貨物を保税地域から引き取る時に成立することとされています。

1　国内取引における納税義務の成立時期

国内取引における納税義務の成立時期は、課税資産の譲渡等（特定資産の譲渡等（19ページ参照）を除きます。）をした時ですが、この課税資産の譲渡等（特定資産の譲渡等を除きます。）をした時がいつであるかは、原則次のとおりです（通則法15②七）。

資 産 の 譲 渡 等 の 区 分	納 税 義 務 の 成 立 の 時 期
棚卸資産の譲渡（基通9－1－1）	その引渡しのあった日（注1、2、3）
固定資産（工業所有権等を除きます。）の譲渡（基通9-1-13）	その引渡しのあった日（注4）
工業所有権等の譲渡又は実施権の設定（基通9－1－15）	その譲渡又は実施権の設定に関する契約の効力発生の日（注5）
資産の貸付け（基通9－1－20）　契約又は慣習により使用料等の支払日が定められているもの	その支払を受けるべき日
資産の貸付け（基通9－1－20）　支払日が定められていないもの	その支払を受けた日（請求があったときに支払うべきものとされているものにあっては、その請求日）
請負（基通9－1－5）　物の引渡しを要するもの	その目的物の全部を完成して相手方に引き渡した日（注6、7）
請負（基通9－1－5）　物の引渡しを要しないもの	その約した役務の全部の提供を完了した日

（注1） 棚卸資産の「引渡しのあった日」とは、例えば、出荷した日、相手方が検収した日、相手方において使用収益ができることとなった日、検針等により販売数量を確認した日等、その棚卸資産の種類及び性質、その販売に係る契約の内容等に応じてその引渡しの日として合理的であると認められる日のうち、事業者が継続して棚卸資産の譲渡を行ったこととしている日をいいます（基通9—1—2）。

（注2） 棚卸資産が土地又は土地の上に存する権利であり、その引渡しの日がいつであるかが明らかでないときは、次に掲げる日のいずれか早い日にその引渡しがあったものとすることができます（基通9—1—2）。

① 代金の相当部分（おおむね50％以上）を収受するに至った日

② 所有権移転登記の申請（その登記の申請に必要な書類の相手方への交付を含みます。）をした日

（注3） 棚卸資産の委託販売に係る委託者における資産の譲渡をした日とは、その委託品について受託者が譲渡した日をいいます。ただし、その委託品についての売上計算書が売上げの都度作成されている場合において、事業者が継続してその売上計算書の到着した日を棚卸資産の譲渡をした日としているときには、その日によることができます（受託者が週、旬、月を単位として一括して売上計算書を作成しているときは、「売上げの都度作成されている場合」に該当します。）（基通9—1—3）。

（注4） 固定資産の「引渡しのあった日」がいつであるかについては、（注1）又は（注2）と同様の方法によることとされています（基通9—1—13）。

ただし、その固定資産が土地、建物その他これらに類する資産である場合において、事業者が当該固定資産の譲渡に関する契約の効力発生日を資産の譲渡の時期としているときにはこれを認めることとされています。

（注5） 工業所有権等の譲渡又は実施権の設定に関する契約の効力が登録により生ずることとなっている場合で、事業者がその登録日にその譲渡又は設定が行われたものとしているときは、その日によることができます（基通9—1—15）。

（注6） 請負契約の内容が建設工事等（建設、造船その他これらに類する工事をいいます。）を行うことを目的とするものであるときの「引き渡した日」とは、例えば、作業を結了した日、相手方の受入場所へ搬入した日、相手方が検収を完了した日、相手方において使用収益ができることとなった日等、その建設工事等の種類及び性質、契約の内容等に応じてその引渡しの日として合理的であると認められる日のうち、事業者が継続して資産の譲渡等を行ったこととしている日をいいます（基通9—1—6）。

（注7）　事業者が請け負った建設工事等に係る工事代金につき資材の値上り等に応じて一定の値増金を収入することが契約において定められている場合には、その収入すべき値増金の額はその建設工事等の引渡しの日の属する課税期間の課税標準額に算入しますが、相手方との協議によりその収入すべきことが確定する値増金については、その収入すべき金額が確定した日の属する課税期間の課税標準額に算入します（基通9—1—7）。

2　輸入取引における納税義務の成立時期

　　輸入取引における納税義務の成立時期は、課税貨物を保税地域から引き取った時となります。

㊟　「課税貨物」とは、保税地域から引き取られる外国貨物のうち、有価証券等、郵便切手類等の消費税を課さないこととされているもの（非課税貨物）以外のものをいいます（法2①十一）。

商品等の販売による資産の譲渡が行われた時

商品や製品等の販売による資産の譲渡が行われた時期は、通常その商品などの「引渡しのあった日」となります。

1　通常の形態での商品販売における資産の譲渡の時期

　商品を販売したときの資産の譲渡の時期は、通常、その商品又は製品を相手方に引き渡した日となります（基通9―1―1）。

　棚卸資産の「引渡しのあった日」を例示すると次のようになります（基通9―1―2）。

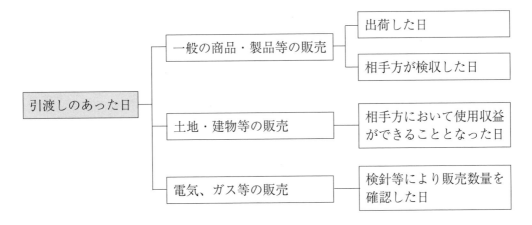

ポイント

○　引渡しの日の判断基準については、その販売の形態に照らして合理的と考えられる日を事業者が継続的に採用することが必要です（基通9―1―2）。

2 特殊な形態での商品販売における資産の譲渡の時期

　所得税法又は法人税法の規定により売買があったものとされるリース取引については、原則として、賃貸人が賃借人にその取引の目的となる資産の引渡し（以下「リース譲渡」といいます。）を行った日に資産の譲渡があったこととなります（基通5─1─9(1)）。

　ただし、事業者がリース取引について、所得税法又は法人税法の所得金額の計算において延払基準の方法により経理処理を行い、リース譲渡に係る資産の譲渡の時期の特例の適用を受けている場合には、消費税についてもその資産の譲渡等の時期の特例の適用が認められています。

　この場合、リース譲渡をした日の属する課税期間においてリース料の支払期日が到来していないものに係る部分については、その課税期間において資産の譲渡等を行わなかったものとみなしてその部分に係る対価の額をその課税期間におけるリース譲渡等に係る対価の額から控除することができます（法16①）。

　また、リース譲渡をした日において資産の譲渡等を行わなかったものとみなされた部分は、その課税期間以後、そのリース料の支払期日が到来する日の属する課税期間において資産の譲渡等を行ったものとされます（法16②）。

(注)　平成30年度税制改正により、長期割賦販売等に係る資産の譲渡等の時期の特例は、平成30年4月1日から廃止されました。なお、平成30年4月1日前に長期割賦販売等を行っていた事業者等は、一定の間、延払基準により資産の譲渡等の対価の額を計算することができるなどの経過措置が設けられています。

ポイント

○　所得税法又は法人税法の規定による延払基準の方法により経理している場合であっても、消費税の資産の譲渡等の時期はその資産の引渡しのあった日とすることとしても差し支えありません（基通9─3─1）。

委託販売に係る資産の譲渡等の時期

> 問 委託販売の場合の資産の譲渡等の時期はいつになりますか。

答 物品等の委託販売については、原則として、受託者が購入者に物品を引き渡した日が委託者における資産の譲渡等の時期になります。

　ただし、継続適用を条件に、1か月以内の一定期間ごとに作成される売上計算書が到着した日を資産の譲渡等の時期とすることも認められます（基通9—1—3）。

請負による資産の譲渡等が行われた時

建設工事等の請負による資産の譲渡等が行われた時期は、請負契約の目的物を完成して引き渡した日となります。

1 原則（工事完成基準）

建設工事等の請負による資産の譲渡等が行われた時期は、原則として、その工事が完成し目的物を引き渡した日に資産の譲渡等が行われたこととなります（基通9─1─5）。

「完成して引き渡した日」を例示すると次のようになります（基通9─1─6）。

```
                  ┌─ 作業を結了した日
                  │
                  ├─ 相手方の受入場所へ搬入した日
完成して引き渡した日 ─┤
                  ├─ 相手方が検収を完了した日
                  │
                  └─ 相手方において使用収益ができることとなった日
```

（注） 運送契約のように物の引渡しを要しない請負については、原則として、役務の提供が終了した日に資産の譲渡等が行われたこととなります（基通9─1─12）。

ポイント

○ 引渡しの日の判定基準については、工事の種類及び性質、契約の内容等に応

じ、その引渡しの日として合理的と認められる日を事業者が継続的に採用することが必要です（基通9―1―6）。

2　特例（工事進行基準）

　事業者が、所得税又は法人税の申告に当たって、工事進行基準により経理処理を行い、収入計上している場合には、消費税についてもその資産の譲渡等の時期について特例の適用が認められています（法17）。

　事業者が、工事進行基準に基づきその課税期間において売上処理した金額の部分については、その課税期間に資産の譲渡等を行ったものとすることができます。

ポイント

○　所得税法又は法人税法の規定による工事進行基準の方法により経理している場合であっても、消費税の資産の譲渡等の時期はその資産の引渡しのあった日とすることとしても差し支えありません（基通9―4―1）。

代金受領時を譲渡等の時期とすることの可否

> **問**　資産の譲渡等の時期を代金の受領時とすることはできませんか。

答　資産の譲渡等の時期は、資産の譲渡等の内容等により定められており、例えば、棚卸資産の売買については、その引渡しの日とされています。したがって、一律に代金の受領時を資産の譲渡等の時期とすることは認められていません。

　ただし、所得税法第67条《小規模事業者の収入及び費用の帰属時期》の規定の適用を受けている小規模事業者については、対価の額を収入した日及び費用の額を支出した日を、それぞれ資産の譲渡等の時期及び課税仕入れを行った時期とすることができます（法18①）。

掛売り等に係る課税売上げ等の計上時期

> **問**　前受金、前払金、未収金、未払金等として資産の譲渡等に係る入金又は課税仕入れに係る支出等を経理している場合は、どのようになりますか。

答 消費税においては、資産の譲渡等及び課税仕入れの時期は、法人税等と同様、原則として資産の引渡しやサービスの提供があった日とされています。したがって、資産の引渡しやサービスの提供が行われるに先立って前受金や前払金の入出金があっても、その時点では資産の譲渡等及び課税仕入れがあったことにはならず、現実に資産の引渡しやサービスの提供があった時が資産の譲渡等及び課税仕入れの時期となります（基通9―1―27、11―3―1）。

未収金や未払金についても同様、代金決済の時期に関係なく、資産の譲渡等及び課税仕入れの時期は資産の引渡しやサービスの提供があった時となります。

ただし、その支払った日から1年以内に提供を受ける役務の提供又は資産の借受けに係る前払費用の額を支払った場合において、継続してその支払った日の属する事業年度の損金の額に算入する処理を所得税基本通達又は法人税基本通達の取扱いに従って経理しているときは、その支払った日を当該前払費用に係る課税仕入れの時期として取り扱うこととなります（基通11―3―8）。

前受金、仮受金

問 前受金、仮受金、預り金で、まだ売上処理していないものは、課税されないと考えてよいでしょうか。

答 前受金、仮受金、預り金等として受領した時点では、一般には資産の譲渡等の対価とはいえないため課税されず、その後、現実に資産の譲渡等があったときに課税されることとなります（基通9―1―27）。

部分完成基準による資産の譲渡等の時期の特例

問 部分完成基準で工事収入を計上している場合は、消費税もその計上時期で課税されることになるのでしょうか。

答 事業者が請け負った建設工事等について、①一の契約により同種の建設工事等を多量に請け負ったような場合で、その引渡量に従い工事代金を収入する旨の特約又は慣習がある場合、②1個の建設工事等であっても、その建設工事等の一部が完成し、その完成した部分を引き渡した都度その割合に応じて工事代金を収入する旨の特約又は慣習がある場合には、その引渡しのときに引き渡した部分について資産の譲渡等が行われたこととなりますから、その時に消費税が課税されます（基通9―1―8）。

なお、工事の請負の場合には、部分的な引渡しを伴わない場合であっても、工事進行基準により資産の譲渡等を行ったものとすることができます。

機械設備の販売に伴う据付工事による資産の譲渡等の時期の特例

> **問**　大規模な据付工事を伴う機械設備等の販売については、据付工事と機械設備等の販売の時期を別々にできるのでしょうか。

答　事業者が機械設備等の販売をしたことに伴いその据付工事を行った場合において、その据付工事が相当の規模のものであり、その据付工事に係る対価の額を契約その他に基づいて合理的に区分することができるときは、機械設備等に係る販売代金の額と据付工事に係る対価の額とを区分して、それぞれにつき資産の譲渡等を行ったものとすることができます（基通9―1―9）。

(注)　事業者がこの取扱いによらない場合には、据付工事に係る対価の額を含む全体の販売代金の額を対価とする資産の譲渡となり、その資産の譲渡等の時期は、その引渡しの日となります。

技術役務の提供の対価に係る資産の譲渡等の時期

> **問**　設計、作業の指揮監督、技術指導などの技術に係る役務の提供を行った場合の資産の譲渡等の時期はどのようになるのでしょうか。

答　設計、作業の指揮監督、技術指導その他のいわゆる技術コンサルティングなどの役務の提供に係る資産の譲渡等の時期は、原則として、その約した役務の全部の提供を完了した日となりますが、その技術に係る役務の提供について、

①　報酬の額が現地に派遣する技術者等の数及び滞在期間の日数等により算定され、かつ、一定の期間ごとにその金額を確定させて支払を受けることとなっている場合

②　例えば、基本設計に係る報酬の額と部分設計に係る報酬の額が区分されている場合のように、報酬の額が作業の段階ごとに区分され、かつ、それぞれの段階の作業が完了する都度その金額を確定させて支払を受けることとなっている場合

には、その支払を受けるべき報酬の額が確定した日にその確定した金額に係る役務の提供を行ったものとなります。

　ただし、その支払を受けることが確定した金額のうち、役務の全部の提供が完

了するまで又は1年を超える相当の期間が経過するまで支払を受けることができないこととされている部分については、その完了する日とその支払を受ける日とのいずれか早い日を資産の譲渡等の時期とすることができます（基通9―1―11）。

(注) 技術に係る役務の提供についての契約に関連して、その着手費用に充当する目的で相手方から収受する仕度金、着手金等の額は、後日精算して剰余金があれば返還することとなっているものを除き、その収受した日の属する課税期間において行った役務の提供の対価とすることができます。

対価未確定販売に係る資産の譲渡等の時期

> **問** 仮価格、対価未確定の取引の取扱いはどのようになりますか。

答 仮価格による取引や対価未確定の取引であっても、資産の譲渡等の時期は、目的物の引渡しの日等となります。

したがって、資産の譲渡等の対価の額がその資産の譲渡等を行った日の属する課税期間の末日までに確定しないときは、仮価格がある場合にはこれにより、仮価格がない場合には適正に見積もった金額により確定申告を行うこととなります（基通10―1―20）。

なお、確定申告後に対価の額が確定したときは、その確定した日の属する課税期間において精算することとなります。

商品券の発行に係る売上げの計上時期

> **問** 百貨店等が商品券を発行した場合において、発行の時点で収益に計上する経理処理を行っているときは、消費税法上もその時点で課税資産の譲渡等があったものとして課税することとなりますか。
>
> また、この場合、商品と引き換えた時点を消費税法上の課税資産の譲渡等の時期とすれば、発行の時点で商品券の売上げを計上し、商品券と商品とを引き換えた時点で商品の売上げを計上することとなるので、売上げの二重計上となりませんか。

答 商品券の発行は、資産の譲渡等に該当せず、課税の対象とはなりません（基通6―4―5）。商品券について、課税関係が生ずるのは商品券が商品と引き換えられた時点となります（基通9―1―22）。

なお、商品券等の発行者以外の者が行う商品券等の販売は、消費税は非課税と

されています（法別表第一４ハ）。

　このように、商品券等の発行時には消費税の課税関係は生じませんから、商品券の発行について、発行の時点を収益計上の時期とする方法、又は、商品券の発行代金を預り金として処理し、商品と引き換えた時点を収益計上の時期とする方法のいずれの方法で経理されている場合であっても、実際に商品を引き渡した時に消費税の課税が生ずることとなりますので、二重に課税されることはありません。

　また、法人税においては、商品券を発行した場合、原則として引換えにより商品の引渡し等をした日の属する事業年度の収益に計上することになりますが、商品券の発行の日から10年が経過した日等の属する事業年度終了の時において、未引換券がある場合については、その未引換券に係る対価の額を一括してその事業年度の収益に計上することとされています。ただし、この未引換券の収益計上は資産の譲渡等を伴わないものですから、原則として消費税の課税の対象とはなりません。

8 課税標準

国内取引の課税標準

「課税標準」とは、税額計算の基礎となる金額のことをいいます。

国内取引に係る消費税の課税標準は、課税資産の譲渡等（特定資産の譲渡等を除きます。）の対価の額（税抜き）及び特定課税仕入れに係る支払対価の額の合計額です。

1 課税資産の譲渡等に係る課税標準

(1) 原則

国内において行われる課税資産の譲渡等（特定資産の譲渡等（19ページ参照）を除きます。）に係る消費税の課税標準は、原則として課税資産の譲渡等の対価の額とされています（法28①）。

この場合の対価の額には、消費税及び地方消費税に相当する額を含みません（個別消費税の額を含みます。）。

課税資産の譲渡等の対価の額とは、次のような額をいいます。

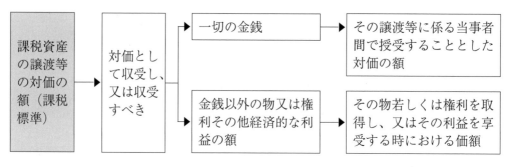

ポイント

○ 「課税資産の譲渡等の対価の額」とは、対価として収受し、又は収受すべき

— 104 —

一切の金銭又は金銭以外の物若しくは権利その他経済的な利益の額をいいます。

　　この場合の「収受すべき」とは、課税資産の譲渡等を行った場合のその課税資産等の時価をいうのではなく、その譲渡等に係る当事者間で授受することとした対価の額をいいます（基通10―1―1）。

○　課税標準に含まれる「個別消費税」とは、その課税貨物の保税地域からの引取りに係る酒税、たばこ税、揮発油税、地方揮発油税、石油ガス税及び石油石炭税をいいます。

○　「金銭以外の物又は権利その他経済的な利益」とは、実質的に資産の譲渡等の対価と同様の経済的効果をもたらすものをいいますが、例えば、次のような場合をいいます（基通10―1―3）。

①　課税資産の譲渡等の対価として金銭以外の物又は権利の給付を受けた場合

②　課税資産の譲渡等の対価として金銭を無償又は通常の利率よりも低い利率で借り受けた場合

③　課税資産の譲渡等の対価として役務の提供又は債務の免除を受けた場合

○　取引価額に消費税額及び地方消費税額に相当する額が含まれている（税込み）場合には、次の算式により、その取引価額から消費税額及び地方消費税額に相当する額を差し引きます。

（算式）標準税率分の課税標準＝標準税率の対象となる実際の取引価額（税込み）$\times \dfrac{100}{110}$

　　　　軽減税率分の課税標準＝軽減税率の対象となる実際の取引価額（税込み）$\times \dfrac{100}{108}$

(2) 特例

区　　　　　　　　分		課税資産の譲渡等の対価の額
法人が資産（棚卸資産を除きます。）を役員に譲渡	譲渡金額が、その譲渡の時における資産の価額に相当する金額のおおむね50％に相当する金額に満たない場合	その資産の譲渡の時における価額（時価）に相当する金額
法人が棚卸資産を役員に譲渡	譲渡金額が、その棚卸資産の課税仕入れの金額に満たない場合又は通常他に販売する価額のおおむね50％に相当する金額に満たない場合	
法人が資産を役員に贈与した場合		その贈与をした資産の価額（時価）に相当する金額
個人事業者が棚卸資産又は棚卸資産以外の資産で事業の用に供していたものを家事のために消費し又は使用した場合		その消費又は使用の時におけるその消費又は使用した資産の価額（時価）に相当する金額
代物弁済による資産の譲渡		代物弁済により消滅する債務の額に相当する金額（その代物弁済により譲渡される資産の価額がその債務の額を超える額に相当する金額につき支払を受ける場合は、その支払を受ける金額を加算した金額）
負担付き贈与による資産の譲渡		その負担付き贈与に係る負担の価額に相当する金額
金銭以外の資産の出資（現物出資等）（特別の法律に基づく承継に係るものを除きます。）		その出資により取得する株式（出資を含みます。）の取得の時における価額に相当する金額

資産の交換	→ その交換により取得する資産の取得の時における価額に相当する金額（交換差金を取得する場合はその取得する金額を加算した金額、支払う場合はその支払う金額を控除した金額）

ポイント

○　資産の譲渡等を行った日の属する課税期間の末日までにその対価の額が確定していない場合には、課税期間の末日の現況によりその金額を適正に見積もることとなります。

　　なお、翌課税期間以降に確定した対価の額が見積額と異なるときのその差額は、その確定した日の属する課税期間における資産の譲渡等の対価の額に加算し、又はその対価の額から減算することとなります（基通10―1―20）。

○　軽減対象の課税資産、軽減対象以外の課税資産及び非課税資産の区分のうち、異なる二以上の区分の資産を同一の者に対して同時に譲渡した場合で、これらの資産の譲渡の対価の額が資産ごとに合理的に区分されている場合は、その資産の区分ごとの資産の譲渡の対価の額となります。

　　なお、これらの資産の対価の額がそれぞれ合理的に区分されていないときは、次の金額となります（令45③、平成28年改正令附則6①）。

①　軽減対象以外の課税資産の譲渡の対価の額

　　これらの資産の譲渡の対価の額に、これらの資産の譲渡の時におけるこれらの資産の価額の合計額のうちに軽減対象以外の課税資産の価額の占める割合を乗じて計算した金額

②　軽減対象の課税資産の譲渡の対価の額

　　これらの資産の譲渡の対価の額に、これらの資産の譲渡の時におけるこれらの資産の価額の合計額のうちに軽減対象の課税資産の価額の占める割合を乗じて計算した金額

○　法人が役員に対して棚卸資産を贈与した場合又は個人事業者が棚卸資産を家事消費等した場合において、次の①及び②に掲げる金額以上の金額をみなし譲渡に係る対価の額として確定申告したときは、その処理が認められます（基通

10―1―18)。

① その棚卸資産の課税仕入れの金額

② 通常他に販売する価額のおおむね50%に相当する金額

安値販売の場合の課税標準

> 問 事業者が通常より安値で他に譲渡した場合の課税標準はどうなりますか。

答 消費税においては、通常より安値で販売したものであっても、原則としてその譲渡した対価の額が課税標準となります（基通10―1―1）。

　ただし、法人が資産をその役員に対して著しく低い価額で譲渡した場合には、その資産の通常の価額（時価）に相当する金額が課税標準となります。

ビール券により販売した場合の対価の額

> 問 ビール券と引換えにビールを販売した場合の対価の額は、ビール券の小売価額となりますか、それともビールの通常の販売価額となりますか。

答 ビールをビール券と引換えに販売した場合の対価の額は、ビールの通常の販売価額となります。したがって、そのビール券の発行時におけるビールの通常販売価額が引換え時におけるビールの通常販売価額と異なっている場合には、別途金銭で領収（又は支払い）した金額を加算（又は減算）した金額が譲渡の対価となります（基通10―1―9）。

中古車販売における未経過自動車税の取扱い

> 問 中古車の販売価格には、未経過自動車税及び未経過自賠責保険料相当額が含まれていますが、この未経過分の自動車税相当額を区分表示した場合には、その金額は資産の譲渡等の対価の額に含まれないこととなりますか。
>
> 　なお、自動車税の未経過分については下取り時に売手に返金し、新規買手にその分を請求することとしています。

答 未経過自動車税相当額は、その未経過の期間内において継続して乗用することができることに対する対価ですから、租税公課そのものではありません。したがって、区分表示した場合であっても、未経過自動車税相当額を含めた全体の価

格が資産の譲渡等の対価となります（基通10―1―6）。

　なお、未経過自賠責保険料についても資産の譲渡等の対価の額に含まれることとなります。

　また、売手に返金する未経過自動車税等相当額は、課税仕入れに係る支払対価の額に含まれることとなります。

下取りがある場合の課税標準

> **問**　機械等の販売に当たって中古機械等を下取りした場合には、下取り価格を販売代金から差し引いていますが、これは売上値引として取り扱うことになるのでしょうか。

答　機械等を販売した場合における課税資産の譲渡等の対価の額は下取り価格を控除する前の価額によることとされていますから、下取り価格を控除する前の価額により課税されることとなります（基通10―1―17）。

　この場合、下取りした中古機械については、課税仕入れに該当することとなります。

返品額差引後の金額を課税標準とすることの可否

> **問**　当社では、売上げについて、返品を受けた場合や値引きをした場合には、当初の売上額から返品額や値引額を差し引いた金額を売上げに計上しています。この場合、消費税の課税標準はこの差引き後の金額でよいのでしょうか。

答　継続して課税資産の譲渡等の対価の額から売上げに係る対価の返還等の額を控除した後の金額を課税資産の譲渡等の対価の額として経理処理をしているときは、その控除後の金額を課税標準とすることも認められます（基通10―1―15）。

　ただし、この場合には、売上げに係る対価の返還等に係る税額の控除はできないこととなります。

　なお、課税仕入れについても、課税仕入れに係る支払対価の額から課税仕入れに係る対価の返還等を受けた金額を控除した残額により仕入控除税額の計算（法30）をすることが認められます（基通12―1―12）。

源泉所得税がある場合の課税標準

> **問** 役務の提供の対価として所得税の源泉徴収をされた後の金額を受領する場合には、実際に受領した金額を課税資産の譲渡等の対価の額として消費税額を計算してよいのでしょうか。

答 課税資産の譲渡等に係る消費税の課税標準は、その課税資産の譲渡等の対価の額とされており、一方、源泉徴収に係る所得税はその対価の中から控除されるものです。したがって、消費税の課税標準は、実際に受領した金額ではなく、源泉徴収される前の金額となります（基通10—1—13）。

酒税、揮発油税等の個別消費税の取扱い

> **問** 酒税や揮発油税等の個別消費税の課税対象となっている資産を譲渡した場合の課税標準はどうなるのですか。

答 消費税の課税標準は、課税資産の譲渡等の対価の額とされており、この対価の額とは、対価として収受し、又は収受すべき一切の金銭又は金銭以外の物若しくは権利その他経済的な利益の額をいい、一般的には当事者間で授受することとした対価の額になります。

　酒税、揮発油税等は、製造場から移出する際に、その移出数量に対してその製造者（納税義務者）に課税されていますので、製造者は、税金相当分の金額を原価の一部として商品価格に含めて販売価額を決定し、販売した際に販売の対価の一部として受領することとなります。したがって、酒類、ガソリン等を販売した場合の消費税の課税標準である課税資産の譲渡の対価の額は、商品を販売した際に当事者間で授受することとしたその商品の対価の額となります。

　なお、軽油引取税、ゴルフ場利用税及び入湯税は、利用者等が納税義務者となっているため、軽油代金等と併せて収受している場合でも対価の額に含まれません。ただし、その税額に相当する金額について、軽油代金等と明確に区分されていない場合は、対価の額に含まれることとなります（基通10—1—11）。

棚卸資産の自家消費

> **問** 個人事業者が棚卸資産を自家消費した場合には、どのような金額を課税標準として確定申告すればよいのでしょうか。

答 個人事業者が棚卸資産を自家消費した場合のみなし譲渡に係る対価の額は、自家消費の時におけるその棚卸資産の価額（時価）によることとされていますが、その棚卸資産の課税仕入れの金額以上の金額で、かつ、通常の販売価額の50％以上の金額を課税標準として確定申告した場合はその取扱いが認められます（基通10—1—18）。

2 特定課税仕入れに係る課税標準

国内において行われる特定課税仕入れ㊟に係る課税標準は、特定課税仕入れに係る支払対価の額とされています。

「特定課税仕入れに係る支払対価の額」とは、次のような額をいいます。

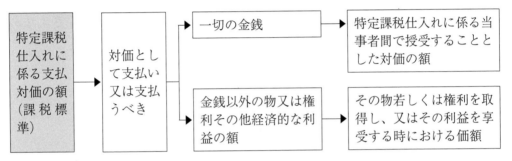

㊟ 「特定課税仕入れ」とは、課税仕入れのうち特定仕入れに該当するものをいいます（51ページ参照）。

ポイント

○ 「特定課税仕入れに係る支払対価の額」とは、対価として支払い、又は支払うべき一切の金銭又は金銭以外の物若しくは権利その他経済的な利益の額をいいます。

この場合の「支払うべき」とは、特定課税仕入れを行った場合のその特定課税仕入れの時価をいうのではなく、その特定課税仕入れに係る当事者間で授受することとした対価の額をいいます（基通10—2—1前段）。

○ 「金銭以外の物又は権利その他経済的な利益」とは、実質的に特定課税仕入れに係る支払対価と同様の経済的効果をもたらすものをいいます（基通10—2—1後段）。

○ 特定課税仕入れは、リバースチャージ方式（201ページ参照）により特定課

税仕入れを行った事業者に消費税の納税義務が課されることとなります。

○　特定課税仕入れについては、その特定課税仕入れを行った事業者に納税義務が課されていますので、支払った対価の額には消費税額及び地方消費税額に相当する額は含まれません。

　したがって、課税資産の譲渡等の対価の額のように税抜計算する必要はなく、支払った（支払うべき）金額がそのまま課税標準となります。

○　課税売上割合が95％以上の事業者や簡易課税制度が適用される事業者は特定課税仕入れを行った場合であっても、経過措置により当分の間、その特定課税仕入れはなかったものとされるため、課税標準には含まれません（平成27年改正法附則42、44②）。

　また、その特定課税仕入れについて仕入税額控除を行うこともできません（基通11―4―6㈲）。

外貨建取引に係る対価の額

原則として、事業者が資産の譲渡等及び特定課税仕入れを行った日の電信売買相場の仲値（T.T.M）により円換算して計上することとなります。

外貨建取引の場合

外国通貨によって支払を受ける又は支払を行うこととされている外貨建ての取引の場合には、その外貨表示額を円換算して資産の譲渡等の対価の額又は特定課税仕入れに係る支払対価の額を求めることとなります（基通10—1—7、10—2—2）。

円換算の方法については、所得税法又は法人税法の取扱いと一致させるものとされています。

具体的には、個人事業者においては所得税基本通達57の3—2（外貨建取引の円換算）等の取扱いに、また、法人においては法人税基本通達13の2—1—2（外貨建取引及び発生時換算法の円換算）等の取扱いによることとなります。

〔原則的な円換算の方法〕

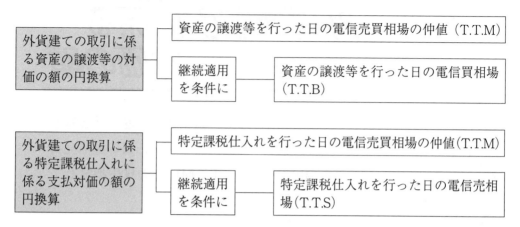

○　外貨建債権債務に係る為替換算差損益又は為替差損益は、外貨建債権債務を存することによる為替相場の変動に伴う損益であるため、原則として、資産の譲渡等の対価の額若しくは特定課税仕入れに係る支払対価の額又は課税仕入れに係る支払対価の額に含まれず、課税の対象外となります（基通10―1―7㈲3、10―2―2、11―4―4）。

○　外貨建ての課税仕入れに係る支払対価の額についても、所得税法又は法人税法の取扱いによることとなりますので、原則として、課税仕入れを行った日の電信売買相場の仲値（T.T.M）によることとなりますが、継続適用を条件として電信売相場（T.T.S）によることもできます。

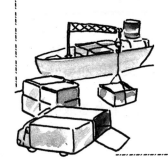

輸入取引に係る課税標準

輸入取引に係る消費税の課税標準は、
関税課税価格等の金額です。

輸入取引に係る消費税の課税標準は

　保税地域から引き取られる課税貨物に係る課税標準は、関税課税価格（通常は、CIF価格）に消費税以外の個別消費税額及び関税額を加算した金額です（法28④）。

ポイント

○　「CIF価格」とは、輸入港到着価格で商品価格に輸入港に到着するまでに要する通常の運賃、保険料が含まれます。

　なお、保険料は、別途経理するかどうかにかかわらず、課税標準となるべき価格に算入されます。

9　税率

消費税の税率

　令和元年10月１日（適用開始日）以後
の消費税の税率は、7.8%又は6.24%の
複数税率です。
　なお、適用開始日以後に行われる取引
であっても、経過措置により旧税率が適
用される場合があります。

消費税
7.8%　地方消費税
　　　2.2%

1　消費税の税率は

　消費税の税率は、標準税率7.8%又は軽減税率6.24%です（法29、平成28年
改正法附則34①）。

　このほか地方消費税が消費税率換算でそれぞれ2.2%、1.76%（ともに消費
税額の$\frac{22}{78}$）課税されます。

区分　　　　適用時期	令和元年10月１日から		（参考）令和元年 ９月30日まで
	標準税率	軽減税率	
消 費 税 率	7.8%	6.24%	6.3%
地方消費税率	2.2% （消費税額の22／78）	1.76% （消費税額の22／78）	1.7% （消費税額の17／63）
合　　　計	10.0%	8.0%	8.0%

㊟　平成元年４月１日から平成９年３月31日までの間は３％（消費税率のみ）、平成９年
　４月１日から平成26年３月31日までの間は５％（消費税率４％＋地方消費税率１％（消
　費税率換算））、平成26年４月１日から令和元年９月30日までの間は８％（消費税率
　6.3%＋地方消費税率1.7%（消費税率換算））とされていました。

2　軽減税率の対象品目

　軽減税率が適用されるのは、次の対象品目の譲渡です。

(1) 飲食料品

　軽減税率の対象となる飲食料品とは、食品表示法に規定する食品（酒類を除きます。）をいい、一定の要件を満たす一体資産を含みます。

　この「食品」とは、全ての飲食物をいい、人の飲用又は食用に供されるものです。また、「食品」には、「医薬品・医薬部外品等」が含まれず、食品衛生法に規定する「添加物」が含まれます。

　外食やケータリング等による食事や飲食料品の提供は軽減税率の対象となる飲食料品の譲渡には含まれません（平成28年改正法附則34①一、平成28年改正令附則2、3①）。

【軽減税率の対象となる飲食料品の譲渡範囲（イメージ）】

イ　「酒類」とは、酒税法に規定する酒類をいいます。

ロ　「一体資産」とは、おもちゃ付きのお菓子など、食品と食品以外の資産があらかじめ一体となっている資産で、その一体となっている資産に係る価格のみが提示されているものをいいます。

　　なお、一体資産のうち、税抜価額が1万円以下であって、食品の価額の占める割合が2／3以上の場合に限り、全体が軽減税率の対象となります。

ハ　「外食」とは、飲食店営業等、食事の提供を行う事業者が、テーブル・椅子等の飲食に用いられる設備のある場所において、飲食料品を飲食させる役務の提供をいいます。

　　なお、飲食店営業等の事業を営む者が行うものであっても、持帰りのための容器に入れ、又は包装を施して行う飲食料品の譲渡、いわゆるテイク

アウト・宅配等は軽減税率の対象となります。

ニ　「ケータリング等」とは、相手方が指定した場所において行う加熱、調理又は給仕等の役務を伴う飲食料品の提供をいいます。

なお、有料老人ホームやサービス付き高齢者向け住宅、幼稚園、小学校、中学校等で行う一定の飲食料品の提供・学校給食等は軽減税率の対象となる「飲食料品の譲渡」に含まれます。

ホ　飲食料品を販売する際に使用される包装材料や容器（以下「容器等」といいます。）が、その販売に付帯して通常必要なものとして使用されるものであるときは、その容器等も含め軽減税率対象となる「飲食料品の譲渡」に該当します。

(2)　**新聞**

軽減税率の対象となる「新聞」とは、一定の題号を用い、政治、経済、社会、文化等に関する一般社会的事実を掲載する週2回以上発行するもの（定期購読契約に基づくもの）をいいます（平成28年改正法附則34①二）。

ポイント

○　軽減税率が適用される取引かどうかの判定は、事業者の方が課税資産の譲渡等を行う時、すなわち、飲食料品を提供する時点（取引を行う時点）で行うこととなります。

飲食料品を販売する際に使用される容器

> **問**　飲食料品を販売する際に使用する容器は、どのような取扱いになりますか。

答　飲食料品の販売に際し使用される包装材料及び容器（以下「包装材料等」といいます。）が、その販売に付帯して通常必要なものとして使用されるものであるときは、当該包装材料等も含め軽減税率の適用対象となる「飲食料品の譲渡」に該当します。

ここでの通常必要なものとして使用される包装材料等とは、その飲食料品の販

売に付帯するものであり、通常、飲食料品が費消され又はその飲食料品と分離された場合に不要となるようなものが該当します。

なお、贈答用の包装など、包装材料等につき別途対価を定めている場合のその包装材料等の譲渡は、「飲食料品の譲渡」には該当しません。

食品と食品以外の資産が選択可能である場合の一体資産該当性

> 問 当社は、店内飲食と持ち帰りのどちらもすることができる飲食店を経営し、お菓子とドリンクとおもちゃをセット商品として販売しています。このセット商品のお菓子・ドリンクは、顧客がメニューの中から選択することができるようにして販売していますが、顧客がこのセット商品を持ち帰る場合、一体資産に該当しますか。

答 「一体資産」とは、食品と食品以外の資産があらかじめ一の資産を形成し、又は構成しているもの（一の資産に係る価格のみが提示されているものに限ります。）をいいます。

ご質問のように、そのセット商品を構成する食品又は食品以外の資産について、顧客が選択可能であれば、あらかじめ一の資産を形成し、又は構成しているものではないため、一体資産に該当せず、一括譲渡（課税関係の異なる2以上の資産（軽減税率の適用対象とならない資産、軽減税率の適用対象資産又は非課税対象資産のうち異なる2以上の資産）を同一の者に同時に譲渡すること）に該当することから、個々の資産の譲渡等の対価の額が合理的に区分されていない場合には、それぞれの資産の価額に基づき合理的にあん分する必要があります。

飲食料品のお土産付きのパック旅行

> 問 当社は、旅行代理店を経営しています。当社が販売するパック旅行は、飲食料品のお土産が付くものもありますが、このパック旅行の販売について、適用税率を教えてください。

答 飲食料品のお土産が付いているパック旅行は、様々な資産の譲渡等（交通、宿泊、飲食など）を複合して提供されるものであり、旅行という包括的な一の役務の提供を行っていることとなりますので、たとえ飲食料品のお土産が付く場合であっても、その対価の全体が軽減税率の適用対象となりません。

（参考） 旅行に係る対価の内訳として、飲食料品のお土産の対価の額を明らかに

した場合であっても、パック旅行は、上記のとおり、一の役務の提供に該当しますので、そのお土産部分の対価についても、軽減税率の適用対象となりません。

持ち帰り販売の取扱い

> **問** 飲食店業等を営む者が、「店内飲食」と「持ち帰り販売」の両方を行っている場合の持ち帰り販売には、軽減税率が適用されますか。

答 飲食店業等を営む者が行うものであっても、飲食料品を持ち帰りのための容器に入れ、又は包装をして行う譲渡（いわゆる「テイクアウト」や「持ち帰り販売」）は、テーブル、椅子等の飲食設備のある場所において、飲食料品を飲食させる役務の提供には当たらない単なる飲食料品の販売であることから、軽減税率が適用されます。

なお、店内飲食と持ち帰り販売の両方を行っている飲食店等においては、その飲食料品を提供する時点で、「店内飲食」（標準税率）か「持ち帰り販売」（軽減税率）かを、例えば、顧客に意思確認を行っていただくなどの方法により判定することになります（軽減通達11）。

10　税額計算

課税標準額に対する消費税額の計算

　課税標準額に対する消費税額は、税率ごとに区分した課税標準額にそれぞれの税率を乗じて求めます。

1　課税標準額に対する消費税額の計算方法

　課税標準額に対する消費税額は、標準税率分と軽減税率分とに区分した課税標準額にそれぞれの税率を乗じて計算したものを合計して算出します（注1）。

課税標準額に対する消費税額	＝	標準税率の対象となる課税標準額　×　7.8%
	＋	軽減税率の対象となる課税標準額　×　6.24%

　課税標準額は、以下の計算方法により算出します。

その課税期間中の課税標準額（1,000円未満切捨て）	＝	その課税期間中の標準税率の対象となる課税資産等（特定資産の譲渡等を除きます。）の税込金額の合計額	×	$\dfrac{100}{110}$
	＋	その課税期間中の軽減税率の対象となる課税資産等（特定資産の譲渡等を除きます。）の税込金額の合計額	×	$\dfrac{100}{108}$
	＋	その課税期間中の特定課税仕入れに係る支払対価の額（注2、3）		

（注1）　課税標準額に対する消費税額の計算方法の特例は、「端数計算の方法」（194ページ）を参照してください。

（注2）　特定課税仕入れに係る支払対価の額に消費税額は含まれません。

（注3）　課税売上割合が95％以上の場合や簡易課税制度を適用する場合は、特定課税仕入れを課税標準に含める必要はありません（112ページ参照）。

ポイント

○　消費税と地方消費税を合わせた税率は10％又は8％ですが、消費税及び地方消費税の確定申告に当たっては、まず消費税額を計算し、その消費税額を課税標準にして$\frac{22}{78}$の税率を乗じて地方消費税額を計算しますので、消費税額の計算においては上記のように7.8％又は6.24％を乗じます。

2　中小事業者の税額計算の特例（経過措置）

課税標準額に対する消費税額の計算は、原則として、売上げを税率ごとに区分して行うこととなりますが、売上げを税率ごとに区分することにつき困難な事情がある中小事業者には、税額計算の特例が設けられています（平成28年改正法附則38）。

（注1）　「困難な事情」とは、例えば、課税期間中に国内において行った課税売上げ（税込み）又は課税仕入れ（税込み）につき、税率ごとの管理が行えなかった場合等の困難な事情をいい、困難の度合いを問いません。

（注2）　「中小事業者」とは基準期間（法人：前々事業年度、個人：前々年）における課税売上高が5,000万円以下の事業者をいいます。

具体的には、次の方法により軽減税率の対象となる課税資産等の税込金額の合計額及び税額を計算することができます。

区分	① 仕入れを税率ごとに管理できる卸売業・小売業を営む中小事業者(注1)	② ①以外の中小事業者	③ ①・②の計算が困難な中小事業者 (注2)
内容	卸売業・小売業に係る売上げに小売等軽減仕入割合を乗じた金額を軽減税率の対象となる課税資産等の税込金額の合計額とし、税額を計算	売上げに軽減売上割合を乗じた金額を軽減税率の対象となる課税資産等の税込金額の合計額とし、税額を計算	①・②の計算において使用する割合に代えて50％を使用して、(下線部分)を算出し、税額を計算
適用対象	令和元年10月１日から令和５年９月30日までの期間において行った課税資産の譲渡等		

小売等軽減仕入割合

$$\frac{\text{卸売業・小売業に係る軽減税率対象品目の売上げにのみ要する課税仕入れ（税込み）}}{\text{卸売業・小売業に係る課税仕入れ（税込み）}}$$

軽減売上割合

$$\frac{\text{通常の連続する10営業日の軽減税率対象品目の課税売上げ（税込み）}}{\text{通常の連続する10営業日の課税売上げ（税込み）}}$$

(注１) 簡易課税制度を適用しない中小事業者に限ります。

(注２) 主に軽減税率の対象品目を販売する事業者が対象となります。

11　税額控除

税額控除の仕組み

課税標準額に対する消費税額から税額
控除を行い納付税額を計算します。

1　税額控除

消費税の納付税額の計算に当たっては、課税標準額に対する消費税額から次の消費税額を控除することができます。

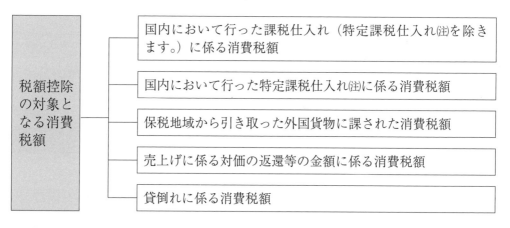

税額控除の対象となる消費税額	国内において行った課税仕入れ（特定課税仕入れ㊟を除きます。）に係る消費税額
	国内において行った特定課税仕入れ㊟に係る消費税額
	保税地域から引き取った外国貨物に課された消費税額
	売上げに係る対価の返還等の金額に係る消費税額
	貸倒れに係る消費税額

㊟　「特定課税仕入れ」とは、課税仕入れのうち、特定仕入れに該当するものをいいます（51ページ参照）。

2　控除税額の計算方法

課税標準額に対する消費税額から控除することができる課税仕入れ（特定課税仕入れを除きます。）に係る消費税額、特定課税仕入れに係る消費税額及び

保税地域から引き取った外国貨物に課された消費税額の計算方法は、簡易課税制度を選択している事業者とその他の事業者（一般課税の方法により申告する事業者）とで異なります。

　一般課税の方法により申告する事業者が課税仕入れ（特定課税仕入れを除きます。）に係る消費税額、特定課税仕入れに係る消費税額及び保税地域から引き取った課税貨物に課された消費税額を計算する方法は、その課税期間の課税売上割合によって次のように区分されます。

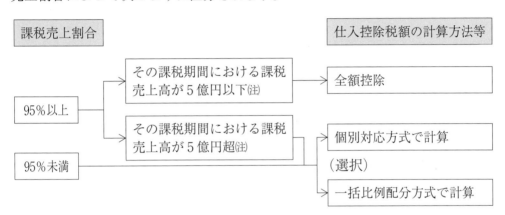

(注)　課税期間が1年に満たない場合には、課税売上高を年換算した金額（課税売上高を当該課税期間の月数で除し、これに12を乗じて計算した金額）となります。

3　課税売上割合

　「課税売上割合」とは、次の算式により計算した割合をいいます（令48）。

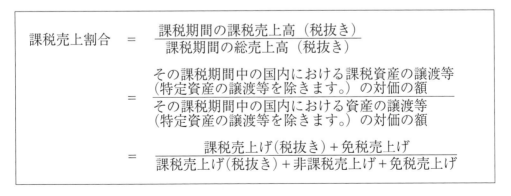

（注1）　総売上高と課税売上高にはそれぞれ、貸倒れになった売上高を含みます。

　　　　なお、売上について返品を受け、又は値引き、割戻し等を行った場合には、それ

らに係る金額を控除します。また、特定資産の譲渡等（19ページ参照）の対価の額
は含みません。

（注2）　総売上高には非課税売上高は含みますが、不課税取引は含みません。

　　　　　ただし、総売上高に含まれる非課税売上高に支払手段の譲渡の額及び資産の譲渡
等の対価として取得した金銭債権の譲渡の額は含まないこととされています。

（注3）　総売上高に含める特定の有価証券（ゴルフ場利用株式等を除きます。）及び貸付
金・預金・売掛金その他の金銭債権（資産の譲渡等の対価として取得したものを除
きます。）の譲渡対価の額は、その譲渡対価の額の5％に相当する額とされています。

課税売上割合の計算方法

> **問**　特定課税仕入れがある場合の課税売上割合の計算はどうなりますか。

答　課税売上割合の計算については、原則として、その事業者の資産の譲渡等及
び課税資産の譲渡等の対価の額により計算しますので、課税売上割合の計算にお
いて、その事業者の資産の譲渡等及び課税資産の譲渡等ではない特定課税仕入れ
に係る金額は考慮する必要はありません。

　また、国外事業者においても、課税売上割合を計算する際の資産の譲渡等及び
課税資産の譲渡等からは「特定資産の譲渡等」（「事業者向け電気通信利用役務の
提供」及び「特定役務の提供」）が除かれていますので、特定資産の譲渡等を除
いたところで課税売上割合の計算を行うこととなります。

課税売上割合の端数処理

> **問**　当社のこの課税期間の課税売上割合は、94.856……％となり小数点以下
> を四捨五入すると95％となることから、課税仕入れ等に係る税額の全額を控
> 除することができるでしょうか。

答　個別対応方式又は一括比例配分方式の計算において用いる課税売上割合につ
いては、その端数処理は行わないことになっていますが、任意の位以下の端数を
切り捨てた数値によって計算しても差し支えないこととされています。

　しかし、ご質問のように四捨五入することは認められません。したがって、ご
質問の場合には、課税売上割合が100分の95に満たないこととなり、個別対応方
式か一括比例配分方式のいずれかの方法によって仕入控除税額の計算を行うこと
になります。

12 控除税額の計算

課税仕入れ等に係る消費税額

課税仕入れ（特定課税仕入れを除きます。）に係る消費税額は、課税仕入れに係る支払対価の額（税込み）に110分の7.8（又は108分の6.24）を乗じて計算した金額です。

また、特定課税仕入れに係る消費税額は、特定課税仕入れに係る支払対価の額に100分の7.8を乗じて計算した金額です。

1　課税仕入れ

「課税仕入れ」(注)とは、事業者が、事業として他の者から資産を譲り受け若しくは借り受け又は役務の提供を受けることをいいますが、次のものは課税仕入れとはなりません（法2①十二）。

課税仕入れに該当しないもの	役員報酬、人件費、労務費、退職金等
	非課税取引や免税取引に該当するもの（例えば、支払利息、支払地代、海外出張旅費、国際電話等）
	不課税取引に該当するもの（例えば、支払配当、支払保険金等）
	個人事業者が家事消費のために行うもの

(注)　この場合の課税仕入れは、特定課税仕入れ（51ページ参照）を除きます。

ポイント

○　事業者が、免税事業者又は消費者から課税の対象となる物品を仕入れた場合であっても、課税仕入れに該当します（基通11―1―3）。

なお、事業者向け電気通信利用役務の提供以外の電気通信利用役務の提供で、登録国外事業者以外の国外事業者から受けたものは、経過措置により当分の間、仕入税額控除の適用は認められません（平成27年改正法附則38①、基通11―1―3⒤2）。

2 課税仕入れに係る消費税額

国内において行った課税仕入れ（特定課税仕入れを除きます。）については、課税仕入れに係る支払対価の額（134ページ参照）の合計額（税込み）に$\frac{7.8}{110}$（又は$\frac{6.24}{108}$）を乗じて計算した金額が仕入税額控除の対象となります。

ただし、居住用賃貸建物⒤の取得等に係る課税仕入れ等に係る消費税額については、仕入税額控除を制限する規定が設けられています（法30⑩）。

また、密輸品と知りながら行った課税仕入れ等の税額についても仕入税額控除の対象となりません（法30⑫）。

⒤ 「居住用賃貸建物」とは、住宅の貸付けの用に供しないことが明らかな建物以外の建物であって高額特定資産又は調整対象自己建設高額資産に該当するものをいいます。

課税仕入れ（特定課税仕入れを除きます。）に係る消費税額	=	課税仕入れ（特定課税仕入れを除きます。）に係る支払対価の額（税込み）の合計額	×	$\frac{7.8}{110}$ 又は $\frac{6.24}{108}$

3 中小事業者の税額計算の特例（経過措置）

課税仕入れに係る消費税額の計算は、原則として、仕入れを税率ごとに区分して行うこととなりますが、仕入れを税率ごとに区分することにつき困難な事情がある中小事業者には、税額計算の特例が設けられています（平成28年改正法附則39、40）。

(注1) 「困難な事情」とは、例えば、課税期間中に国内において行った課税売上げ（税込み）又は課税仕入れ（税込み）につき、税率ごとの管理が行えなかった場合等の困難な事情をいい、困難の度合いを問いません。

(注2) 「中小事業者」とは基準期間（法人：前々事業年度、個人：前々年）における課

税売上高が5,000万円以下の事業者をいいます。

具体的には、次の方法により軽減税率の対象となる課税仕入れ等の金額及び税額を計算することができます。

区分	① 売上げを税率ごとに管理できる卸売業・小売業を営む中小事業者(注)	② ①以外の中小事業者
内容	卸売業・小売業に係る仕入れに小売等軽減売上割合を乗じた金額を軽減税率の対象となる課税仕入れ等の金額とし、税額を計算 小売等軽減売上割合 $$\dfrac{\text{卸売業・小売業に係る軽減税率対象品目の課税売上げ（税込み）}}{\text{卸売業・小売業に係る課税売上げ（税込み）}}$$	簡易課税制度を適用しようとする課税期間中に簡易課税制度選択届出書を提出し、同制度を適用 （参考）原則はその課税期間の開始前に届出書の提出が必要
適用対象	令和元年10月1日から令和2年9月30日の属する課税期間の末日までの期間において行った課税仕入れ	令和元年10月1日から令和2年9月30日までの日の属する課税期間に適用可能

(注) 簡易課税制度を適用しない中小事業者に限ります。

4 特定課税仕入れに係る消費税額

特定課税仕入れについては、特定課税仕入れに係る支払対価の額の合計額に100分の7.8を乗じて計算した金額が仕入税額控除の対象となります（基通11―4―6）。

$$\boxed{\begin{array}{c}\text{特定課税仕入れ}\\\text{に係る消費税額}\end{array}} = \boxed{\begin{array}{c}\text{特定課税仕入れに係る}\\\text{支払対価の額の合計額}\end{array}} \times \boxed{\dfrac{7.8}{100}}$$

(注1) 特定課税仕入れに係る支払対価の額には消費税等に相当する金額は含まれていませんので、$\dfrac{7.8}{100}$を乗じて算出します。

(注2) 簡易課税制度が適用されない課税期間において、その課税期間の課税売上割合が95%以上の事業者は、特定課税仕入れを行った場合であっても、当分の間、その特定課税仕入れはなかったものとされるため、その特定課税仕入れは仕入税額控除の対象となりません（基通11―4―6(注)）。

5　保税地域からの引取りに係る課税貨物に係る消費税額

課税貨物の保税地域から の引取りに係る消費税額	=	課税貨物を保税地域から引き取った際に、実際 に納付した又は納付すべき消費税額の合計額

　輸入取引について、課税貨物を保税地域から引き取った際、実際に納付した又は納付すべき消費税額が仕入税額控除の対象となります。

6　仕入控除税額

　課税期間中の課税売上高が5億円以下、かつ、課税売上割合が95％以上である場合には、その課税期間中に国内において行った課税仕入れに係る消費税額と、保税地域からの引取りに係る課税貨物に係る消費税額の合計額が仕入控除税額となります（法30①）。

　なお、その課税期間の課税売上高（課税期間が1年に満たない場合は年換算した金額）が5億円超又は課税売上割合が95％未満の場合には、課税仕入れ等に係る消費税額（課税仕入れに係る消費税額と保税地域からの引取りに係る課税貨物に係る消費税額の合計額（なお、課税売上割合が95％未満の場合には特定課税仕入れに係る消費税額も加算した合計額となります。））の全額を控除することはできません。この場合、仕入控除税額は個別対応方式（139ページ参照）又は一括比例配分方式（143ページ参照）のいずれかの方式によって計算します（法30②）。

（注1）　課税売上割合が95％以上の場合、特定課税仕入れを行った場合であっても、経過措置により当分の間、その特定課税仕入れはなかったものとされるため、仕入控除税額には含まれません（平成27年改正法附則42）。

（注2）　仕入れに係る対価の返還等を受けた場合には、仕入控除税額につき調整計算を行う必要があります（155ページ参照）。

仕入税額控除の時期

仕入税額控除の時期は、課税仕入れ
（特定課税仕入れを含みます。）を行った
日の属する課税期間です。

1　仕入税額控除の時期

　仕入税額控除は、国内において課税仕入れを行った日若しくは特定課税仕入れを行った日又は保税地域から課税貨物を引き取った日の属する課税期間において行います（法30①）。

2　課税仕入れ（特定課税仕入れを含みます。）を行った日

　課税仕入れ（特定課税仕入れを含みます。）を行った日は、課税仕入れ（特定課税仕入れを含みます。）に係る資産の譲受け若しくは借受けをした日又は役務の提供を受けた日です（基通11―3―1）。これらの日がいつであるかは、原則として資産の譲渡等の時期の取扱い（95ページ参照）に準ずることとされています。

3　課税貨物を引き取った日

　「課税貨物を引き取った日」とは、原則として、関税法第67条《輸出又は輸入の許可》に規定する輸入の許可を受けた日をいいます（基通11―3―9）。

4　仕入税額控除の時期の取扱い

区　　　　　　　　　分	仕 入 税 額 控 除 の 時 期
割賦購入の方法又はリース取引により課税資産（特定資産の譲渡等（19ページ参照）を含みます。）を譲り受けた場合（その課税資産の譲り受けが課税仕入れに該当するとき）（基通11－3－2）	原則としてその課税資産の引渡し等を受けた日の属する課税期間（注1）
減価償却資産や繰延資産の課税仕入れ等（基通11－3－3、11－3－4）	課税仕入れ等を行った日の属する課税期間
未成工事支出金として経理した課税仕入れ等（基通11－3－5）	原則として課税仕入れ等をした日の属する課税期間（注2）
建設仮勘定として経理した課税仕入れ等（基通11－3－6）	原則として課税仕入れ等をした日の属する課税期間（注3）
郵便切手類又は物品切手等の引換給付に係る課税仕入れ等（基通11－3－7）	役務又は物品の引換給付を受けた時の属する課税期間（注4）
短期前払費用（一定の契約に基づき継続的に役務の提供を受けるために支出した課税仕入れに係る支払対価のうちその課税期間の末日においてまだ提供を受けていない役務に対応するもので、その支払った日から1年以内に提供を受ける役務に係るもの）（基通11－3－8）	原則として課税仕入れ等をした日の属する課税期間（注5）

(注1)　所有権移転外ファイナンスリース取引については、事業者が賃貸借処理している場合で、そのリース料について支払うべき日の属する課税期間における課税仕入れ等としているときは認められます。

(注2)　事業者が未成工事支出金として経理した金額について、その建設工事等に係る目的物を完成して相手方に引き渡した日（未成工事支出金勘定から完成工事原価に振替処理を行った日）の属する課税期間における課税仕入れ等としているときは継続適用を条件として認められます。

(注3)　事業者が建設仮勘定として経理した金額について、その目的物の完成した日の属する課税期間における課税仕入れ等としているときは認められます。

（注4）　郵便切手類又は物品切手等を購入した事業者が、自ら引換給付を受けるものについて、継続してその郵便切手類又は物品切手等を購入した日の属する課税期間における課税仕入れとしているときは認められます。

（注5）　所得税基本通達37―30の2又は法人税基本通達2―2―14《短期の前払費用》の取扱いの適用を受けている場合は、その支出した日の属する課税期間における課税仕入れ等として取り扱うこととされます。

ポイント

○　割賦若しくは延払いの方法による課税仕入れ等又は長期間にわたって使用される減価償却資産の課税仕入れ等を行った場合でも、課税仕入れ等を行った日の属する課税期間において、その消費税額の全額を課税仕入れ等に係る消費税額に含めます（基通11―3―2、11―3―3）。

○　課税期間の末日において、その課税期間中の課税仕入れ等に係る仕入代金が未払いの場合でも、その消費税額をその課税仕入れを行った日の属する課税期間の課税仕入れ等に係る消費税額に含めます。

課税仕入れに係る支払対価の額

「課税仕入れに係る支払対価の額」とは、対価として支払い又は支払うべき一切の金銭等をいい、消費税額及び地方消費税額に相当する額を含みます。

1 課税仕入れに係る支払対価の額

「課税仕入れに係る支払対価の額」とは、課税仕入れ㊟の対価の額（対価として支払い、又は支払うべき一切の金額又は金銭以外の物若しくは権利その他経済的な利益の額をいいます。）をいい、消費税及び地方消費税に相当する額を含みます（法30⑥）。

㊟ この場合の課税仕入れは、特定課税仕入れを除きます。

ポイント

○ 課税仕入れに係る支払対価の額は、消費税及び地方消費税に相当する金額を含む、いわゆる「税込価額」となります。

2 特定課税仕入れに係る支払対価の額

「特定課税仕入れに係る支払対価の額」とは、特定課税仕入れの対価の額をいいます。

なお、特定課税仕入れについては、特定課税仕入れを行った事業者に納税義務が課されていますので、支払った（支払うべき）対価の額には消費税及び地方消費税に相当する金額は含まれていません。

3　具体的な取扱い

区　　　　　　　　分	課税仕入れ等に係る支払対価の額
現物出資（特別の法律に基づく承継に係るものを除きます。）により資産を取得した場合（その資産の取得が課税仕入れに該当するとき）	現物出資を行った者との間で授受することとした株式（出資を含みます。）の交付の時におけるその株式の価額に相当する金額（課税資産に対応する部分に限ります。）
課税資産と非課税資産とを同一の者から同時に譲り受けた場合	課税資産の譲受けに係る対価の額と非課税資産の譲受けに係る対価の額とに合理的に区分したその課税資産の譲受けに係る対価の額(注)
郵便切手類又は物品切手等による引換給付として課税仕入れを行った場合	その郵便切手類又は物品切手等の取得に要した金額
為替差損益が生じた場合（課税仕入れを行った時の為替相場とその外貨建ての対価を決済した時の為替相場が異なることによって生じた為替差損益）	課税仕入れを行った時において支払対価の額として計上した額（為替差損益が生じたとしても、為替差損益に伴って課税仕入れに係る支払対価の額を変更する必要はありません。）

(注)　建物と土地等を同一の者から同時に譲り受けた場合において、その支払対価の額を、所得税又は法人税の土地の譲渡等に係る課税の特例の計算における取扱いにより区分しているときには、その区分した金額になります。

ポイント

○　課税仕入れ（特定課税仕入れを含みます。）を行った日の属する課税期間の末日までにその支払対価の額が確定していない場合には、課税期間の末日の現況によりその金額を適正に見積もることとなります。

　　なお、翌課税期間以降に確定した対価の額が見積額と異なるときは、その差額は、その確定した日の属する課税期間における課税仕入れ（特定課税仕入れを含みます。）に係る支払対価の額に加算し又は支払対価の額から控除することとなります（基通11—4—5）。

交際費等に対する税額控除

> **問** 得意先に対する贈答品の購入費用のように、法人税法上の交際費等に該当する課税仕入れについても、その課税仕入れに係る消費税額は仕入税額控除の対象となるのでしょうか。

答 法人税法上の交際費等に該当する贈答用物品を購入した費用や飲食店等において接待した費用であっても、それが課税仕入れに係る支払対価に該当するものであれば、仕入税額控除の対象となります。

（注1） 商品券やビール券等の物品切手等の購入は、非課税取引となりますから課税仕入れに該当しません。

（注2） 役員等に対する渡切交際費等で、その費途が明らかにされていない場合には、仕入税額控除の対象となりません（基通11—2—23）。

贈答品等の仕入れに係る消費税額の控除

> **問** 事業者が購入する次のようなものは、仕入税額控除の対象となりますか。
> ① 得意先に贈る中元、歳暮品
> ② 創業〇周年記念で社員、株主、得意先等に配付する物品
> ③ 寄附するための物品

答 資産を購入して贈与する場合であっても、その資産の購入が課税仕入れに該当するときは、仕入税額控除の対象となります。

したがって、①～③の物品の購入が課税仕入れに該当する場合には、仕入税額控除の対象となります（基通11—2—3、11—2—17）。

プリペイドカード

> **問** プリペイドカードを購入し、次のように使用した場合の課税関係はどのようになりますか。
> ① 得意先に広告宣伝用又は名刺代わりとして交付した場合
> ② 売上割戻しとして一定の基準により交付した場合
> ③ 景品付販売の景品として交付した場合

答

① プリペイドカードを贈答した場合には、贈答を受けた者がその使用により資

産の譲渡等を受けることとなりますから、課税仕入れとはなりません。

② 「売上割戻し」とは、金銭による取引先に対して支払う割戻しをいいますから、プリペイドカードを一定の基準で取引先に交付したとしても、売上対価の返還等には該当しません。

③ プリペイドカードによる景品付販売は、その景品の価額分の値引販売には該当しないので、課税関係は生じません。

給与等を対価とする役務の提供

> **問** 課税仕入れの範囲から除かれる給与等とは、どのようなものでしょうか。

答 課税仕入れの範囲から除かれる「給与等を対価とする役務の提供」とは、所得税法第28条第1項に規定する雇用契約又はこれに準ずる契約に基づき給与等を対価として労務を提供することをいいますが、この場合の給与等には、俸給、給料、賃金、歳費、賞与及びこれらの性質を有する給与のほか、過去の労務の提供を給付原因とする退職金、年金等も該当します（基通11―1―2）。

出張旅費、宿泊費、日当等

> **問** 従業員等に支払う旅費等はどのように取り扱われるのでしょうか。

答 役員又は使用人が勤務する場所を離れてその職務を遂行するため旅行をし、若しくは転任に伴う転居のための旅行をした場合又は就職若しくは退職をした者若しくは死亡による退職をした者の遺族がこれらに伴う転居のための旅行をした場合に、事業者がその使用人等又はその退職者等に支給する出張旅費、宿泊費、日当等のうち、その旅行について通常必要であると認められる部分の金額は、課税仕入れに係る支払対価に該当するものとして取り扱うこととされています（基通11―2―1）。

なお、「その旅行について通常必要であると認められる部分の金額」の範囲については、所得税基本通達9―3《非課税とされる旅費の範囲》の例により判定することとされています。

(注) 海外出張のために支給する旅費、宿泊費及び日当等は、原則として課税仕入れに係る支払対価には該当しません。

自動車通勤の場合の通勤手当

> **問** 自動車通勤している従業員等に支払うガソリン代相当額は、課税仕入れとなりますか。

答 事業者が従業員等に支給する通勤手当のうち、その従業員等がその通勤に必要な交通機関の利用又は交通用具の使用のために支出する費用に充てるものとした場合に、その通勤に通常必要であると認められる部分の金額は、課税仕入れに係る支払対価に該当するものとして取り扱うこととされています（基通11—2—2）。

したがって、通常その通勤に要するガソリン代を支給している場合は、その全額が課税仕入れに係る支払対価に該当することとなります。

祝金、餞別の仕入税額控除

> **問** 従業員や得意先に祝金や餞別を渡した場合は、課税仕入れとなりますか。

答 得意先等に渡す場合であっても、祝金や餞別は資産の譲渡等の対価として支払われるものではありませんから、消費税の課税の対象外の取引であり、仕入税額控除の対象とはなりません。

ただし、得意先等に餞別等として物品を渡した場合に、その物品の取得が課税仕入れに該当する場合には、その取得の際に課税仕入れとして仕入税額控除の対象となります（基通11—2—17）。

購入時において課税仕入れとすることができる郵便切手類

> **問** 郵便切手類を購入した場合は非課税とされていますが、これらに対する消費税の具体的な取扱いを説明してください。

答 郵便局や郵便切手類販売所から郵便切手や郵便はがきを購入しても、その取引は非課税とされていますから、課税仕入れには該当しません。これらは郵便物に貼付して発送した時、または郵便物として投函した時に、課税仕入れを行ったこととなります。

しかし、自社で差し出す郵便物のために郵便局等から購入する郵便切手や郵便はがきについては、その購入は非課税であっても、これらを使用した時に自社の課税仕入れとなるものですから、継続してこれらを購入した日の属する課税期間の課税仕入れとしている場合には、その処理を認められます（基通11—3—7）。

個別対応方式による計算

「個別対応方式」とは、課税売上高が5億円を超える場合又は課税売上割合が95%未満の場合の仕入控除税額を計算する方法の一つです。

1 個別対応方式による計算

その課税期間の課税仕入れ等に係る消費税額を次の3種類に区分します。

① 課税資産の譲渡等（特定資産の譲渡等を含みます。）にのみ要するもの

② 非課税資産の譲渡等にのみ要するもの

③ 課税資産の譲渡等（特定資産の譲渡等を含みます。）と非課税資産の譲渡等に共通して要するもの

次の算式により計算した金額が仕入控除税額となります（法30②一）。

> 仕入控除税額＝①の消費税額＋（③の消費税額×課税売上割合）

（注1） 個別対応方式は、その課税仕入れ等が上記①から③のいずれに該当するか区分されている場合に限り適用することができます。

（注2） 所轄税務署長の承認を受けた場合には、課税売上割合に代えて、課税売上割合に準ずる割合を用いることができます。

（注3） 仕入れに係る対価の返還等を受けた場合には、仕入控除税額につき調整計算を行う必要があります（155ページ参照）。

（注4） 個別対応方式を採用している事業者は、その課税期間の中途において変更するものでない限り、いつでも一括比例配分方式（143ページ参照）に変更することができます。

課 税 期 間 中 の 課 税 仕 入 れ 等 に 係 る 消 費 税 額		
① 課税資産の譲渡等（特定資産の譲渡等を含みます。）にのみ要するもの	③ 課税資産の譲渡等（特定資産の譲渡等を含みます。）と非課税資産の譲渡等に共通して要するもの（課税売上割合であん分）	② 非課税資産の譲渡等にのみ要するもの
仕 入 控 除 税 額	控 除 で き な い 消 費 税 額	

2 計算例

・ 課税資産の譲渡等（特定資産の譲渡等を含みます。）にのみ要する
課税仕入れ等に係る消費税額（上記①）……………………………… 100

・ 非課税資産の譲渡等にのみ要する課税仕入れ等に係る消費税額
（上記②）…………………………………………………………………… 20

・ 課税資産の譲渡等（特定資産の譲渡等を含みます。）と非課税資産
の譲渡等に共通して要する課税仕入れ等に係る消費税額（上記③）………… 50

・ 課税売上割合(注)………………………………………………………… 80％

> 控除できる消費税額 ＝ 100 ＋ （50 × 80％） ＝ 100 ＋ 40 ＝ 140

(注) 課税売上割合については、125ページを参照してください。

個別対応方式の適用方法

> **問** 個別対応方式を採用する場合は、全ての課税仕入れ等について適用する
> 必要があるのでしょうか。

答 個別対応方式により仕入れに係る消費税額を計算する場合には、その課税期間中の全ての課税仕入れ等について、必ず、課税資産の譲渡等（特定資産の譲渡等を含みます。）にのみ要するもの、非課税資産の譲渡等にのみ要するもの及び課税資産の譲渡等（特定資産の譲渡等を含みます。）と非課税資産の譲渡等に共通して要するものとに区分しなければなりません。したがって、例えば、課税仕入れ等の中から課税資産の譲渡等（特定資産の譲渡等を含みます。）にのみ要するものを抽出し、それ以外のものを全て課税資産の譲渡等（特定資産の譲渡等を含みます。）と非課税資産の譲渡等に共通して要するものに該当するものとして

区分することは認められません（基通11―2―18）。

共通用の課税仕入れ等を合理的な基準により区分した場合

問 共通用の課税仕入れ等を合理的な基準により課税売上げ用と非課税売上げ用に区分している場合は、認められるのでしょうか。

答 課税資産の譲渡等（特定資産の譲渡等を含みます。）と非課税資産の譲渡等に共通して要するものに該当する課税仕入れ等であっても、例えば、原材料、包装材料、倉庫料、電力料等のように生産実績その他の合理的な基準により課税資産の譲渡等（特定資産の譲渡等を含みます。）にのみ要するものと非課税資産の譲渡等にのみ要するものとに区分することが可能なものについて、その合理的な基準により区分している場合には、その区分したところにより個別対応方式を適用することとして差し支えありません（基通11―2―19）。

「課税資産の譲渡等にのみ要するもの」の意味

問 商品を保管する倉庫の光熱費や商品に使用する容器の購入に係る費用等であっても課税資産の譲渡等（特定資産の譲渡等を含みます。）にのみ要するものは全て控除できるそうですが、課税資産の譲渡等（特定資産の譲渡等を含みます。）にのみ要するものとはどのような意味なのですか。

答 課税資産の譲渡等（特定資産の譲渡等を含みます。）にのみ要するものとは、課税資産の譲渡等（特定資産の譲渡等を含みます。）を行うためにのみ必要な課税仕入れ等をいいます。すなわち、直接、間接を問わず、また、実際に使用する時期の前後を問わず、その対価の額が最終的に課税資産の譲渡等（特定資産の譲渡等を含みます。）のコストに入るような課税仕入れ等のことです。

例えば、課税の対象となる商品についての課税仕入れであれば、その商品の製造に直接必要な原材料、製造機械のほか、事務用品、販売費のような間接経費に係る課税仕入れもこれに含まれることになります（基通11―2―12）。

共通用の課税仕入れ等の範囲

> **問** 仕入控除税額を個別対応方式で算出する場合、課税資産の譲渡等（特定資産の譲渡等を含みます。）と非課税資産の譲渡等に共通して要するものとは、具体的にどのようなものをいうのでしょうか。

答 事業者の行った資産の譲渡等のうちに課税資産の譲渡等（特定資産の譲渡等を含みます。）と非課税資産の譲渡等がある場合に、それらに共通して使用される減価償却資産や、消耗品、電話料金、電気料金、ガス料金等がこれに該当します。

ただし、これらのものであっても生産実績等の合理的な基準により課税資産の譲渡等（特定資産の譲渡等を含みます。）にのみ要するものと非課税資産の譲渡等にのみ要するものとに区分している場合には、区分したところにより個別対応方式を適用できます（基通11—2—19）。

海外工事に要する課税仕入れ

> **問** 海外での建設工事に要する資産の国内における課税仕入れは、個別対応方式の適用上課税資産の譲渡等にのみ要する課税仕入れ等となるのですか。あるいは、共通用の課税仕入れ等となるのですか。

答 国外において行う資産の譲渡等のための課税仕入れ等がある場合は、その課税仕入れ等についても消費税法第30条《仕入れに係る消費税額の控除》の規定が適用されます。

この場合に、個別対応方式により仕入控除税額を計算する際の区分は、課税資産の譲渡等にのみ要するものに該当することとなります（基通11—2—13）。

国外事業者が行う特定資産の譲渡等のための仕入税額控除

> **問** 国外事業者が国内において行う特定資産の譲渡等のために、国内において課税仕入れを行った場合の、個別対応方式による仕入控除税額の計算方法はどのようになりますか。

答 国外事業者が行った課税仕入れであっても消費税法第30条《仕入れに係る消費税額の控除》の規定が適用されます。

なお、その課税仕入れが特定資産の譲渡等のための課税仕入れである場合に、その国外事業者が個別対応方式を適用するときは、その課税仕入れは課税資産の譲渡等にのみ要するものに該当することとなります（基通11—2—13の３）。

一括比例配分方式による計算

「一括比例配分方式」とは、課税売上高が5億円を超える場合又は課税売上割合が95％未満の場合の仕入控除税額を計算する方法の一つです。

1 一括比例配分方式による計算

次の算式により計算した金額が仕入控除税額となります（法30②二）。

> 仕入控除税額 ＝ 課税仕入れ等に係る消費税額 × 課税売上割合

（注1） 個別対応方式と一括比例配分方式のどちらの方式によるかは事業者の選択に委ねられていますが、一括比例配分方式を選択した場合には、2年間は継続適用することとされています。

（注2） 一括比例配分方式の場合には、課税売上割合に準ずる割合を用いることはできません。

（注3） 仕入れに係る対価の返還等を受けた場合には、仕入控除税額につき調整計算を行う必要があります（155ページ参照）。

課 税 期 間 中 の 課 税 仕 入 れ 等 に 係 る 消 費 税 額	
（課税売上割合であん分）	
仕 入 控 除 税 額	控 除 で き な い 消 費 税 額

2 計算例

> 控除できる消費税額 ＝ 170 × 80% ＝ 136

国外事業者から受けた電気通信利用役務の提供に係る仕入税額控除の制限

国外事業者から受けた「消費者向け電気通信利用役務の提供」に係るものについては、経過措置により当分の間、仕入税額控除は認められません。

1 消費者向け電気通信利用役務の提供に係る仕入税額控除の制限

「消費者向け電気通信利用役務の提供」（19ページ参照）については、その役務の提供を行った国外事業者が申告・納税を行うこととなります（平成27年改正法附則38②）。

また、国内事業者は、当分の間、登録国外事業者（145ページ参照）から受けた消費者向け電気通信利用役務の提供に係るもののみ仕入税額控除を行うことができます（平成27年改正法附則38①ただし書）。

2 保存要件

登録国外事業者から受けた消費者向け電気通信利用役務の提供については、登録国外事業者から交付を受けた一定の請求書等の保存（148ページ参照）を要件として、仕入税額控除の対象とすることが認められます（平成27年改正法附則38②）。

なお、この場合の請求書等の保存については、紙によるものに代えて、法令で規定された記載事項を満たした電子的な請求書等の保存によることもできることとされています（平成27年改正法附則38③）。

登録国外事業者とは

「登録国外事業者」とは、消費者向け電気通信利用役務の提供を行う課税事業者である国外事業者で、国税庁長官の登録を受けた事業者をいいます。

登録国外事業者

　「登録国外事業者」とは、消費者向け電気通信利用役務の提供を行う課税事業者である国外事業者で、国税庁長官の登録を受けた事業者をいいます（平成27年改正法附則39①）。

　なお、登録国外事業者については、登録次第、国税庁ホームページで、当該事業者の氏名又は名称、登録番号及び登録年月日等を公表することとされています（平成27年改正法附則39④）。

　また、登録国外事業者は、その役務の提供を受ける事業者の求めに応じ、必要な事項が記載された請求書等を交付する義務が課されています（平成27年改正法附則38④）。

(注)　登録国外事業者は、登録を受けた日の属する課税期間の翌課税期間以後の課税期間において、例えば、その課税期間の基準期間及び特定期間における課税売上高が1,000万円以下となる場合であっても、事業者免税点制度は適用されません（平成27年改正法附則39⑩）。

課税仕入れ等の税額控除を受けるための要件

仕入税額控除を受けるためには、課税仕入れ等の事実を記載した帳簿及び課税仕入れ等の事実を証する請求書等（区分記載請求書等）を保存しなければならないこととされています。

1 帳簿

仕入税額控除の要件とされる保存すべき「帳簿」とは、次に掲げる事項が記載されているものをいいます（法30⑧）。

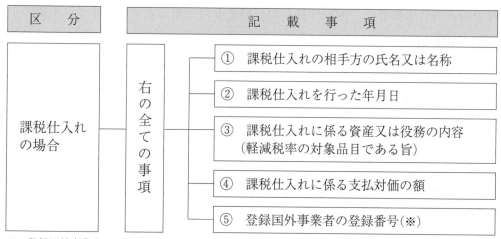

区　分		記　載　事　項
課税仕入れの場合	右の全ての事項	① 課税仕入れの相手方の氏名又は名称
		② 課税仕入れを行った年月日
		③ 課税仕入れに係る資産又は役務の内容（軽減税率の対象品目である旨）
		④ 課税仕入れに係る支払対価の額
		⑤ 登録国外事業者の登録番号（※）

※　登録国外事業者から消費者向け電気通信利用役務の提供を受けた場合に限ります。

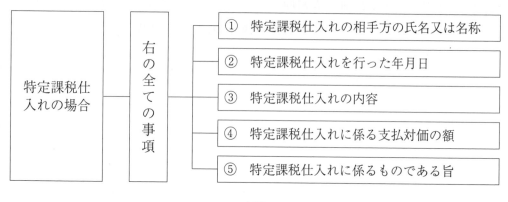

特定課税仕入れの場合	右の全ての事項	① 特定課税仕入れの相手方の氏名又は名称
		② 特定課税仕入れを行った年月日
		③ 特定課税仕入れの内容
		④ 特定課税仕入れに係る支払対価の額
		⑤ 特定課税仕入れに係るものである旨

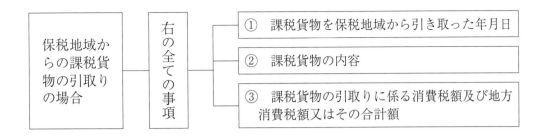

保税地域からの課税貨物の引取りの場合	右の全ての事項	① 課税貨物を保税地域から引き取った年月日
		② 課税貨物の内容
		③ 課税貨物の引取りに係る消費税額及び地方消費税額又はその合計額

2　請求書等

(1)　区分記載請求書等

　　仕入税額控除の要件とされる保存すべき「請求書等」（特定課税仕入れの場合は帳簿のみ）とは、課税資産の譲渡等を行った者が発行した請求書、納品書及び領収書その他これらに類する書類又は課税仕入れを行った事業者が作成する仕入明細書、仕入計算書その他これらに類する書類（この書類に記載されている事項につきその課税仕入れの相手方の確認を受けたものに限ります。）で、次の事項が記載された書類をいいます（法30⑨）。

　㊟　令和5年10月1日以降は、適格請求書等保存方式となります。詳しくは「適格請求書等保存方式」（271ページ）を参照してください。

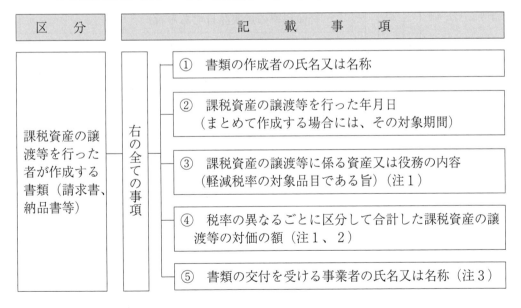

区　分	記　載　事　項	
課税資産の譲渡等を行った者が作成する書類（請求書、納品書等）	右の全ての事項	① 書類の作成者の氏名又は名称
		② 課税資産の譲渡等を行った年月日 （まとめて作成する場合には、その対象期間）
		③ 課税資産の譲渡等に係る資産又は役務の内容 （軽減税率の対象品目である旨）（注1）
		④ 税率の異なるごとに区分して合計した課税資産の譲渡等の対価の額（注1、2）
		⑤ 書類の交付を受ける事業者の氏名又は名称（注3）

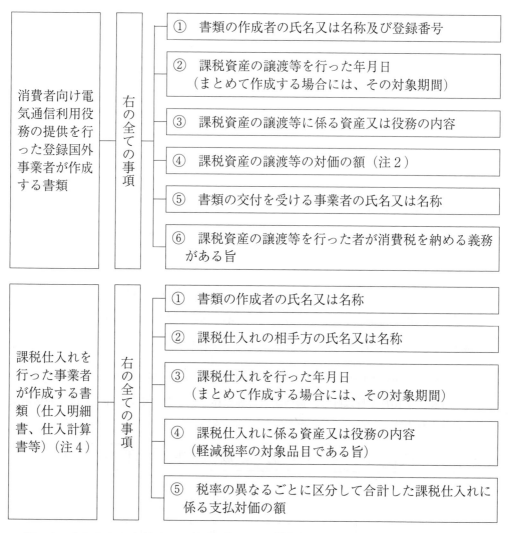

消費者向け電気通信利用役務の提供を行った登録国外事業者が作成する書類	右の全ての事項	① 書類の作成者の氏名又は名称及び登録番号
		② 課税資産の譲渡等を行った年月日（まとめて作成する場合には、その対象期間）
		③ 課税資産の譲渡等に係る資産又は役務の内容
		④ 課税資産の譲渡等の対価の額（注2）
		⑤ 書類の交付を受ける事業者の氏名又は名称
		⑥ 課税資産の譲渡等を行った者が消費税を納める義務がある旨
課税仕入れを行った事業者が作成する書類（仕入明細書、仕入計算書等）（注4）	右の全ての事項	① 書類の作成者の氏名又は名称
		② 課税仕入れの相手方の氏名又は名称
		③ 課税仕入れを行った年月日（まとめて作成する場合には、その対象期間）
		④ 課税仕入れに係る資産又は役務の内容（軽減税率の対象品目である旨）
		⑤ 税率の異なるごとに区分して合計した課税仕入れに係る支払対価の額

（注1）　仕入先から交付された請求書等に、「軽減税率の対象品目である旨」や「税率の異なるごとに区分して合計した課税資産の譲渡等の対価の額」の記載がない場合は、これらの項目に限って、交付を受けた事業者自らが、その取引の事実に基づき追記することができます。

（注2）　その課税資産の譲渡等に係る消費税及び地方消費税に相当する額がある場合には、その相当する額を含みます。

（注3）　通常、不特定多数の者を相手として取引を行っている事業者（小売業、飲食店業、写真業、タクシー業、駐車場業等）から交付されるものについては、この⑤の事項は記載されていなくても差し支えありません（令49④）。

（注4）　書類に記載されている事項について、その課税仕入れの相手方の確認を受けたものに限ります。

【帳簿の区分経理の記載例】

総勘定帳		【仕入勘定】		（税込経理）
××年		摘要		借方（単位：円）
月	日			
11	30	㈱○○物産　　　雑貨（11月分）		88,000
11	30	㈱○○物産　※食料品（11月分）①		43,200
⋮	⋮	⋮		⋮
		（※軽減税率対象品目）②		

① 軽減税率の対象には「※」などの記号を記載します。

② 「※」などの記号が軽減税率の対象であることを示すことを記載します。

【請求書等（区分記載請求書等）の記載例】

　請求書において、軽減税率の対象となる商品に「※」の記号を表示し、かつ、「※」か「軽減税率対象」であることを表示する例

請求書

㈱○○御中　　　　　　　　　　　　　××年11月30日

日付	品名		金額
11/1	米	※ Ⓐ	5,400円
11/1	牛肉	※	10,800円
11/2	キッチンペーパー		2,200円
⋮	⋮		⋮
	合計 Ⓑ		131,200円
	10%対象		88,000円
	8%対象		43,200円

※軽減税率対象 Ⓐ　　　　　　△△商事㈱

Ⓐ 軽減税率の対象であることが明らかになるよう「軽減税率対象」と記載

Ⓑ 税率ごとに区分して、合計した課税資産の譲渡等の対価の額（税込み）を記載

　軽減税率の対象となる取引がない場合は、標準税率の対象となる取引の金額を記載していれば足り、「8％対象　0円」といった軽減税率の対象となる取引の金額の記載は要しません。

(注) 交付された請求書等に、ⒶやⒷの記載がない時は、これらの項目に限って、交付を受けた事業者自らが追記することができます。

(2) 請求書等の保存を要しない課税仕入れ等

仕入税額控除の適用要件として、請求書等の保存を要することとされていますが、取引の実態等を踏まえ、以下のような措置が講じられています（令49）。

	区　　分	帳簿への記載事項
請求書等の保存を要しない課税仕入れ等	特定課税仕入れに係るもの及び課税仕入れに係る支払対価の額の合計額が３万円未満のもの（注１）	法定事項が記載された帳簿の保存のみ
	課税仕入れに係る支払対価の合計額が３万円以上のもので、請求書等の交付を受けなかったことにつきやむを得ない理由がある場合（注２）	法定事項を記載した帳簿にやむを得ない理由及び相手方の住所又は所在地を記載して保存 なお、国税庁長官が指定する者（注３）に係るものについては、その帳簿の記載に当たって、相手方の住所又は所在地の記載を省略可

（注１）　３万円未満かどうかの判定は、１回の取引の課税仕入れに係る税込金額により判定することとされており、１商品ごとの税込金額等で判定するものではありません（基通11―6―2）。

（注２）「やむを得ない理由がある場合」とは、次のような場合が該当します（基通11―6―3）。
　　① 自動販売機を利用して課税仕入れを行った場合
　　② 入場券、乗車券、搭乗券等のように課税仕入れに係る証明書類が資産の譲渡等を受ける時に資産の譲渡等を行う者によって回収されることとなっている場合
　　③ 課税仕入れを行った者が課税仕入れの相手方に請求書等の交付を請求したが、交付を受けられなかった場合
　　④ 課税仕入れを行った場合において、その課税仕入れを行った課税期間の末日までにその支払対価の額が確定していない場合
　　　なお、この場合には、その後、支払対価の額が確定した時に課税仕入れの相手方から請求書等の交付を受けて保存する必要があります。
　　⑤ その他、これらに準ずる理由により請求書等の交付を受けられなかった場合

（注３）「国税庁長官が指定する者」とは、次の者となります（基通11―6―4）。
　　① 汽車、電車、乗合自動車、船舶又は航空機に係る旅客運賃（料金を含む。）を支払って役務の提供を受けた場合の一般乗合旅客自動車運送事業者又は航空運送事業者
　　② 郵便役務の提供を受けた場合のその郵便役務の提供を行った者
　　③ 課税仕入れに該当する出張旅費、宿泊費、日当及び通勤手当（出張旅費等）を支払った場合のその出張旅費等を受領した使用人等

④　再生資源卸売業等の課税仕入れの相手方

(3)　課税貨物の引取りに係る輸入許可書等

　　保税地域からの課税貨物の引取りの場合における「請求書等」とは、税関長から交付される輸入許可書等で次の事項が記載された書類をいいます。

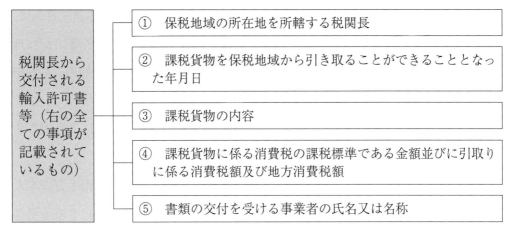

税関長から交付される輸入許可書等（右の全ての事項が記載されているもの）	①　保税地域の所在地を所轄する税関長
	②　課税貨物を保税地域から引き取ることができることとなった年月日
	③　課税貨物の内容
	④　課税貨物に係る消費税の課税標準である金額並びに引取りに係る消費税額及び地方消費税額
	⑤　書類の交付を受ける事業者の氏名又は名称

ポイント

○　課税仕入れ等の税額の控除に係る帳簿及び請求書等を保存しない場合には、仕入税額控除を受けることができませんので、例えば、次のような場合には、その課税仕入れ等に係る税額を仕入税額控除の対象とすることはできません（基通11—2—23）。

①　課税仕入れに関する記録がない場合

②　交際費、機密費等の名義をもって支出した金額でその費途が明らかでない場合

○　課税仕入れ等の税額が特定課税仕入れに係るものである場合には、法定事項が記載された帳簿のみ保存すればよいこととされています（法30⑦かっこ書、令49①三）。

○　帳簿に法定事項を記載するに当たっては、請求書等に記載されている個々の商品等について、そのまま詳細に記載する必要はありません。

　　ただし、課税商品と非課税商品がある場合、標準税率対象商品と軽減税率対象商品がある場合には、区分する必要があります。

○　国税関係書類の全部又は一部について、その国税関係書類に記載されている

事項をスキャナにより電磁的記録に保存することにつき、所轄税務署長の承認を受けて保存している場合には、その基となった書類を保存していない場合であっても、消費税法第30条第7項に規定する請求書等が保存されていることとなります（電子計算機を使用して作成する国税関係帳簿書類の保存方法等の特例に関する法律4③、法30⑦）。

○　課税仕入れの事実を記録した帳簿及び課税仕入れの事実を証する請求書等は、確定申告期限の翌日から7年間、納税地又はその取引に係る事務所等の所在地に保存しなければなりません。ただし、帳簿及び請求書等の保存期間のうち6年目及び7年目は、帳簿又は請求書等のいずれかの保存でよいこととされています。

　　また、最後の2年間は、一定の要件を満たすマイクロフィルムにより保存することができます（令50①③、63の2②）。

○　金及び白金の地金に係る課税仕入れについては、課税仕入れの相手方の本人確認書類（個人の場合は免許証やパスポート等、法人の場合は登記事項証明書等）の写しの保存が必要です（法30⑪）。

　(注)　令和3年10月1日以後の課税仕入れについては、在留カードの写しや国内に住所を有しない者のパスポートの写し等を本人確認書類から除くこととされています。

請求書等の記載内容と帳簿の記載内容の対応関係

> 問　仕入税額控除の要件である「帳簿及び請求書等の保存」を満たすためには、請求書等に記載されている取引の内容（例えば、鮮魚店の仕入れであれば、あじ○匹　××円、さんま○匹　××円、……）をそのまま帳簿に記載しなければならないのでしょうか。

答　課税仕入れ等について、保存すべきこととなる帳簿への記載は、請求書等に記載されている資産又は役務の内容（例えば、鮮魚店の課税仕入れであれば、あじ○匹、さんま○匹等）をそのまま記載する必要はありません。したがって、商品の一般的な総称でまとめて記載するなど、申告時に請求書等を個々に確認することなく、帳簿に基づいて仕入控除税額を計算できる程度の記載で差し支えありません。

　ただし、非課税商品がある場合（例えば、贈答用ビール券）や軽減税率対象の

商品がある場合には区分して記載する必要があります。

㊟ 「課税仕入れに係る資産又は役務の内容」の記載例

　・青果店……野菜、果実、青果又は食料品

　・魚介類の卸売業者……魚類、乾物又は食料品

一取引で複数の種類の商品を購入した場合

> **問** 一回の取引において商品を２種類以上購入した場合（例えば、文房具と洗剤）には、「文房具ほか」、「文房具等」の記載でもよいでしょうか。

答 一取引で複数の一般的な総称の商品を２種類以上購入した場合でも、それが経費に属する課税仕入れであるときは、そのとおり取り扱って差し支えありません。

　ただし、非課税商品がある場合（例えば、贈答用ビール券）や軽減税率対象の商品がある場合には区分して記載する必要があります。

㊟ 経費に属する課税仕入れの具体的記載例

　・一般の事業者の文房具類の購入……文房具

　・郵便切手の購入……国内郵便料金、国際郵便料金

一定期間分の取引のまとめ記載

> **問** 課税仕入れ等に係る請求書等については、一定の期間分の取引をまとめて作成してもよいこととされていますが、このような請求書等の交付を受けた場合、帳簿にもまとめて記載することでよいでしょうか。

答 請求書等を課税期間の範囲内で一定期間分の取引をまとめて作成する場合（例えば、電気、ガス、水道水等のように継続的に供給されるもので、一定期間ごとに供給量を検針し、その結果により料金を請求するという取引の場合）には、その請求書等に記載すべき課税仕入れ等の年月日についてはその一定期間でよいこととされています。このような取引に係る請求書等に基づいて帳簿を作成する場合には、課税仕入れ等の年月日の記載も同様の記載で差し支えありません。

　また、例えば、同一の商品（一般的な総称による区分が同一となるもの）を一定期間内に複数回購入しているような場合で、その一定期間分の請求書等に一回ごとの取引の明細が記載又は添付されているときには、課税仕入れの年月日をその一定期間とし、取引金額もその請求書等の合計額による帳簿の記載で差し支えありません。

ただし、非課税商品がある場合（例えば、贈答用ビール券）や軽減税率対象の商品には区分して記載する必要があります。

なお、一定期間とは「○月分」という記載でも差し支えありません。

帳簿の範囲

> **問** 仕入税額控除の適用要件として保存することとされている帳簿は、いわゆる元帳でなければならないのでしょうか。

答 仕入税額控除の要件として保存すべき帳簿とは、①課税仕入れの相手方の氏名又は名称、②課税仕入れを行った年月日、③課税仕入れに係る資産又は役務の内容（軽減税率の対象品目である旨）、④課税仕入れに係る支払対価の額及び⑤登録国外事業者の登録番号（登録国外事業者から消費者向け電気通信利用役務の提供を受けた場合）が記載されている帳簿であればよく、総勘定元帳、仕入先元帳等、いわゆる元帳と称するものでなければならないということではありません。

仕入値引き、割戻し等を受けた場合

課税事業者が「仕入れに係る対価の返還等」を受けた場合には、課税仕入れ等に係る消費税額から次の方法により計算した金額を控除します。

1　仕入れに係る対価の返還等

「仕入れに係る対価の返還等」とは、次のとおりです。

なお、仕入れに係る対価の返還等を受けた場合、仕入控除税額は、課税仕入れ等に係る消費税額から仕入れに係る対価の返還等に係る消費税額を控除した金額となります（法32①④）。

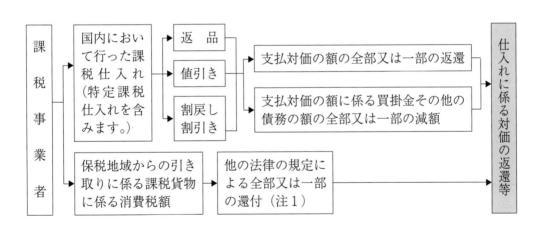

$$\boxed{\begin{array}{l}\text{仕入に係る対価の}\\\text{返還等に係る消費}\\\text{税額}\end{array}} = \boxed{\begin{array}{l}\text{課税仕入(特定課税仕入れを除きます。)}\\\text{に係る支払対価の額につき返還等を受}\\\text{けた金額(税込み)}\end{array} \times \dfrac{7.8}{110}\text{又は}\dfrac{6.24}{108}\text{(注2)}}$$

$$+ \boxed{\begin{array}{l}\text{特定課税仕入に係る支払対価の額に}\\\text{つき返還等を受けた金額}\end{array} \times \dfrac{7.8}{100}}$$

$$+ \boxed{\begin{array}{l}\text{他の法律の規定により還付を受ける保税地域からの引取り}\\\text{に係る課税貨物に係る消費税額}\end{array}}$$

（注1）　「他の法律の規定による還付」を受ける場合には、例えば、輸入品に対する内国消費税の徴収等に関する法律第14条第1項〈相殺関税等が還付される場合の消費税の還付〉、第15条第2項〈変質、損傷等の場合の軽減又は還付〉、第16条の3〈輸入時と同一状態で再輸出される場合の還付〉又は第17条〈違約品等の再輸出又は廃棄の場合の還付〉の規定により消費税の還付を受ける場合が該当します（基通12—1—13）。

（注2）　平成26年4月1日以降令和元年9月30日以前に行った課税仕入れについて、仕入れに係る対価の返還等を受けた場合には$\dfrac{6.3}{108}$となります。

2　計算方法

課税標準額に対する消費税額から控除する仕入控除税額は、次の算式により計算します。

(1)　課税売上高が5億円以下であり、かつ、課税売上割合が95%以上の場合

$$\boxed{\text{仕入控除税額}} = \boxed{\begin{array}{l}\text{課税仕入れ等に}\\\text{係る消費税額}\end{array}} - \boxed{\begin{array}{l}\text{仕入に係る対価の返}\\\text{還等に係る消費税額}\end{array}}$$

(2)　課税売上高が５億円を超える場合又は課税売上割合が95％未満の場合

イ　個別対応方式を採用する場合

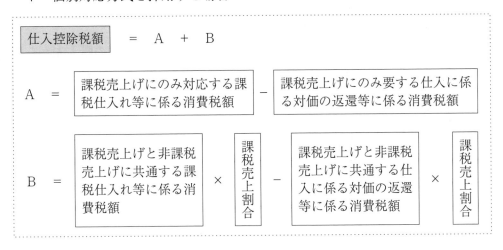

ロ　一括比例配分方式を採用する場合

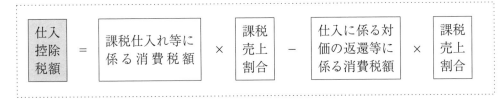

(注)　上記(1)、(2)の計算方法において、課税仕入れ等に係る消費税額から仕入に係る対価の返還等に係る消費税額を控除して控除しきれない金額があるときは、その控除しきれない金額を課税標準に対する消費税額に加算することになります（法32②）。

ポイント

○　仕入対価の返還等の金額を仕入金額から直接減額する方法で経理している場合には、継続適用を条件としてその処理が認められます。したがって、この場合にはこの調整計算を行う必要はありません（基通12―1―12）。

○　免税事業者であった課税期間において行った課税仕入れについて、課税事業者となった課税期間において仕入れに係る対価の返還等を受けた場合には、その対価の返還等について、この調整計算を行う必要はありません（基通12―1―8）。

○　課税事業者が事業を廃止し又は免税事業者となった後において、課税事業者

であった課税期間における課税仕入れにつき仕入れに係る対価の返還等を受けた場合には、その対価の返還等についてこの調整計算を行う必要はありません（基通12—1—9）。

○　保税地域から引き取った課税貨物について、その課税貨物の購入先から購入に係る値引き又は割戻し等を受けたとしても、納付した消費税額の還付を受けるものでない限り、その値引き又は割戻し等につき、この調整計算を行う必要はありません（基通12—1—5）。

割戻金の支払に代えて行われる観劇、旅行等

> 問　割戻金の支払に代えて、その額に相当する分として取引先を観劇、旅行等に招待した場合もその費用について割戻しとなりますか。

答　売上割戻しの支払に代えて取引先を観劇、旅行等に招待した場合は、法人税においても交際費等に該当するものであり、売上げに係る対価の返還等ではなく、観劇、旅行等に招待した費用は課税仕入れとなります。

なお、観劇、旅行等に招待された事業者においても、その招待等を受けた額について仕入れに係る対価の返還等には該当しません。

課税売上割合が著しく変動したとき

課税売上割合が著しく変動した場合には、調整対象固定資産について、仕入控除税額の調整計算が必要になります。

1 調整対象固定資産

「調整対象固定資産」とは、次の資産をいいます（法2①十六、令5）。

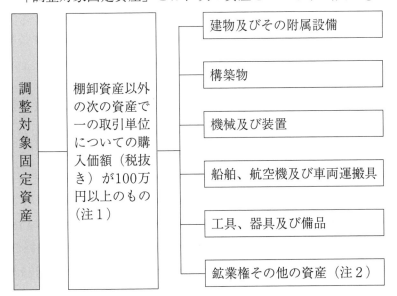

調整対象固定資産	棚卸資産以外の次の資産で一の取引単位についての購入価額（税抜き）が100万円以上のもの（注1）	建物及びその附属設備
		構築物
		機械及び装置
		船舶、航空機及び車両運搬具
		工具、器具及び備品
		鉱業権その他の資産（注2）

(注1) 「一の取引単位」とは、例えば、機械及び装置にあっては1台又は1基、工具、器具及び備品にあっては1個、1組又は1そろい、構築物のうち例えば枕木、電柱等単体では機能を発揮できないものにあっては社会通念上一の効果を有すると認められる単位をいいます（基通12―2―3）。

(注2) 「その他の資産」には、漁業権、ダム使用権、水利権、特許権、実用新案権、意匠権、商標権、育成者権、営業権等の無形固定資産、ゴルフ場利用株式等、牛、馬、豚、かんきつ樹、りんご樹、茶樹等の生物、回路配置利用権、課税資産を貸借するために支出する権利金等、著作権等、ソフトウエア購入費用又は開発費用、預託金方式のゴルフ会員権、書画・骨とう等が含まれます（令5、基通12―2―1）。

2 課税売上割合が著しく変動した場合の調整

課税事業者が国内において調整対象固定資産の課税仕入れ等を行い、かつ、その課税仕入れ等の税額につき比例配分法（注1）により仕入控除税額を計算した場合において、その事業者が第3年度の課税期間（注2）の末日においてその調整対象固定資産を有しており、かつ、第3年度の課税期間における通算課税売上割合（注3）が仕入れ等の課税期間（注4）における課税売上割合に対して著しく変動したときには、第3年度の課税期間において仕入控除税額の調整が必要になります（法33①）。

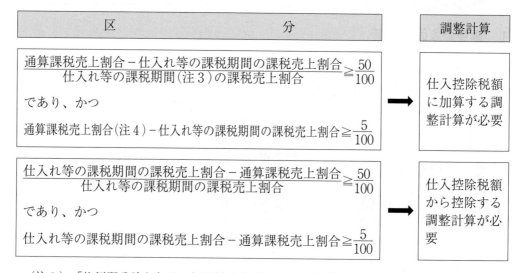

区　　　　　　　　　　　分	調整計算
$\dfrac{\text{通算課税売上割合}-\text{仕入れ等の課税期間の課税売上割合}}{\text{仕入れ等の課税期間(注3)の課税売上割合}}\geqq\dfrac{50}{100}$ であり、かつ 通算課税売上割合(注4)－仕入れ等の課税期間の課税売上割合$\geqq\dfrac{5}{100}$	仕入控除税額に加算する調整計算が必要
$\dfrac{\text{仕入れ等の課税期間の課税売上割合}-\text{通算課税売上割合}}{\text{仕入れ等の課税期間の課税売上割合}}\geqq\dfrac{50}{100}$ であり、かつ 仕入れ等の課税期間の課税売上割合－通算課税売上割合$\geqq\dfrac{5}{100}$	仕入控除税額から控除する調整計算が必要

（注1）「比例配分法」とは、個別対応方式において課税資産の譲渡等と非課税資産の譲渡等に共通して要する課税仕入れ等の税額に課税売上割合を乗じて計算する方法又は一括比例配分方式により計算する方法をいいます（法33②）。

　　　　なお、課税期間中の課税売上高が5億円以下であり、かつ、課税売上割合が95％以上であるため、その課税期間の課税仕入れ等の税額が全額控除された場合も含みます（法33①）。

（注2）「第3年度の課税期間」とは、仕入れ等の課税期間の開始の日から3年を経過する日の属する課税期間をいいます（法33②）。

（注3）「通算課税売上割合」とは、仕入れ等の課税期間から第3年度の課税期間までの各課税期間（通算課税期間）における資産の譲渡等の対価の額の合計額に占める通算課税期間における課税資産の譲渡等の対価の額の合計額の割合をいいます（法33

②、令53③)。

（注4）「仕入れ等の課税期間」とは、その調整対象固定資産の課税仕入れの日若しくは特定課税仕入れの日又は保税地域からの引取りの日の属する課税期間をいいます（法33①）。

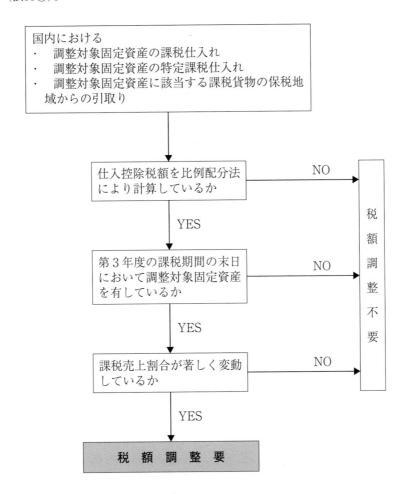

3　控除税額の調整額

第3年度の課税期間において行う仕入控除税額の調整額の計算は、次のようになります。

(1)　仕入控除税額に加算する額

$$\left[\begin{array}{c}\text{調整対象固定資産}\\\text{に係る消費税額(注)}\end{array} \times \begin{array}{c}\text{通算課税}\\\text{売上割合}\end{array}\right] - \left[\begin{array}{c}\text{調整対象固定資産}\\\text{に係る消費税額}\end{array} \times \begin{array}{c}\text{その仕入れ等の課税}\\\text{期間の課税売上割合}\end{array}\right]$$

(2)　仕入控除税額から控除する額

$$\left[\begin{array}{c}\text{調整対象固定資産}\\\text{に係る消費税額}\end{array} \times \begin{array}{c}\text{その仕入れ等の課税}\\\text{期間の課税売上割合}\end{array}\right] - \left[\begin{array}{c}\text{調整対象固定資産}\\\text{に係る消費税額}\end{array} \times \begin{array}{c}\text{通算課税}\\\text{売上割合}\end{array}\right]$$

なお、第3年度の課税期間の仕入れに係る消費税額から控除して控除しきれない金額があるときは、その控除しきれない金額をその第3年度の課税期間の課税標準額に対する消費税額に加算します（法33③）。

(注)　「調整対象固定資産に係る消費税額」とは、第3年度の課税期間の末日において有するその調整対象固定資産の課税仕入れに係る消費税額若しくは特定課税仕入れに係る消費税額又は第3年度の課税期間の末日において有する調整対象固定資産である課税貨物に係る消費税額（附帯税に相当する額を除きます。）をいいます。

ポイント

○　調整対象固定資産に係る資本的支出（事業の用に供されている資産の修理、改良等のために支出した金額のうち、その資産の価値を高め又は耐久性を増すこととなると認められる部分に対応する金額をいいます。）についても、その支出額（税抜き）が100万円以上であればこの調整の対象となります（基通12-2-5）。

○　第3年度の課税期間において免税事業者である場合や簡易課税制度の適用を受けている場合には、この調整を行う必要はありません（法33①、37①）。

○　仕入れ等の課税期間と第3年度の課税期間との間に免税事業者となった課税期間及び簡易課税制度の適用を受けた課税期間が含まれている場合にも、この

調整を行うこととなります（基通12—3—1）。

○ 課税事業者の選択をした事業者は、課税事業者となった日から2年を経過する日までの間に開始した各課税期間中に調整対象固定資産の仕入れ等を行い、かつ、その課税期間の確定申告を一般課税にて行った場合には、原則としてその仕入れ等を行った日を含む課税期間から第3年度の課税期間までは課税事業者となりますので、その調整対象固定資産を第3年度の課税期間の末日において有し、かつ課税売上割合が著しく変動した場合にはこの調整を行う必要があります。

また、資本金1,000万円以上の新設法人及び特定新規設立法人についても、基準期間のない各課税期間において、調整対象固定資産を仕入れ等し、かつ、その課税期間の確定申告を一般課税にて行った場合には、同様の取扱いとなります。

(注) この場合、第3年度の課税期間の初日以後でなければ、簡易課税制度の選択もできません。

○ 調整対象固定資産について、除却、廃棄、滅失又は譲渡があったため、第3年度の課税期間の末日においてその調整対象固定資産を有していない場合には、この調整を行う必要はありません（基通12—3—3）。

固定資産の用途が変更されたとき

個別対応方式により仕入控除税額の計算を行っていた場合で、調整対象固定資産の用途が転用されたときは調整計算が必要になります。

1 課税業務用から非課税業務用に転用した場合の調整

　課税事業者が国内において調整対象固定資産の課税仕入れ等を行い、かつ、その課税仕入れ等の税額につき個別対応方式により、課税資産の譲渡等にのみ要するものとして仕入控除税額の計算を行った場合において、その調整対象固定資産をその課税仕入れ等の日から3年以内に非課税資産の譲渡等にのみ要するものに転用した場合には、その転用した課税期間に応じ、それぞれ次に掲げる税額をその転用した課税期間における仕入控除税額から控除します（法34①）。

転用した日の区分	仕入控除額から控除する金額
①　取得の日から1年を経過する日までの期間に転用	その調整対象固定資産に係る消費税額の全額
②　①の期間の末日の翌日から1年を経過する日までの期間（2年目）に転用	その調整対象固定資産に係る消費税額の$\frac{2}{3}$相当額
③　②の期間の末日の翌日から1年を経過する日までの期間（3年目）に転用	その調整対象固定資産に係る消費税額の$\frac{1}{3}$相当額

　(注)　課税業務用から課税非課税共通用（課税資産の譲渡等と非課税資産の譲渡等に共通して要するもの）へ転用した場合には、この調整を行う必要はありません（基通12—4—

$1(1))$。

2　非課税業務用から課税業務用に転用した場合の調整

　　課税事業者が国内において調整対象固定資産の課税仕入れ等を行い、かつ、その課税仕入れ等の税額につき個別対応方式により、非課税資産の譲渡等にのみ要するものとして仕入控除税額の計算を行った場合において、その調整対象固定資産をその課税仕入れ等の日から３年以内に課税資産の譲渡等にのみ要するものに転用した場合には、その転用した課税期間に応じ、それぞれ次に掲げる税額をその転用した課税期間における仕入控除税額に加算します（法35）。

転 用 し た 日 の 区 分	仕入控除税額に加算する金額
①　取得の日から１年を経過する日までの期間に転用　➡	その調整対象固定資産に係る消費税額の全額
②　①の期間の末日の翌日から１年を経過する日までの期間（２年目）に転用　➡	その調整対象固定資産に係る消費税額の$\frac{2}{3}$相当額
③　②の期間の末日の翌日から１年を経過する日までの期間（３年目）に転用　➡	その調整対象固定資産に係る消費税額の$\frac{1}{3}$相当額

　(注)　非課税業務用から課税非課税共通用へ転用した場合には、この調整を行う必要はありません（基通12—5—1(1)）。

ポイント

○　課税業務用からいったん課税非課税共通用へ転用し、さらに非課税業務用へ転用した場合（又は非課税業務用からいったん課税非課税共通用へ転用し、さらに課税業務用へ転用した場合）にも、この調整が必要となります（基通12—4—1（注1）、12—5—1(注)）。

○　課税仕入れ等を行った日の属する課税期間と用途が転用された日の属する課税期間との間に免税事業者となった課税期間及び簡易課税制度の適用を受けた課税期間が含まれている場合にも、この調整が必要となります（基通12—4—2、12—5—2）。

居住用賃貸建物を課税賃貸用に供した場合等の調整

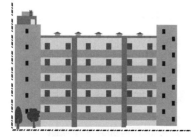

居住用賃貸建物の取得等に係る課税仕入等に係る消費税額の制限の適用を受けた居住用賃貸建物を課税賃貸用に供した場合や他の者に譲渡した場合には、調整計算が必要になります。

1 課税賃貸用に供した場合

事業者が居住用賃貸建物の取得等に係る課税仕入れ等に係る消費税額の制限（128ページ参照）の適用を受けた場合で、その事業者が、第3年度の課税期間（注1）の末日において、その居住用賃貸建物を有しており、かつ、その居住用賃貸建物の全部又は一部を調整期間（注2）に課税賃貸用（注3）に供した場合には、次の算式で計算した消費税額を第3年度の課税期間の仕入控除税額に加算します（法35の2①③、令53の2①）。

〔算式〕

$$\text{加算する消費税額} = \text{居住用賃貸建物の課税仕入れ等に係る消費税額} \times \frac{\text{(A)のうち課税賃貸用に供したものに係る金額}}{\text{調整期間に行った居住用賃貸建物の貸付けの対価の額（注4）の合計額(A)}}$$

2 他の者に譲渡した場合

事業者が居住用賃貸建物の取得等に係る課税仕入れ等に係る消費税額の制限の適用を受けた場合で、その事業者が、居住用賃貸建物の全部又は一部を調整期間に他の者に譲渡した場合には、次の算式で計算した消費税額を譲渡した日の属する課税期間の仕入控除税額に加算します（法35の2②③、令53の2②）。

〔算式〕

$$
\begin{array}{l}
\text{加算する}\\
\text{消費税額}
\end{array}
=
\begin{array}{c}
\text{居住用賃貸建}\\
\text{物の課税仕入}\\
\text{れ等に係る消}\\
\text{費税額}
\end{array}
\times
\dfrac{
\begin{array}{l}
\text{(B)のうち課税賃貸用に}\\
\text{供したものに係る金額}
\end{array}
+ \text{(C)の金額}
}{
\begin{array}{l}
\text{課税譲渡等調整期間}\\
\text{(注5)に行った居住}\\
\text{用賃貸建物の貸付け}\\
\text{の対価の額(注4)}\\
\text{の合計額(B)}
\end{array}
+
\begin{array}{l}
\text{居住用賃貸建物}\\
\text{の譲渡の対価の}\\
\text{額(注4)(C)}
\end{array}
}
$$

(注1) 「第3年度の課税期間」とは、居住用賃貸建物の仕入れ等の日の属する課税期間の初日以後3年を経過する日の属する課税期間をいいます。

(注2) 「調整期間」とは、居住用賃貸建物の仕入れ等の日から第3年度の課税期間の末日までの間をいいます。

(注3) 「課税賃貸用」とは、非課税とされる住宅の貸付け以外の貸付けの用をいいます。

(注4) 「対価の額」は税抜金額で、この対価の額について値引き等(対価の返還等)がある場合には、その金額を控除した残額で計算します。

(注5) 「課税譲渡等調整期間」とは、居住用賃貸建物の仕入れ等の日からその居住用賃貸建物を他の者に譲渡した日までの間をいいます。

新たに課税事業者となった場合等の調整

免税事業者が新たに課税事業者となった場合又は課税事業者が免税事業者となる場合には、棚卸資産に係る消費税額の調整計算が必要になります。

1　免税事業者が課税事業者となった場合

(1)　調整計算を行う場合

　　免税事業者が課税事業者となる日の前日において、その納税義務が免除されていた期間中の課税仕入れ等に係る棚卸資産を有しているときは、その棚卸資産に係る課税仕入れ等は課税事業者となった課税期間の課税仕入れ等とみなされ、課税事業者となった課税期間において仕入税額控除の対象とすることができます（法36①）。

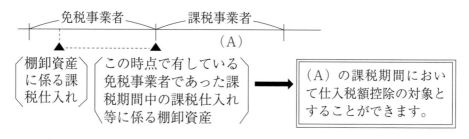

(注1)　「棚卸資産」とは、商品、製品、半製品、仕掛品、原材料、消耗品で貯蔵中のもの等をいいます（法2①十五、令4）。

(注2)　この調整を行う場合には、棚卸資産の明細を記録した書類を確定申告期限の翌日から7年間保存することが必要です（令54③）。

(注3)　仕入控除税額の計算につき簡易課税制度の適用を受ける場合には、この調整を行う必要はありません（法37①）。

(2) 調整額の計算方法

課税仕入れ等の税額とみなされる棚卸資産に係る消費税額	=	課税仕入れ等とみなされる棚卸資産の取得に要した費用の額	×	$\dfrac{7.8}{110}$ 又は $\dfrac{6.24}{108}$

ポイント

○　課税事業者が免税事業者である被相続人、被合併法人又は分割法人の所有する棚卸資産で納税義務が免除されていた期間中の課税仕入れ等に係るものを承継した場合にも、この調整計算を行うこととされています（法36③）。

2　課税事業者が免税事業者となる場合

　課税事業者が免税事業者となる課税期間の直前の課税期間において仕入れた課税仕入れ等に係る棚卸資産を、その直前の課税期間の末日において有しているときは、その棚卸資産に係る課税仕入れ等の税額は、その直前の課税期間の仕入控除税額の計算の基礎となる課税仕入れ等の税額から除くこととされています（法36⑤）。

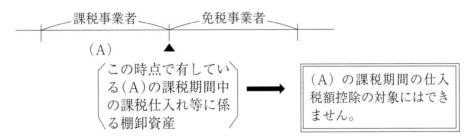

(注)　仕入控除税額の計算につき簡易課税制度の適用を受ける場合には、この調整を行う必要はありません（法37①）。

13　簡易課税

簡易課税制度

「簡易課税制度」とは、課税仕入れ等に係る消費税額について、実際の課税仕入れ等に係る消費税額を計算することなく、その課税期間の課税標準額に対する消費税額を基に計算する方法をいいます。

1　簡易課税制度の概要

〔算式〕

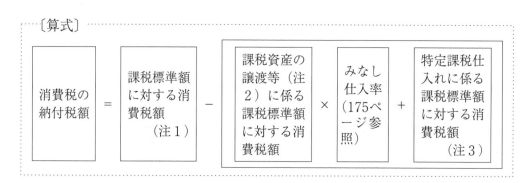

（注1）　「課税標準額に対する消費税額」とは「国内において行った課税資産の譲渡等（特定資産の譲渡等を除きます。）に係る課税標準額に対する消費税額」と「国内において行った特定課税仕入れに係る課税標準額に対する消費税額」の合計額をいいます（121ページ参照）。

　　　　　ただし、簡易課税制度が適用される事業者は、当分の間、特定課税仕入れはなかったものとされるため、特定課税仕入れの支払対価の額は課税標準額には含まれず、これに対する消費税額も含まれません（平成27年改正法附則44②）。

（注2）　特定資産の譲渡等（19ページ参照）を除きます。

（注3）　簡易課税制度が適用される事業者は、当分の間、特定課税仕入れはなかったものとされるため、特定課税仕入れに係る課税標準額に対する消費税額は仕入控除税額

には含まれません（平成27年改正法附則44②）。

2　適用できる事業者

簡易課税制度を適用できる事業者は、原則、次の要件を満たしている事業者
です。

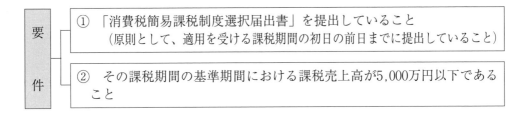

要件	① 「消費税簡易課税制度選択届出書」を提出していること （原則として、適用を受ける課税期間の初日の前日までに提出していること）
	② その課税期間の基準期間における課税売上高が5,000万円以下であること

なお、「消費税簡易課税制度選択届出書」の効力は、原則としてその提出を
した日の属する課税期間の翌課税期間以後に生じます。

(注)　新たに事業を開始した場合若しくは相続、合併又は吸収分割によりこの選択の届出を
行っていた事業者の事業を承継した場合などは、その提出をした日の属する課税期間か
ら適用することができます（令56①）。

なお、簡易課税制度の適用を受けようとする事業者が、やむを得ない事情があるため、
その適用を受けようとする課税期間の初日の前日までに「消費税簡易課税制度選択届出
書」を提出できなかった場合において、所轄税務署長の承認を受けたときは、その適用
を受けようとする課税期間から適用を受けることができます（法37⑧、令57の2①）。

また、災害等により被害を受けたことにより、この制度の適用を受けることが必要と
なったため、所轄税務署長の承認を受けたときは、災害等が生じた日の属する課税期間
から適用することができます（法37の2①）。

3　適用をやめようとするとき

簡易課税制度の適用を受けている事業者は、「消費税簡易課税制度選択不適
用届出書」を提出することによって、一般課税に戻ることができます。

この場合、消費税簡易課税制度選択不適用届出書を提出した日を含む課税期
間の末日までは、消費税簡易課税制度選択届出書の効力が存続しますので、一
般課税による申告書を提出することができるのは、消費税簡易課税制度選択不

適用届出書を提出した日の属する課税期間の翌課税期間からとなります（法37
⑦）。

〔消費税簡易課税制度選択不適用届出書の効力〕

例：個人事業者又は12月決算法人の場合

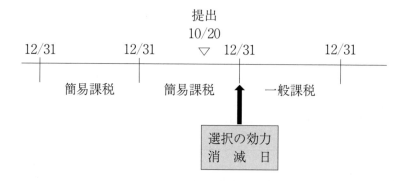

（注）　簡易課税制度の適用を受けている事業者が、やむを得ない事情があるため、その適用
　　を受けることをやめようとする課税期間の初日の前日までに「消費税簡易課税制度選択
　　不適用届出書」を提出できなかった場合において、所轄税務署長の承認を受けたときは、
　　その適用を受けることをやめようとする課税期間から適用をやめることができます（法
　　37⑧、令57の2②）。

　　　なお、災害等により被害を受けたことにより、この制度の適用をやめることが必要と
　　なったため、所轄税務署長の承認を受けたときは、災害等が生じた日の属する課税期間
　　から適用をやめることができます（法37の2⑥）

ポイント

○　簡易課税制度の適用を受けている事業者は、事業を廃止した場合を除き、そ
　の適用を受けることとなった最初の課税期間の初日から2年を経過する日の属
　する課税期間の初日以後でなければ、「消費税簡易課税制度選択不適用届出書」
　を提出することはできません（原則として、2年間の継続適用が義務付けられ
　ています。）（法37⑥）。

○　消費税課税事業者選択届出書を提出した事業者は、課税事業者となった日か
　ら2年を経過する日までの間に開始した各課税期間中に調整対象固定資産(159
　ページ参照)の仕入れ等を行い、かつ、その課税期間の確定申告を一般課税
　（124ページ参照）により行った場合には、原則としてその仕入れ等を行った日

の属する課税期間の初日から2年間は消費税簡易課税制度選択届出書を提出することはできないため、その調整対象固定資産の仕入れ等の日の属する課税期間の翌課税期間及び翌々課税期間は一般課税により申告を行うこととなります（法37③一）。

○　事業者が、簡易課税制度の適用を受けない課税期間中に高額特定資産（85ページ参照）の仕入れ等を行った場合、その高額特定資産の仕入れ等の日の属する課税期間の初日から2年間は消費税簡易課税制度選択届出書を提出することはできないため、その高額特定資産の仕入れ等の日の属する課税期間の翌課税期間及び翌々課税期間においては、簡易課税制度を選択して申告することはできません（一般課税により申告を行うこととなります。）（法37③三）。

○　事業者が、簡易課税制度の適用を受けない課税期間中に自己建設高額特定資産（86ページ参照）の仕入れ等を行った場合、その自己建設高額特定資産の建設等に要した仕入れ等の支払対価の額の累計額が1,000万円以上となった日の属する課税期間の初日からその建設等が完了した日の属する課税期間の翌課税期間及び翌々課税期間においては、簡易課税制度を選択して申告することはできません（一般課税により申告を行うこととなります。）（法37③四）。

○　「消費税簡易課税制度選択届出書」の効力は、消費税簡易課税制度選択不適用届出書を提出した課税期間の末日まで存続しますので、それまでの間に基準期間の課税売上高が5,000万円超である課税期間があったときでもその効力は消滅しません（なお、基準期間の課税売上高が5,000万円超である課税期間は簡易課税制度によらず一般課税により申告することとなります。）。

○　簡易課税制度の適用を受ける場合には、一般課税による場合（146ページ参照）と異なり法定事項が記載された帳簿及び請求書等の保存は仕入税額控除の要件とされていません（法37①）。

　　ただし、事業者は、その行った資産の譲渡等又は課税仕入れ若しくは課税貨物の保税地域からの引取りに関する事項を記録した帳簿を保存しなければならないこととされています（法58）。

○　簡易課税制度が適用できない課税期間について、課税仕入れ等に係る消費税額の控除を受けるためには、帳簿及び請求書等の保存（146ページ参照）が必

要となります（法30⑦）。

特定課税仕入れがある場合の簡易課税制度による申告

|問| 簡易課税制度の適用を受ける課税期間において、特定課税仕入れがある場合の申告方法等を教えてください。

|答| 簡易課税制度が適用される課税期間については、当分の間、その「特定課税仕入れ」はなかったものとされます（平成27年改正法附則44②、基通５―８―１㈱）。したがって、簡易課税制度が適用される課税期間において「特定課税仕入れ」があった場合でも、自身が行った課税資産の譲渡等のみから納付税額の計算を行うこととなります。

簡易課税制度における事業区分の判定とみなし仕入率

簡易課税制度においては、その事業者が行う課税資産の譲渡等ごとに事業区分の判定を行い、その事業に該当するみなし仕入率を適用します。

1　事業区分及びみなし仕入率の内容

　　簡易課税制度における事業区分及びみなし仕入率は次のとおりです（法37①、令57①⑤⑥、基通13―2―4、平成28年改正令附則11の2）。

事業区分	みなし仕入率	該　当　す　る　事　業
第一種事業	90%	卸売業（他の者から購入した商品を、その性質及び形状を変更しないで他の事業者に対して販売する事業）
第二種事業	80%	小売業（他の者から購入した商品を、その性質及び形状を変更しないで消費者に販売する事業）、農業・林業・漁業のうち飲食料品の譲渡を行う部分
第三種事業	70%	農業・林業・漁業（飲食料品の譲渡を行う部分を除きます。）、鉱業、建設業、製造業（製造小売業を含みます。）、電気業、ガス業、熱供給業及び水道業（第一種事業又は第二種事業に該当するもの及び加工賃その他これに類する料金を対価とする役務の提供を行う事業を除きます。）
第四種事業	60%	第一種事業、第二種事業、第三種事業、第五種事業及び第六種事業以外の事業（例えば、飲食店業が該当します。また、第三種事業から除かれる加工賃その他これに類する料金を対価とする役務の提供を行う事業も該当します。）
第五種事業	50%	運輸通信業、金融業、保険業及びサービス業（飲食店業に該当する事業を除きます。）
第六種事業	40%	不動産業

（注） 第三種事業、第五種事業及び第六種事業の範囲はおおむね日本標準産業分類（総務省）の大分類により判定します。

2 性質及び形状を変更しないもの

「第一種事業」及び「第二種事業」は、他の者から購入した商品をその性質及び形状を変更しないで販売する事業ですので、原則として、他の者から購入した商品をそのまま販売する事業が該当します（基通13―2―2）。

なお、商品に対して、例えば、次のような行為を施した上での販売であっても「性質及び形状を変更しないで販売する」場合に該当するものとして取り扱われます。

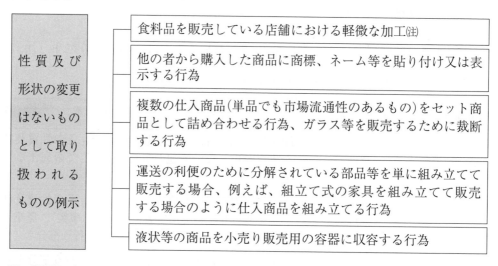

（注）「軽微な加工」とは、例えば、仕入商品を切る、刻む、つぶす、挽く、たれに漬け込む、混ぜ合わせる、こねる、乾かす行為等をいいますが、原則として、加熱する行為は性質及び形状の変更に該当します。

3 製造小売業

「製造小売業」は、日本標準産業分類において小売業に分類されていますが、簡易課税制度の適用に当たっては、第三種事業に該当します（基通13―2―6）。

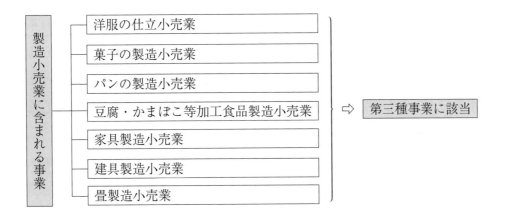

4　副産物等の取扱い

　第三種事業に該当する建設業、製造業等に係る事業に伴い生じた加工くず、副産物等の譲渡を行う事業は、第三種事業に該当します。

　なお、第一種事業又は第二種事業から生じた段ボール等の不要物品等（事業の用に供していた固定資産等は除きます。）の譲渡を行う事業は、第四種事業に該当しますが、その事業者がこれらの不要物品等が生じた事業区分に属するものとして処理しているときには、その処理は認められます（基通13―2―8）。

5　加工賃その他これに類する料金を対価とする役務の提供

　「加工賃その他これに類する料金を対価とする役務の提供」とは、製造業等に該当することとなる事業に係るもののうち、その料金の名称を問わず、他の者の原料若しくは材料又は製品等に加工等を施して、その加工等の対価を受領する役務の提供をいいます。

　なお、この役務の提供を行う事業は、第四種事業に該当します（基通13―2―7）。

6　第五種事業

　「第五種事業」とは、運輸通信業、金融業、保険業及びサービス業（飲食店業に該当する事業を除きます。）（以下「サービス業等」といいます。）をいいます（令57⑤四）。

事業者が行った事業がサービス業等に該当するかの判定は、おおむね日本標準産業分類（総務省）の大分類に掲げる分類を基準に判定することとなります。

　なお、日本標準産業分類の大分類の区分でサービス業等に該当することとなる事業であっても、他の者から購入した商品をその性質及び形状を変更しないで販売する事業は、第一種事業又は第二種事業に該当します（基通13―2―4）。

㈲　「サービス業等」とは、日本標準産業分類の大分類に掲げる①情報通信業、②運輸業、郵便業、③金融業、保険業、④不動産業、物品賃貸業（不動産業に該当するものを除きます。）、⑤学術研究、専門・技術サービス業、⑥宿泊業、飲食サービス業（飲食サービス業に該当するものを除きます。）、⑦生活関連サービス業、娯楽業、⑧教育、学習支援業、⑨医療、福祉、⑩複合サービス事業、⑪サービス業（他に分類されないもの）をいいます。

7　第四種事業

　「第四種事業」とは、第一種事業から第三種事業、第五種事業及び第六種事業に該当しない事業をいいます（令57⑤六）が、具体的には、第三種事業から除かれる加工賃その他これに類する料金を対価とする役務の提供を行う事業のほか、第五種事業から除かれる飲食店業に該当する事業が該当することとなります（基通13―2―8の3）。

ポイント

○　次の事業は、第三種事業に該当します（基通13―2―5）。

①　自己の計算において原材料等を購入し、これをあらかじめ指示した条件に従って下請加工させて完成品として販売する、いわゆる製造問屋としての事業

　なお、顧客から特注品の製造を受注し、下請先又は外注先等にその製品を製造させて顧客に引き渡す事業は、顧客からその特注品の製造を請け負うものですから、原則として第三種事業に該当します。

②　自己が請け負った建設工事（第三種事業に該当するものに限ります。）の全部を下請に施工させる元請としての事業

③　天然水を採取して瓶詰等して人の飲用に販売する事業

④　新聞、書籍等の発行、出版を行う事業

○　日本標準産業分類の大分類「サービス業等」に該当することとなる事業に係るものは、加工賃その他これに類する料金を対価とする役務の提供を行う事業であっても第四種事業には該当せず、第五種事業に該当することとなります（基通13―2―7㈲）。

（例：クリーニング業、自動車修理業、写真現像・焼付業、衣類縫製修理業）

修理の事業区分

> **問**　機械器具等の修理サービスを行う場合、部品代金と工賃・加工賃等を区分したときには、それぞれ区分したところにより事業区分の判定を行うことができますか。

答　「修理」とは、「傷んだり壊れたりした物をつくろい直すこと」をいい、民法上の契約の類型としては、請負契約に該当します。したがって、このような請負としての「修理」契約に基づいて行われる取引の場合には、たとえ修理に要した部品代金を工賃等と区分して請求したとしても、その全体がサービス業の対価であると認められることから第五種事業に該当することとなります。

　なお、上記の意味での「修理」契約ではなく、例えば、老朽化したような部品の単体を取り替える場合やユーザーからの性能アップ等の希望により部品の単体を取り替える場合等、部品等の販売を前提としてその部品等の取付作業を行う実態にあるものについてその部品代金と工賃等を区分しているときには、その区分されたところにより事業区分（第一種事業又は第二種事業と第五種事業）の判定を行って差し支えありません。

固定資産の売却

> **問**　自己が使用していた固定資産等を譲渡した場合の事業区分はどのようになりますか。

答　自己が使用していた固定資産等を譲渡した場合は、その営む本業の事業の種類のいかんを問わず第四種事業に該当します（基通13―2―9）。

簡易課税制度による仕入控除税額の計算方法

簡易課税制度による仕入控除税額の計算方法は、次のとおりです。

1　1種類の事業のみを営む場合の計算方法

　第一種事業から第六種事業までの事業のうち、1種類の事業のみを営む事業者の場合、その課税期間の国内取引に係る課税標準額に対する消費税額に、該当するみなし仕入率を乗じた金額が仕入控除税額とされます（令57①）。

〔算式〕

$$仕入控除税額 = \left(\begin{array}{c}課税資産の譲渡等^{(注)}\\に係る課税標準額に\\対する消費税額\end{array} - \begin{array}{c}売上げに係る対価\\の返還等の金額に\\係る消費税額\end{array}\right) \times \begin{array}{c}みなし\\仕入率\end{array}$$

(注)　特定資産の譲渡等を除きます。

○　計算上の留意事項

①　売上げに係る対価の返還等を行った場合には、「課税資産の譲渡等に係る課税標準額に対する消費税額」から売上げに係る対価の返還等の金額に係る消費税額の合計額を控除します。

　この場合、控除しきれない金額が生じたときには、「課税資産の譲渡等に係る課税標準額に対する消費税額」はゼロとして計算します。

　また、その控除しきれない金額が還付税額となります。

②　貸倒回収額がある場合には「課税資産の譲渡等に係る課税標準額に対する消費税額」に貸倒回収額に係る消費税額を加算します（法39③、基通13—1—6(2)）。

③　「課税資産の譲渡等に係る課税標準額に対する消費税額」は、課税標準たる金額の合計額について千円未満の端数を切り捨て、その切り捨てをした金額に7.8％又は6.24％を乗じた金額となります。

④　①から③の取扱いは、下記2及び3においても同様です。

2　2種類以上の事業を営む場合の原則的な計算方法

　第一種事業から第六種事業までの事業のうち、2種類以上の事業を営む事業者の仕入控除税額の原則的な計算は、次のとおりとなります（令57②）。

(1)　原則法

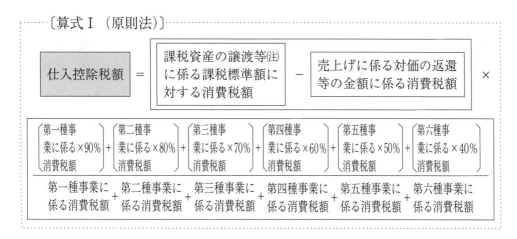

　(注)　特定資産の譲渡等を除きます。

(2)　簡便法

　次の①及び②のいずれにも該当しない場合には、〔算式Ⅱ〕により計算することとして差し支えありません。

①　貸倒回収額がある場合

②　売上げに係る対価の返還等がある場合で、各種事業に係る消費税額からそれぞれの事業の売上対価の返還等に係る消費税額を控除して控除しきれない場合

〔算式Ⅱ（簡便法）〕

| 仕入控除税額 | ＝ |

| 〔第一種事 業に係る×90% 消費税額〕 | ＋ | 〔第二種事 業に係る×80% 消費税額〕 | ＋ | 〔第三種事 業に係る×70% 消費税額〕 | ＋ | 〔第四種事 業に係る×60% 消費税額〕 | ＋ | 〔第五種事 業に係る×50% 消費税額〕 | ＋ | 〔第六種事 業に係る×40% 消費税額〕 |

○ 〔算式Ⅰ・Ⅱ〕における計算上の留意事項

① 「第一種事業に係る消費税額」、「第二種事業に係る消費税額」、「第三種事業に係る消費税額」、「第四種事業に係る消費税額」、「第五種事業に係る消費税額」及び「第六種事業に係る消費税額」とは、それぞれの事業ごとの課税資産の譲渡等（特定資産の譲渡等を除きます。）に係る消費税額の合計額から売上げに係る対価の返還等の金額に係る消費税額の合計額を控除した残額です（3⑵の〔算式Ⅰ〕及び〔算式Ⅱ〕においても同様です。）。

② 売上げに係る対価の返還等がある場合で、各種事業に係る消費税額からそれぞれの事業の売上げに係る対価の返還等の金額に係る消費税額を控除して控除しきれない場合には、その事業に係る消費税額はゼロとして計算します（3⑵の〔算式Ⅰ〕及び〔算式Ⅱ〕においても同様です。）。

③ 各種事業に係る消費税額の算出に際し、円未満の端数は切り捨てます（3⑵の〔算式Ⅰ〕及び〔算式Ⅱ〕においても同様です。）。

④ みなし仕入率（〔算式Ⅰ〕の分数式部分）の計算結果については、原則として、端数処理は行いません（3⑵の〔算式Ⅰ〕においても同様です。）。

⑤ みなし仕入率（〔算式Ⅰ〕の分数式部分）の計算においては、課税売上げに係る貸倒回収額又は貸倒額があっても、考慮する必要はありません（3⑵の〔算式Ⅰ〕においても同様です。）。

3 2種類以上の事業を営む場合の特例による計算方法（75%ルール）

⑴ 1種類の事業に係る課税売上高が全体の75%以上を占める場合

　　第一種事業から第六種事業までの事業のうち、2種類以上の事業を営む事業者で、そのうち1種類の事業の課税売上高が全体の75%以上(注)を占める場合には、その75%以上を占める事業のみなし仕入率を全体の課税売上高に対

して適用することができます（令57③一）。」

(注)　売上げに係る対価の返還等がある場合、75％を占めるかの判定に当たり、全体の課税売上高及び特定一事業の課税売上高はそれぞれ課税資産の譲渡等（特定資産の譲渡等を除きます。）の合計額から売上げに係る税抜対価の返還等の金額の合計額を控除した残額です。

（例）

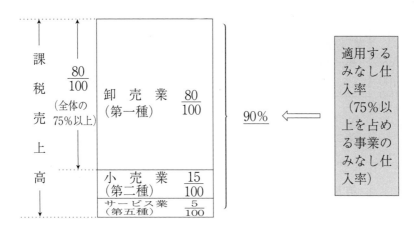

〔算式〕

(注)　特定資産の譲渡等を除きます。

(2)　3種類以上の事業を営む事業者で、2種類の事業に係る課税売上高が全体の75％以上を占める場合

　　第一種事業から第六種事業までの事業のうち、3種類以上の事業を営む事業者で、そのうち2種類の事業の課税売上高の合計額が全体の75％以上(注)を占める場合には、その2種類の事業のうち、みなし仕入率の高い方の事業に係る課税売上高に対しては、そのみなし仕入率を適用し、それ以外の課税売上高に対しては、その2種類の事業のうち、低い方のみなし仕入率を適用す

ることができます（令57③二）。

㊟　売上げに係る対価の返還等がある場合、75％を占めるかの判定に当たり、全体の課税売上高及び特定一事業の課税売上高はそれぞれ課税資産の譲渡等（特定資産の譲渡等を除きます。）の合計額から売上げに係る税抜対価の返還等の金額の合計額を控除した残額です。

（例）

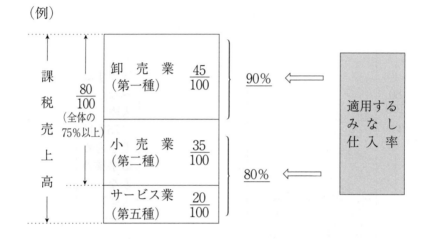

① 原則法

〔算式Ⅰ（原則法）〕

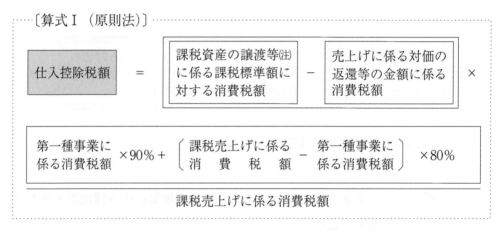

㊟　特定資産の譲渡等を除きます。

② 簡便法

次のイ及びロのいずれにも該当しない場合には、〔算式Ⅱ〕により計算することとして差し支えありません。

イ　貸倒回収額がある場合

ロ　売上対価の返還等がある場合で、各種事業に係る消費税額からそれぞれ

の事業の売上対価の返還等に係る消費税額を控除して控除しきれない場合

〔算式Ⅱ（簡便法）〕

仕入控除税額 ＝

$$\text{仕入控除税額} = 第一種事業に係る消費税額 \times 90\% + \left(課税売上げに係る消費税額 - 第一種事業に係る消費税額 \right) \times 80\%$$

○ 〔算式Ⅰ・Ⅱ〕の計算上の留意事項

「課税売上げに係る消費税額」とは、各種事業に係る消費税額の合計額をいいます。事例の場合は、第一種事業、第二種事業及び第五種事業に係る消費税額の合計額となります。

ポイント

○ 2の原則的な計算方法又は3の特例による計算方法の適用については、事業者がいずれかの方法を選択することとなります（基通13─4─1、13─4─2）。

○ 2種類以上の事業を営む事業者が、課税売上げを事業の種類ごとに区分していない場合のその区分していない課税売上げについては、これら区分していない2種類以上の事業のうち最も低いみなし仕入率を適用して仕入控除税額を計算することとなります（令57④）。

事業の種類の区分がない場合のみなし仕入率

問 事業者が課税売上げについて、事業の種類の区分がない場合には、最も低いみなし仕入率を適用して消費税額を計算することとなると理解していますが、この場合区分が行われていないものは、全て第六種事業として位置付けられるのでしょうか。

答 簡易課税制度においては、事業の種類が区分されていない課税売上げについて、その区分されていない部分の課税売上げに含まれる事業のうち最も低いみなし仕入率を適用して、仕入れに係る消費税額の計算を行うこととされています。

例えば、区分されていない課税売上高のうちに第一種事業、第二種事業及び第三種事業に係る課税売上高がある場合には、その区分されていない課税売上高の合

計額が、全て第三種事業として区分しているものとして仕入れに係る消費税額の
計算を行うこととなります。

14　控除税額の調整

売上値引き、割戻し等があったときの調整

売上げに係る対価の返還等を行った場合及び特定課税仕入れに係る対価の返還等を受けた場合には、課税標準額に対する消費税額から売上げに係る対価の返還等の金額に係る消費税額及び特定課税仕入れに係る対価の返還等を受けた金額に係る消費税額の合計額を控除することになります。

1　売上げに係る対価の返還等

「売上げに係る対価の返還等」とは、課税事業者が、課税資産の譲渡等（特定資産の譲渡等（19ページ参照）を除きます。）について、返品を受けたり、値引き、割戻し、割引をしたことにより、その課税資産の譲渡等の対価の額（税込み）の全部又は一部の返還等（売掛金等の債権の額の全部又は一部の減額を含みます。）をすることをいいます（法38①）。

2　特定課税仕入れに係る対価の返還等

「特定課税仕入れに係る対価の返還等」とは、課税事業者が特定課税仕入れについて、値引き又は割戻しを受けたことにより、その特定課税仕入れに係る支払対価の額の全部又は一部の返還等（買掛金等の債務の額の全部又は一部の減額を含みます。）を受けることをいいます（法38の2）。

3　控除税額の計算方法

売上げに係る対価の返還等をした場合及び特定課税仕入れに係る対価の返還等を受けた場合には、その売上げに係る対価の返還等をした日及びその特定課税仕入れに係る対価の返還等を受けた日の属する課税期間における課税標準額

に対する消費税額から、その課税期間において行った売上げに係る対価の返還等の金額に係る消費税額及び特定課税仕入れに係る対価の返還等を受けた金額に係る消費税額の合計額を控除することになります。

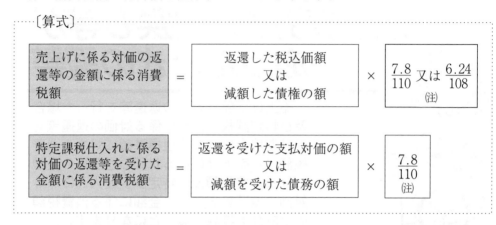

〔算式〕

| 売上げに係る対価の返還等の金額に係る消費税額 | = | 返還した税込価額
又は
減額した債権の額 | × | $\frac{7.8}{110}$ 又は $\frac{6.24}{108}$ (注) |

| 特定課税仕入れに係る対価の返還等を受けた金額に係る消費税額 | = | 返還を受けた支払対価の額
又は
減額を受けた債務の額 | × | $\frac{7.8}{110}$ (注) |

(注)　平成26年4月1日以降令和元年9月30日以前に行った課税資産の譲渡等について対価の返還等をした場合は$\frac{6.3}{108}$となります。

　令和元年9月30日以前に行った特定課税仕入れに係る対価の返還等を受けた場合は$\frac{6.3}{108}$となります。

4　売上割戻しを行った時期

課税資産の譲渡等（特定資産の譲渡等を除きます。）に係る売上割戻しを行った場合のその売上割戻しの時期は、次のとおりです（基通14－1－9）。

区　　　　分	売 上 割 戻 し の 時 期
(1)　算定基準が販売価額又は販売数量によっており、かつ、その算定基準が契約その他の方法により相手方に明示されているもの	課税資産の譲渡等をした日
	売上割戻しの金額の通知又は支払をした日（継続適用が要件）
(2)　(1)に該当しないもの	売上割戻しの金額の通知又は支払をした日
	課税期間終了の日までに、売上割戻しを支払うこと及びその売上割戻しの算定基準が内部的に決定されている場合で、その算定基準により計算した金額をその課税期間において未払金計上し、かつ、確定申告書の提出期限までに相手方に通知したときは、未払金計上した課税期間（継続適用が要件）

5　帳簿の保存

　売上げに係る対価の返還等の金額に係る消費税額及び特定課税仕入れに係る
対価の返還等を受けた金額に係る消費税額の控除は、売上げに係る対価の返還
等をした金額等及び特定課税仕入れに係る対価の返還等を受けた金額等を記録
した帳簿を確定申告期限の翌日から7年間保存することが要件とされています
（令58②、58の2②）。

ポイント

○　免税事業者であった課税期間において行った課税資産の譲渡等（特定資産の
　譲渡等を除きます。）及び特定課税仕入れについて、課税事業者となった課税
　期間において売上げに係る対価の返還等を行った場合及び特定課税仕入れに係
　る対価の返還等を受けた場合には、その対価の返還等について、この調整を行
　う必要はありません（基通14―1―6、14―1―12）。

○　課税売上割合が95％以上の課税期間や簡易課税制度が適用される課税期間に
　ついては、特定課税仕入れを行った場合であっても、当分の間、その特定課税
　仕入れはなかったものとされるため、これらの課税期間において行った特定課
　税仕入れに係る支払対価について、その後の課税期間に対価の返還等を受けた
　場合には、その対価の返還等について、この調整を行う必要はありません（基
　通14―1―12(注)）。

○　課税事業者が事業を廃止し、又は免税事業者となった後において、課税事業
　者であった課税期間における課税資産の譲渡等（特定資産の譲渡等を除きま
　す。）及び特定課税仕入れについて、売上げに係る対価の返還等を行った場合
　及び特定課税仕入れに係る対価の返還等を受けた場合には、その対価の返還等
　について、この調整を行う必要はありません（基通14―1―7、14―1―13）。

○　売上げに係る対価の返還等を行った場合及び特定課税仕入れに係る対価の返
　還等を受けた場合において、課税資産の譲渡等の金額からその売上げに係る対
　価の返還等の金額を控除する経理処理及び特定課税仕入れの金額からその特定
　課税仕入れに係る対価の返還等を受けた金額を控除する経理処理を継続して行

っているときは、その処理は認められます。

　なお、この場合であっても、その対価の返還等の金額等を記録した帳簿を保存する必要があります（基通14—1—8、14—1—14）。

売掛金が貸倒れとなったときの調整

売掛金につき、一定の事実が生じたため貸倒れとなったときは、課税標準額に対する消費税額から、その貸倒れに係る消費税額を控除することができます。

1 貸倒れに係る消費税額の控除の対象

　課税資産の譲渡等を行った場合において、その課税資産の譲渡等の相手先に対する売掛金等につき、次の一定の事実が生じたため貸倒れとなったときは、その貸倒れとなった日の属する課税期間における課税標準額に対する消費税額から、その貸倒れに係る消費税額を控除することができます（法39①）。

一 定 の 事 実		対象金額
会社更生法又は金融機関等の更生手続の特例等に関する法律の規定による更生計画認可の決定により債権の切捨てがあった場合		切り捨てられることとなった部分の金額
民事再生法の規定による再生計画認可の決定により債権の切捨てがあった場合		
会社法の規定による特別清算に係る協定の認可の決定により債権の切捨てがあった場合		
関係者の協議決定による債権の切捨て	債権者集会の協議決定で合理的な基準により債務者の負債整理を定めているもの	
	行政機関又は金融機関その他の第三者のあっせんによる当事者間の協議により締結された契約で合理的な基準によるもの	

債権に係る債務者の財産の状況、支払能力等からみてその債務者が債務の全額を弁済できないことが明らかである場合	貸倒れとなった売掛債権の全額

債務者の債務超過の状態が相当期間継続し、その債務を弁済できないと認められる場合において、その債務者に対し書面により債務の免除を行った場合	債務免除の通知をした金額

次の事実が生じた場合に貸倒れとして経理したとき	継続的な取引を行っていた債務者との取引を停止した後1年以上経過したこと（担保物のない場合に限ります。）	売掛債権から備忘価額を控除した金額
	同一地域の債務者について有する売掛債権の総額が取立て費用に満たない場合において債務者に督促しても弁済がないこと	

2 貸倒れに係る消費税額の計算

〔算式〕

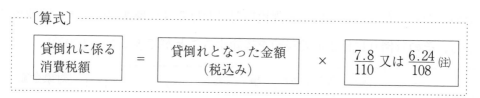

$$\text{貸倒れに係る消費税額} = \text{貸倒れとなった金額（税込み）} \times \frac{7.8}{110} \text{又は} \frac{6.24}{108} \text{(注)}$$

(注) 平成26年4月1日以降令和元年9月30日以前に行った課税資産の譲渡等に係る売掛金等について貸倒れとなった場合は$\frac{6.3}{108}$となります。

3 書類の保存

　貸倒れに係る消費税額の控除は、貸倒れの事実を証する書類を確定申告期限の翌日から7年間保存することが要件とされています（法39②、規則19）。

ポイント

○　免税事業者が課税事業者となった後において、免税事業者であった課税期間において行った課税資産の譲渡等に係る売掛金等について貸倒れが生じ、その課税資産の譲渡等の価額の全部又は一部の領収をすることができなくなった場合であっても、この調整を行うことはできません（基通14—2—4）。

○　課税事業者が事業を廃止し、又は免税事業者となった後において、課税事業者であった課税期間において行った課税資産の譲渡等に係る売掛金等について貸倒れが生じ、その課税資産の譲渡等の税込価額の全部又は一部の領収をすることができなくなった場合であっても、この調整を行うことはできません（基通14―2―5）。

○　貸倒れとなった売掛金等について、この調整を行った場合において、後日その貸倒れとなった売掛金等を回収したときは、その回収した金額（税込み）に係る消費税額を課税資産の譲渡等に係る消費税額とみなして、その回収した日の属する課税期間の課税標準額に対する消費税額に加算します（法39③）。

15　端数計算

端数計算の方法

消費税額の計算における端数計算は、次のとおりです。

1　課税標準額に対する消費税額の計算方法

課税標準額に対する消費税額の計算方法	取引ごとに対価の額と消費税額等(注)を区分して領収していないとき	原則	税率の異なるごとに区分した課税資産の譲渡等の税込価額の合計額に$\frac{100}{110}$又は$\frac{100}{108}$を乗じて算出した金額と特定課税仕入れに係る支払対価の額の合計額を基に課税標準額を算出し、消費税額を計算します。
	取引ごとに対価の額と消費税額等(注)を区分して領収しているとき	特例	取引ごとに区分された消費税額の積上げにより計算できます。

(注)　「消費税額等」とは、消費税額及び地方消費税額の合計額をいいます。

2　課税資産の譲渡等に係る課税標準額に対する消費税額の計算における端数計算

（1）　原則的な計算方法

　　　課税資産の譲渡等に係る課税標準額に対する消費税額の原則的な計算方法は、税率の異なるごとに課税標準額を計算し、これに税率を乗じる方法です。
　　　この場合の端数計算は次のとおりです。

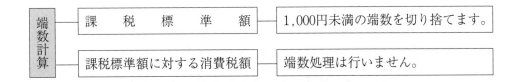

〔例〕

・課税期間中の課税売上高（税込み）の合計額が339,278,000円（うち軽減税率の適用対象203,878,000円）の場合

・課税標準額の計算

（標準税率の対象）$135,400,000円 \times \dfrac{100}{110} = 123,090,909円 ≒ 123,090,000円$

（1,000円未満切捨て）

（軽減税率の対象）$203,878,000円 \times \dfrac{100}{108} = 188,775,925円 ≒ 188,775,000円$

（1,000円未満切捨て）

・課税標準額に対する消費税額の計算

（標準税率の対象）$123,090,000円 \times 7.8\% = 9,601,020円$

（軽減税率の対象）$188,775,000円 \times 6.24\% = 11,779,560円$

(2) 特例による計算方法

「課税標準額に対する消費税額の計算の特例」（以下「旧規則第22条第1項の規定」といいます。）は「税抜価格」を前提に、決済段階で上乗せされる消費税相当額の1円未満の端数処理に伴う事業者の負担等に配慮して、少額・大量の取引を行う小売業者等を念頭に設けられた特例制度でしたが、「税込価格」の表示を行う総額表示が義務付けられたことを踏まえ、「税抜価格」を前提とした旧規則第22条第1項は廃止されました。

旧規則第22条第1項の規定については、経過措置が設けられています（消費税法施行規則の一部を改正する省令（平成15年財務省令第92号附則2））。

具体的内容については、「(3) 経過措置の具体的内容」をご覧ください。

ポイント

○ 「総額表示義務の対象とならない取引（事業者間取引等）」については、「税抜価格」を前提とした端数処理の特例【経過措置1】の適用が令和5年9月30

日までの間認められます。

○　「総額表示義務の対象となる取引」及び「総額表示義務の対象とならない取引（事業者間取引等）で「税込価格」を前提とした代金決済を行う場合」には、令和5年9月30日までの間【経過措置2】が適用されます。

○　「総額表示義務の対象となる取引で、総額表示は行っているものの税込価格対応のレジシステムへの変更が間に合わない場合」には、【経過措置3】を適用することができます。

〔経過措置適用一覧表〕

	「税抜価格」を前提とした代金決済	「税込価格」を前提とした代金決済
事業者間取引等	【経過措置1】 令和5年9月30日 までの間	【経過措置2】 令和5年9月30日 までの間
対消費者取引 （総額表示義務対象取引）	【経過措置3】 平成26年4月1日から 令和5年9月30日までの間	【経過措置2】 令和5年9月30日 までの間

(3)　経過措置の具体的内容

　　具体的には次の3つの経過措置が設けられています。

【経過措置1：総額表示義務の対象とならない取引（事業者間取引等）】

対象取引	総額表示義務（法63）の規定の適用を受けない課税資産の譲渡等（事業者間取引等）
要　件	代金の決済に当たって、取引の相手方へ交付する領収書等で、その取引における「課税資産の譲渡等の対価の額（税抜価格）の合計額を税率の異なるごとに区分して合計した額」と「その税抜価格の合計額に税率を乗じて1円未満の端数を税率の異なるごとに区分して処理した後の消費税等相当額」を区分して明示しているとき。
内　容	令和5年9月30日までの間、旧規則第22条第1項（課税標準額に対する消費税額の計算の特例）の規定を適用することができます。

　㊟　この経過措置は、総額表示義務の対象とならない事業者間取引等で「税抜価格」を前提とした代金決済を行う場合に適用されるものです。

　　「税込価格」を前提とした代金決済を行う事業者間取引等については、【経過措置2】を適用することができます。

【経過措置２：総額表示義務の対象となる取引等（対消費者取引等）】

対象取引	課税資産の譲渡等（総額表示義務の規定の適用を受けない事業者間取引等も含まれます。）
要　件	「税込価格」を基礎とした代金決済を行う場合で、税率の異なるごとに区分して合計した決済上受領すべき金額（例えば、複数の商品を一括して販売し、その代金を一括して受領する場合には、一括販売した商品の税込価格の合計額）に含まれる「消費税相当額（その決済上受領すべき金額に「（100＋税率）分の税率」を乗じて算出した金額）」の１円未満の端数を税率の異なるごとに区分して処理した後の金額を領収書等に明示したとき（例１参照）。 ㊟　この経過措置は、旧規則第22条第１項と同様に、決済上受領すべき金額、すなわち一領収単位で行われる消費税相当額の端数処理について認められる特例ですので、商品単品ごとに消費税相当額の端数処理を行っている場合には適用できません。（例２参照）
内　容	令和５年９月30日までの間、その端数を処理した後の消費税相当額を基礎として課税標準額に対する消費税額を計算することができます。

（例１）経過措置２の適用が受けられる場合

※　税込価格157円の商品を３個販売した場合

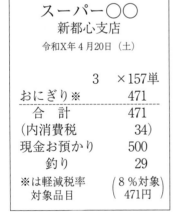

スーパー○○
新都心支店
令和X年４月20日（土）

	3　×157単	
おにぎり※	471	
合　計	471	
（内消費税	34）	
現金お預かり	500	
釣り	29	
※は軽減税率	（８％対象	
対象品目	471円	）

〔一領収単位の税込価格の合計額に$\frac{8}{108}$を掛けて消費税相当額を算出し、１円未満の端数を処理。〕

$$471円 \times \frac{8}{108}$$
$$=34.\cancel{888}\cdots円$$
$$\Rightarrow \underline{34円}$$

　この端数処理後の34円を基礎として課税標準額に対する消費税額の計算を行うことができます。

（例２）経過措置２の適用を受けられない場合

※　税込価格157円の商品を３個販売した場合

```
          スーパー○○
            新都心支店
-------------------------------------
        令和X年４月20日（土）

          ３ × 157(内税11)単
  おにぎり※ 471(内税33)

    合　計            471
  （内消費税           33）
    現金お預かり        500
      釣り             29
  ※は軽減税率       （８％対象）
    対象品目        （ 471円 ）
```

「157円（内税11円）」というように単品ごとに消費税相当額の端数処理を行ったもの（157円×$\frac{8}{108}$＝11.~~62~~…円⇒11円）を明示し、一領収単位ごとに、この消費税相当額を合計しても経過措置の適用を受けられません。

単品ごとに端数処理を行った消費税相当額

11円× ３ ＝３~~※~~円

この33円を課税標準額に対する消費税額の計算の基礎とすることはできません。

【経過措置３：総額表示義務の対象となる取引（対消費者取引）で、総額表示は行っているもののレジシステム等の変更が間に合わない等のやむを得ない事情がある場合】

対象取引	総額表示義務（法63）の規定の適用を受ける課税資産の譲渡等（対消費者取引）
要　件	法第63条に規定する総額表示を行っている場合で、レジシステム等の変更が間に合わない等のやむを得ない事情により、「税込価格」を基礎とした代金決済ができないとき。
内　容	平成26年４月１日以後に行う課税資産の譲渡等について、令和５年９月30日までの間、旧規則第22条第１項の規定を適用することができます。

3　課税仕入れに係る消費税額の計算における端数計算

(1)　原則的な計算方法

　　課税仕入れに係る消費税額の計算において、その計算した金額に１円未満の端数があるときは、その端数を切り捨てます。

〔例〕

・課税期間中の課税仕入れの金額（税込）の合計額が214,958,000円（うち

軽減税率の適用対象120,228,000円）の場合

（標準税率の対象）　$94,730,000 \times \dfrac{7.8}{110} = 6,717,218.1 \cdots 円 \fallingdotseq 6,717,218円$

（端数処理後）

（軽減税率の対象）$120,228,000 \times \dfrac{6.24}{108} = 6,946,506.6 \cdots 円 \fallingdotseq 6,946,506円$

（端数処理後）

(2)　特例による計算方法

　　課税仕入れの都度、課税仕入れに係る支払対価の額について、税抜経理方式により経理処理を行う場合には、課税仕入れの態様に応じ、次により計算することができます。

①　その課税仕入れの相手方が、領収書又は請求書などに1円未満の端数を税率の異なるごとに区分して処理した後の消費税及び地方消費税の合計額（以下「消費税等相当額」といいます。）と、本体価額を税率の異なるごとに区分して合計した金額とに区分して記載している場合、すなわち、上記2(3)の【経過措置1】又は【経過措置3】（旧規則第22条第1項）を適用できる事業者からの課税仕入れについては、課税期間中におけるその請求書等に別記された消費税等相当額を仮払消費税等として経理し、その課税期間中における仮払消費税等の合計額の$\dfrac{78}{100}$（軽減税率の適用対象となる課税仕入れについては、$\dfrac{62.4}{80}$）に相当する金額を課税仕入れに対する消費税額とすることができます。

②　その課税仕入れの相手方が、領収書又は請求書などに税込価格とその税込価格に含まれる1円未満の端数を税率の異なるごとに区分して処理した後の消費税等相当額を記載している場合、すなわち、上記2(3)の【経過措置2】を適用できる事業者からの課税仕入れについては、請求書等で明示されている消費税等相当額を仮払消費税等として経理し、その課税期間中における仮払消費税等の合計額の$\dfrac{78}{100}$（軽減税率の適用対象となる課税仕入れについては、$\dfrac{62.4}{80}$）に相当する金額を課税仕入れに対する消費税額とすることができます。

③　その課税仕入れの相手方が、領収書又は請求書などに消費税等相当額を

記載していない場合、又は記載していても上記2(3)の各経過措置が適用できないような端数処理を行っている場合の課税仕入れについては、請求の都度帳簿等において支払対価の額に$\frac{10}{100}$（軽減税率の適用対象となる課税仕入れについては$\frac{8}{108}$）を乗じた金額を仮払消費税等として経理する方法を継続して行っているときは、その課税期間中における仮払消費税等の合計額の$\frac{78}{100}$（軽減税率の適用対象となる課税仕入れについては、$\frac{62.4}{80}$）に相当する金額を課税仕入れに対する消費税額とすることができます。

　なお、この方法を適用する場合の、その取引ごとに行う消費税等相当額の1円未満の端数処理は、切捨て又は四捨五入によります。

　また、この方法は上記①又は②が適用できない場合に認められます。

4　その他の計算における端数計算

　次の消費税額の計算及び算出した金額についての端数計算は、上記3に準じて行います。

(1)　仕入対価の返還等に係る消費税額

(2)　売上対価の返還等に係る消費税額

(3)　貸倒れに係る消費税額

16　リバースチャージ方式

リバースチャージ方式
による申告

「リバースチャージ方式」とは、消費税の申告・納税義務を、役務の提供を行った国外事業者ではなく、当該役務の提供を受けた（課税仕入れを行った）事業者に課す課税方式です。

1　リバースチャージ方式

　特定課税仕入れ（51ページ参照）を行った事業者には、リバースチャージ方式による申告納税義務が課されます（法4①、5①、基通5—8—1）。

　なお、この特定課税仕入れは、仕入控除税額の計算の基礎にもなります（129ページ参照）。

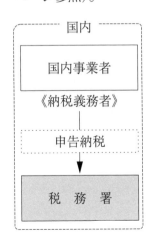

```
┌─ 国内 ──────────┐          役務の提供          ┌─ 国外 ──────────┐
│  ┌───────────┐  │  ⟵─────────────────────  │  ┌───────────┐  │
│  │ 国内事業者 │  │                            │  │ 国外事業者 │  │
│  └───────────┘  │                            │  └───────────┘  │
│  《納税義務者》  │                            └─────────────────┘
│        ┊         │
│     申告納税     │     ・国内事業者が申告・納税を
│        ↓         │       行います。
│  ┌───────────┐  │     ・当該役務の提供に係る課税
│  │ 税 務 署 │  │       仕入れは、仕入税額控除の
│  └───────────┘  │       計算の基礎となります。
└─────────────────┘
```

2 リバースチャージ方式に関する経過措置

　課税売上割合が95％以上の事業者や簡易課税制度が適用される事業者は、事業者向け電気通信利用役務の提供又は特定役務の提供を受けた場合であっても、経過措置により、当分の間、その特定課税仕入れはなかったものとされますので、その課税期間の消費税の確定申告では、その特定課税仕入れは課税標準額、仕入控除税額のいずれにも含まれません（平成27年改正法附則42、44②、基通11―4―6㊟）。

ポイント
○　免税事業者は、消費税の確定申告等を行う必要がありませんので、特定課税仕入れを行ったとしても申告等を行う必要はありません。
○　95％以上であるか否かの判定は「課税売上割合」によるものであり、「課税売上割合に準ずる割合」によるものではありません。

3 納税義務及び簡易課税制度適用の判定

　納税義務の判定や簡易課税制度が適用されるか否かの判定は、その事業者が行った課税資産の譲渡等の対価の額から計算した課税売上高により判定することとされています。

　特定課税仕入れは、その事業者の課税仕入れであって、その事業者が行う課税資産の譲渡等ではありませんので、特定課税仕入れに係る支払対価の額を課税標準として消費税の申告・納税を行っていたとしても、納税義務の判定や簡易課税制度が適用されるか否かの判定における課税売上高には、特定課税仕入れに係る支払対価の額は含まれません（基通1―4―2㊟4）。

4 国外事業者における表示義務

　事業者向け電気通信利用役務の提供及び特定役務の提供を行う国外事業者は、あらかじめ、役務の提供を受ける事業者に対して、その役務の提供がリバースチャージ方式による申告対象の取引となる旨を表示しなければなりません。

これら取引を行う事業者は、インターネット上の取引内容を紹介している場所や個別に取引内容の交渉を行う場合にその交渉時の連絡文書等において、取引の相手が容易に認識できるようその表示を行っておく必要があります。

　なお、その表示がない場合であっても、事業者向け電気通信利用役務の提供及び特定役務の提供を受けた国内事業者には、リバースチャージ方式による申告納税義務が課されます（基通5－8－2㈲）。

免税事業者から提供を受けた特定課税仕入れ

> **問**　国外の免税事業者にインターネットによる広告配信を依頼しました。当社は、当課税期間について簡易課税制度の適用がなく、課税売上割合も95％未満ですが、免税事業者から提供を受けた事業者向け電気通信利用役務の提供についてもリバースチャージ方式により申告を行う必要があるのでしょうか。

答　事業者向け電気通信利用役務の提供等については、役務の提供を受けた事業者において、「特定課税仕入れ」として納税義務が課されています（基通5－8－1）。

　ところで、「特定課税仕入れ」とは、課税仕入れのうち事業として他の者から受けた「事業者向け電気通信利用役務の提供」及び「特定役務の提供」をいうこととされています（法4①）。したがって、その提供者が免税事業者であっても提供される役務の提供が「事業者向け電気通信利用役務の提供」等に該当するのであれば、役務の提供を受けた事業者において「特定課税仕入れ」として納税義務が課されますので、質問のように当課税期間に簡易課税制度の適用がなく、課税売上割合が95％未満であれば、リバースチャージ方式による申告・納税を行うこととなります。

課税売上割合に準ずる割合が95％以上である場合のリバースチャージ方式の申告

> **問**　一般課税で申告する場合でも課税売上割合が95％以上であれば、その課税期間の「特定課税仕入れ」はなかったものとされ、リバースチャージ方式による申告は必要ないこととされていますが、「課税売上割合に準ずる割合」の承認を受けている場合において、「課税売上割合に準ずる割合」が95％以上である場合も同様にリバースチャージ方式による申告は必要ありませんか。

答 「課税売上割合に準ずる割合」が95％以上であっても、「課税売上割合」が95％未満であれば、「特定課税仕入れ」がなかったものとされる経過措置の適用はありません。したがって、その課税期間に「特定課税仕入れ」があればリバースチャージ方式による申告を行う必要があります（平成27年改正法附則42）。

　なお、「課税売上割合に準ずる割合」を適用して計算することとしている場合には、その「特定課税仕入れ」に係る仕入控除税額の計算も、その承認を受けている「課税売上割合に準ずる割合」に基づいて行うこととなります。

役務の提供を受けた者が納税義務者となる旨の表示がない場合

> **問**　事業者向け電気通信利用役務の提供を受ける際に、「その役務の提供に係る特定課税仕入れを行う事業者が消費税の納税義務者となる旨」の表示がない場合、この取引についてリバースチャージ方式による申告を行う必要がありますか。

答　事業者向け電気通信利用役務の提供を含む「特定資産の譲渡等（19ページ参照）」を行う国外事業者は、その特定資産の譲渡等を行う場合、あらかじめ、その特定資産の譲渡等を受ける事業者において、特定課税仕入れとして消費税を納める義務がある旨の表示を行わなければならないこととされています（基通5―8―2）。

　一方で、質問の場合のように、国外事業者がその取引について特定課税仕入れとして消費税を納める義務がある旨の表示を行っていないとしても、その表示の有無は納税義務の成立に影響を及ぼすものではありませんので、その役務の提供が特定課税仕入れ（例えば、事業者向け電気通信利用役務の提供）に該当するものであれば、仕入れた事業者において消費税を納める義務が生じます。

　なお、経過措置により、当分の間は、

① 　一般課税で、かつ、課税売上割合が95％以上の課税期間

② 　簡易課税制度が適用される課税期間

に行った「特定課税仕入れ」はなかったものとして消費税法が適用されますので、「事業者向け電気通信利用役務の提供」を受けた場合に、リバースチャージ方式により申告を行う必要があるのは、一般課税により申告を行う事業者で、その課税期間の課税売上割合が95％未満の事業者に限られます（平成27年改正法附則42、44②）。

17　地方消費税

地方消費税の概要

地方消費税は、社会保障4経費を含む
社会保障施策に関する経費に充てられる
地方税です。

1　課税の対象

地方消費税の課税の対象は消費税と同一です。

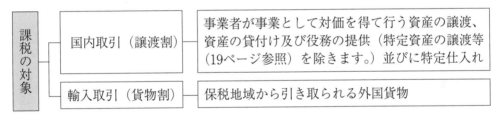

課税の対象	国内取引（譲渡割）	事業者が事業として対価を得て行う資産の譲渡、資産の貸付け及び役務の提供（特定資産の譲渡等（19ページ参照）を除きます。）並びに特定仕入れ
	輸入取引（貨物割）	保税地域から引き取られる外国貨物

2　納税義務者

地方消費税の納税義務者は消費税の納税義務者と同一です。

消費税の納税義務者	➡	地方消費税の納税義務者

3　課税標準

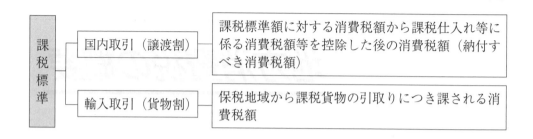

4　税　率

　　地方消費税の税率は、$\dfrac{22}{78}$（消費税率換算で標準税率2.2％、軽減税率1.76％）です（消費税と地方消費税を合わせた税率は標準税率10％、軽減税率8％です。）（地方税法72の83）。

5　税額の計算

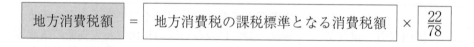

6　申告と納付

　　事業者は、消費税と同一の申告書・納付書により、消費税と併せて地方消費税の申告・納付をすることとなります（地方税法附則9の5、9の6）。

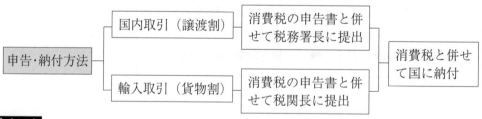

ポイント

○　商品等への転嫁

　　個々の課税資産の譲渡等について、転嫁する消費税額等を計算する場合、商品等の税抜価格（本体価額）に消費税と地方消費税を合わせた税率を掛ければよいこととなります。

18 申告・納付

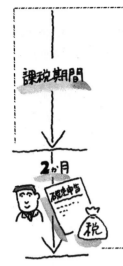

確定申告と その納付の手続

課税事業者は、課税期間の末日の翌日から一定期間内に確定申告書を提出し、その申告に係る消費税額を納付しなければなりません。

1 確定申告書の提出期限等

課税事業者は、次に掲げる区分に応じ、それぞれ一定期間内に確定申告書の提出及び消費税額を納付しなければなりません（法45、49、措法86の４）。

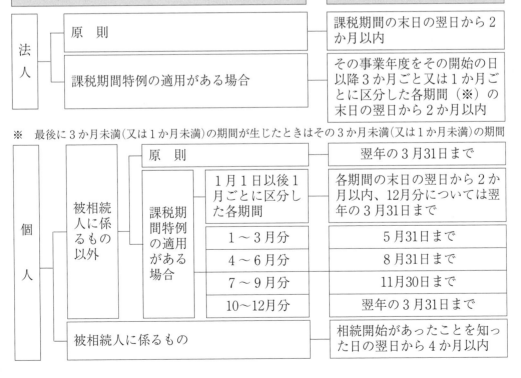

区　　　　　　　　　分			申　告　・　納　付　期　限
法人	原　則		課税期間の末日の翌日から２か月以内
	課税期間特例の適用がある場合		その事業年度をその開始の日以降３か月ごと又は１か月ごとに区分した各期間（※）の末日の翌日から２か月以内

※　最後に３か月未満（又は１か月未満）の期間が生じたときはその３か月未満（又は１か月未満）の期間

個人	被相続人に係るもの以外	原　則		翌年の３月31日まで
		課税期間特例の適用がある場合	１月１日以後１月ごとに区分した各期間	各期間の末日の翌日から２か月以内、12月分については翌年の３月31日まで
			１～３月分	５月31日まで
			４～６月分	８月31日まで
			７～９月分	11月30日まで
			10～12月分	翌年の３月31日まで
	被相続人に係るもの			相続開始があったことを知った日の翌日から４か月以内

（注1）　申告・納付期限が日曜日、国民の祝日、その他一般の休日又は土曜日に当たるときは、これらの日の翌日が、申告・納付期限になります（通則法10②、通則令2②）。
（注2）　申告期限の延長については、災害等を受けた場合の申告期限の延長制度があります（通則法11）。
（注3）　「法人税の申告期限の延長の特例」（法法75の2）の適用を受ける法人が、消費税申告期限延長届出書を提出した場合には、その提出をした日の属する事業年度以後の各事業年度終了の日の属する課税期間に係る消費税の確定申告の期限を1か月延長することができます（法45の2）。ただし、この場合であっても納期限は延長されないため、その延長された期間に係る利子税も併せて納付することとなります。

2　確定申告書の記載事項

確定申告書には次の事項を記載します。

イ　申告者の住所、氏名等

ロ　課税資産の譲渡等に係る課税標準である金額の合計額及び特定課税仕入れに係る課税標準である金額の合計額並びにそれらの合計額（ハにおいて「課税標準額」といいます。）

ハ　課税標準額に対する消費税額

ニ　ハに掲げる消費税額から控除されるべき消費税額（仕入れに係る消費税額、売上げに係る対価の返還等の金額に係る消費税額、特定課税仕入れに係る対価の返還等を受けた金額に係る消費税額、貸倒れに係る消費税額）の合計額

ホ　ハに掲げる消費税額からニに掲げる消費税額の合計額を控除した残額に相当する消費税額又は控除しきれない場合の控除不足額

ヘ　中間申告を行っている場合は、ホに掲げる消費税額から中間納付額を控除した残額に相当する消費税額又は控除しきれない場合の控除不足額

ト　ロ〜ヘに掲げる金額の計算の基礎となるその他の事項

3　書類の添付

確定申告書には、課税期間中の資産の譲渡等の対価の額及び課税仕入れ等の税額等に関する明細その他の事項を記載した書類を添付する必要があります。

(1) 一般申告の場合

　　イ　税率別消費税額計算表兼地方消費税の課税標準となる消費税額計算表
　　　（一般用）

　　ロ　課税売上割合・控除対象仕入税額等の計算表（一般用）

　　ハ　消費税の還付申告に関する明細書（個人事業者用）（法人用）(注)

　　ニ　その他参考となるべき事項

　　(注)　控除不足還付税額のある還付申告書を提出する場合に添付が必要になります。

(2) 簡易課税制度による申告の場合

　　イ　税率別消費税額計算表兼地方消費税の課税標準となる消費税額計算表
　　　（簡易用）

　　ロ　控除対象仕入税額等の計算表

　　ハ　その他参考となるべき事項

4　e-Tax による申告の特例

　　次に掲げる法人が行う法人税等及び消費税等の申告は、添付書類（消費税等の申告の場合は「付表」など。）も含めて、e-Tax（電子情報処理組織）により提出しなければならないこととされています（法46の2）。

法人税等	内国法人のうち、事業年度開始の時における資本金の額又は出資金の額が1億円を超える法人、相互会社、投資法人及び特定目的会社
消費税等	上記に掲げる法人に加え、国及び地方公共団体（地方公営企業を含む。）

ポイント

○　課税資産の譲渡等及び特定課税仕入れがない場合又は課税資産の譲渡等の全てが免税の対象となる場合で、かつ、納めるべき消費税額がないときは、申告義務はありません。

中間申告とその納付の手続

課税事業者は、直前の課税期間（1年の場合）の確定消費税額が4,800万円を超える場合は年11回、400万円を超え4,800万円以下の場合は年3回、48万円を超え400万円以下の場合は年1回、それぞれ中間申告納付を行わなければなりません。

1　中間申告

課税事業者は、直前の課税期間の確定消費税額(注)に応じて、それぞれ次により中間申告納付を行わなければなりません（法42、48）。

(1)　直前の課税期間の確定消費税額(注)が4,800万円超の3月決算法人の場合

区分	中間申告税額の計算	申告・納付期限
4月分	課税期間開始の日以後2か月を経過した日の前日までに確定した直前の課税期間の消費税額 × $\frac{1}{\text{直前の課税期間の月数（12か月）}}$	課税期間開始の日以後2か月を経過した日から2か月以内（7月末）
5月分	課税期間開始の日以後2か月を経過した日の前日までに確定した直前の課税期間の消費税額 × $\frac{1}{\text{直前の課税期間の月数（12か月）}}$	課税期間開始の日以後2か月を経過した日から2か月以内（7月末）
6月分	課税期間開始の日以後3か月を経過した日の前日までに確定した直前の課税期間の消費税額 × $\frac{1}{\text{直前の課税期間の月数（12か月）}}$	課税期間開始の日以後3か月を経過した日から2か月以内（8月末）
≀	≀	
1月分	課税期間開始の日以後10か月を経過した日の前日までに確定した直前の課税期間の消費税額 × $\frac{1}{\text{直前の課税期間の月数（12か月）}}$	課税期間開始の日以後10か月を経過した日から2か月以内（3月末）

2月分	課税期間開始の日以後11か月を経過した日の前日までに確定した直前の課税期間の消費税額 × $\dfrac{1}{\text{直前の課税期間の月数}（12か月）}$	課税期間開始の日以後11か月を経過した日から2か月以内（4月末）

(2) 直前の課税期間の確定消費税額㊟が4,800万円超の個人事業者の場合

区分	中 間 申 告 税 額 の 計 算	申告・納付期限
1月分	課税期間開始の日以後3か月を経過した日の前日までに確定した直前の課税期間の消費税額 × $\dfrac{1}{\text{直前の課税期間の月数}（12か月）}$	課税期間開始の日以後3か月を経過した日から2か月以内（5月末）
2月分	課税期間開始の日以後3か月を経過した日の前日までに確定した直前の課税期間の消費税額 × $\dfrac{1}{\text{直前の課税期間の月数}（12か月）}$	課税期間開始の日以後3か月を経過した日から2か月以内（5月末）
3月分	課税期間開始の日以後3か月を経過した日の前日までに確定した直前の課税期間の消費税額 × $\dfrac{1}{\text{直前の課税期間の月数}（12か月）}$	課税期間開始の日以後3か月を経過した日から2か月以内（5月末）
4月分	課税期間開始の日以後4か月を経過した日の前日までに確定した直前の課税期間の消費税額 × $\dfrac{1}{\text{直前の課税期間の月数}（12か月）}$	課税期間開始の日以後4か月を経過した日から2か月以内（6月末）
10月分	課税期間開始の日以後10か月を経過した日の前日までに確定した直前の課税期間の消費税額 × $\dfrac{1}{\text{直前の課税期間の月数}（12か月）}$	課税期間開始の日以後10か月を経過した日から2か月以内（12月末）
11月分	課税期間開始の日以後11か月を経過した日の前日までに確定した直前の課税期間の消費税額 × $\dfrac{1}{\text{直前の課税期間の月数}（12か月）}$	課税期間開始の日以後11か月を経過した日から2か月以内（1月末）

(3) 直前の課税期間の確定消費税額⒡が400万円超4,800万円以下の場合

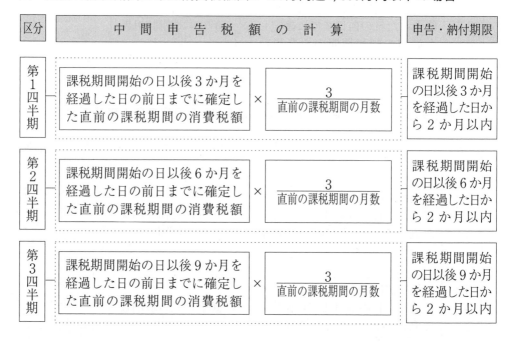

区分	中 間 申 告 税 額 の 計 算		申告・納付期限
第1四半期	課税期間開始の日以後3か月を経過した日の前日までに確定した直前の課税期間の消費税額 ×	$\dfrac{3}{\text{直前の課税期間の月数}}$	課税期間開始の日以後3か月を経過した日から2か月以内
第2四半期	課税期間開始の日以後6か月を経過した日の前日までに確定した直前の課税期間の消費税額 ×	$\dfrac{3}{\text{直前の課税期間の月数}}$	課税期間開始の日以後6か月を経過した日から2か月以内
第3四半期	課税期間開始の日以後9か月を経過した日の前日までに確定した直前の課税期間の消費税額 ×	$\dfrac{3}{\text{直前の課税期間の月数}}$	課税期間開始の日以後9か月を経過した日から2か月以内

(4) 直前の課税期間の確定消費税額⒡が48万円超400万円以下の場合

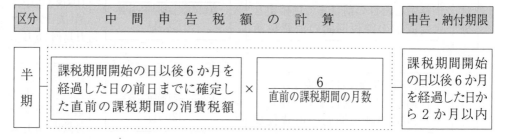

区分	中 間 申 告 税 額 の 計 算		申告・納付期限
半期	課税期間開始の日以後6か月を経過した日の前日までに確定した直前の課税期間の消費税額 ×	$\dfrac{6}{\text{直前の課税期間の月数}}$	課税期間開始の日以後6か月を経過した日から2か月以内

(注) 確定消費税額とは、中間申告対象期間の末日までに確定した消費税の年税額のことをいい、地方消費税は含みません。

ポイント

○ 課税期間が3か月を超える法人は中間申告が必要となります。例えば、課税期間が6か月の法人の場合、直前の課税期間の確定消費税額が200万円超2,400万円以下となるときには、その税額の6分の3をその課税期間開始の日以後3か月を経過した日から2か月以内に中間申告・納付することとなります（法42④）。

○　課税期間の特例の適用を受ける事業者は、直前の課税期間の確定消費税額に
かかわらず、中間申告を行う必要はありません。

○　中間申告をすべき事業者が、その中間申告書をその提出期限までに提出しな
い場合には、直前の課税期間の確定消費税額に基づいて算出した消費税額及び
地方消費税額を記載した中間申告書の提出があったものとみなされます（法
44）。

2　仮決算をした場合の中間申告

　1により中間申告を提出すべき事業者が、上記1の区分をそれぞれ一課税期
間（中間申告対象期間）とみなして仮決算を行い、課税標準額に対する消費税
額等を計算した場合には、これらの金額により中間申告をすることができます。

　この場合の中間申告書には、その中間申告対象期間中の資産の譲渡等の対価
の額及び課税仕入れ等の税額の明細その他の事項を記載した書類を添付する必
要があります（法43）。

　なお、仮決算による中間申告書を期限後に提出することはできません。

ポイント

○　仮決算による中間申告書を提出する場合に、その中間申告税額がマイナスと
なった場合であっても、中間申告において還付を受けることはできません（基
通15―1―5）。この場合の中間申告税額は零円となります。

　なお、仮決算の結果、中間申告税額がマイナスとなった場合であっても、中
間申告書を提出しない場合には、直前の課税期間の確定消費税額に応じて、1
か月、3か月または6か月相当額による中間申告書の提出があったものとみな
されます（基通15―1―6）。

3　任意の中間申告制度

　直前の課税期間の確定消費税額が48万円以下の中間申告義務のない事業者が、
「任意の中間申告書を提出する旨の届出書」を納税地の所轄税務署長に提出し
た場合には、その届出書を提出した日以後にその末日が最初に到来する6月中

間申告対象期間から、自主的に中間申告・納付することができます。

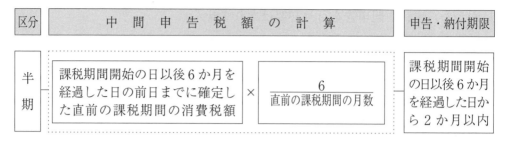

区分	中 間 申 告 税 額 の 計 算		申告・納付期限
半期	課税期間開始の日以後6か月を経過した日の前日までに確定した直前の課税期間の消費税額	$\times \dfrac{6}{\text{直前の課税期間の月数}}$	課税期間開始の日以後6か月を経過した日から2か月以内

ポイント

○　任意の中間申告制度を適用した場合、6月中間申告対象期間の末日の翌日から2か月以内に、所定の事項を記載した中間申告書を納税地の所轄税務署に提出するとともに、その申告に係る消費税額及び地方消費税額を納付する必要があります（法42⑧）。

○　「任意の中間申告書を提出する旨の届出書」を提出した事業者が中間申告書をその提出期限までに提出しなかった場合には、6月中間申告対象期間の末日に、「任意の中間申告書を提出することの取りやめ届出書」の提出があったものとみなされます（法42⑪）。

　　なお、中間申告義務のある直前の課税期間の確定消費税額が48万円超の事業者が中間申告書をその提出期限までに提出しない場合には、中間申告書の提出があったものとみなすこととされていますが、任意の中間申告制度の場合、中間申告書の提出があったものとみなされませんので、中間納付することはできないこととなります（基通15―1―6㊟）。

○　任意の中間申告制度を適用する場合でも、仮決算を行って計算した消費税額等により中間申告・納付することができます（法42⑧、43①）。

還付を受けるための申告

確定申告の義務が免除される課税事業者であっても、仕入れに係る消費税額等の控除不足により還付金が生じるときは、還付申告書を提出することができます。

　課税事業者であっても、その課税期間において、国内における課税資産の譲渡等及び特定課税仕入れがない場合又は課税資産の譲渡等の全てが免税の対象となる場合で、かつ、納付すべき消費税額がないときは、確定申告の義務が免除されます。この場合でも、仕入れに係る消費税額の控除不足により還付金が生じる場合（中間納付税額の控除不足税額による還付金が生じる場合を含みます。）には、還付申告書を提出して還付を受けることができます（法46①、52①）。

`ポイント`

○　還付申告書についても、その課税期間中の資産の譲渡等の対価の額及び課税仕入れ等の税額の明細その他の事項を記載した書類を添付しなければなりません（法46③、規則22②）。

○　仕入れに係る消費税額の控除不足還付税額のある還付申告書を提出する場合は、上記添付書類のほか、「消費税の還付申告に関する明細書」を添付しなければなりません（規則22③）。

○　還付申告書を提出できるのは、納税義務が免除されていない事業者に限られます。免税事業者が還付申告書を提出しようとするときには、原則として、その還付を受けようとする課税期間の開始の日の前日までに「消費税課税事業者選択届出書」を所轄税務署長へ提出しておく必要があります（59ページ参照）。

輸入取引に係る申告と納付

課税貨物を保税地域から引き取る者は、その引取りの時までに税関長へ申告書を提出し、引取りに係る消費税額を納付しなければなりません。

1　引取りに係る課税貨物についての申告

引取りに係る課税貨物についての消費税の申告は、関税法第67条《輸出又は輸入の許可》に規定する輸入申告に併せて税関長へ行うこととなります（法47①、基通15―4―1）。

(注)　保税地域から課税貨物を引き取る者については、国内取引における小規模事業者に係る納税義務の免除の規定は適用されません。

2　引取りに係る課税貨物についての納期限の延長

課税貨物を保税地域から引き取る者は、原則としてその引取りの時までに消費税額を納付しなければなりませんが、次により納期限の延長が認められます（法50①、51）。

(1)　保税地域から引き取ろうとする課税貨物に係る申告ごとに納期限の延長を認めるもので、引き取ろうとする都度、納期限の延長を申請し、かつ、担保を提供することにより最長3か月間延長することができます（個別延長方式）。

(2)　特定月における課税貨物に係る申告税額の全てについて包括して納期限の延長を認めるもので、課税貨物を引き取る者は、その特定月の前月末日までに納期限の延長の承認を受け、かつ、担保を提供することにより担保の額の範囲内の消費税額につき最長3か月間延長することができます（包括延長方式）。

(3)　消費税法第47条第3項に規定する特例申告を行う場合において納期限の延長を認めるもので、特例申告書の提出期限までに、納期限の延長を申請し、

かつ、担保を提供することにより担保の額の範囲内において最長2か月間延長することができます（特例申告書を提出した場合）。

19　納税地

納税地はどこか

国内取引に係る納税地は、事業者の住所地や本店の所在地です。

また、保税地域から引き取られる外国貨物に係る納税地は、その保税地域の所在地です。

1　国内取引の納税地

「納税地」とは、個人事業者及び法人の区分に応じ、次のようになります（法20、22、令42、43）。

(1)　個人事業者の納税地

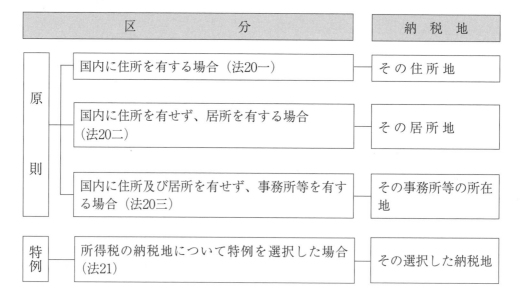

区　　　　　　　　分		納　税　地
原則	国内に住所を有する場合（法20一）	その住所地
	国内に住所を有せず、居所を有する場合（法20二）	その居所地
	国内に住所及び居所を有せず、事務所等を有する場合（法20三）	その事務所等の所在地
特例	所得税の納税地について特例を選択した場合（法21）	その選択した納税地

ポイント

○　個人事業者が死亡した場合のその死亡した個人事業者の納税地は、その相続

人の納税地ではなく、死亡当時の被相続人の納税地とされています（法21④）。

(2)　法人の納税地

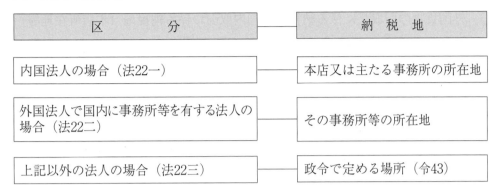

区　　　分	納　税　地
内国法人の場合（法22一）	本店又は主たる事務所の所在地
外国法人で国内に事務所等を有する法人の場合（法22二）	その事務所等の所在地
上記以外の法人の場合（法22三）	政令で定める場所（令43）

(3)　納税地の指定

消費税及び地方消費税の納税地として、その事業者の行う資産の譲渡等の状況からみて不適当であると認められる場合には、その納税地の所轄国税局長又は国税庁長官は納税地を指定することができます（法23）。

(4)　法人の納税地に異動があった場合

法人の納税地に異動があった場合には、遅滞なく異動前の納税地の所轄税務署長に対し、納税地の異動があった旨その他所定の事項を記載した届出書を提出しなければなりません（法25）。

ポイント

○　法人が合併した場合に、被合併法人のその合併の日後における納税地は、合併法人の納税地となります（基通2―2―2）。

○　令和5年1月1日以後の個人事業者の納税地の異動については、当該届出書の提出が不要となりました。

2　輸入取引の納税地

保税地域から引き取られる外国貨物に係る納税地は、その保税地域の所在地

となります（法26）。

ポイント

○　外国貨物の引取りに係る納税地を国内取引に係る納税地（本店所在地等）と
　同一にすることはできません。

20 災害等や新型コロナウイルス感染症の影響を受けている方に対する特例

災害等の影響を受けている方に対する特例

災害等が生じたことにより被害を受けた事業者や、新型コロナウイルス感染症の影響を受けている事業者で一定の要件を満たす方については、届出等に関する特例が設けられています。

1 「消費税課税事業者選択届出書」等の届出に関する特例

　課税事業者となることを選択しようとする事業者が、天災、火災、人的災害等のやむを得ない事情があるため、その適用を受けようとする課税期間の初日の前日までに消費税課税事業者選択届出書を提出できなかった場合において、その適用を受けようとする課税期間の初日の年月日及び課税期間の初日の前日までに提出できなかった事情等を記載した「消費税課税事業者選択（不適用）届出に係る特例承認申請書」を所轄税務署長に提出し、承認を受けたときは、その適用を受けようとする課税期間の初日の前日に提出したものとみなされます（法9⑨、令20の2）。

　なお、課税事業者を選択している事業者が、その選択をやめようとする場合に提出する消費税課税事業者選択不適用届出書についても、その提出に当たりやむを得ない事情がある場合は、同様の取扱いがあります。

○ この特例の適用を受けようとする場合には、災害等のやむを得ない事情がやんだ日から2か月以内に特例承認申請書を所轄税務署長に提出する必要があります（基通1―4―17）。

なお、「やむを得ない事情」とは、震災、風水害、雪害、凍害、落雷、雪崩、がけ崩れ、地滑り、火山の噴火等の天災又は火災その他の人的災害で自己の責任によらないものに基因する災害及びこれらに準ずる状況等をいい、単に課税事業者選択届出書等の提出を失念した場合は含まれません（基通1―4―16）。

2 消費税簡易課税制度選択（不適用）届出書の提出に係る特例

やむを得ない事情（注1）があるため、その適用を受けようとする、又はその適用を受けることをやめようとする課税期間の初日の前日までに消費税簡易課税制度選択（不適用）届出書の提出ができなかった場合において、納税地の所轄税務署長の承認を受けたときは、その課税期間の初日の前日に届出書を提出したものとみなされます（法37⑧、令57の2①②）。

これにより、その課税期間から簡易課税制度の選択をし、又は選択をやめることができることになります（注2）。

当該特例を受けるためには、消費税簡易課税制度選択（不適用）届出に係る特例承認申請書と併せて、消費税簡易課税制度選択（不適用）届出書を提出する必要があります（令57の2③）。

（注1）「やむを得ない事情」とは、震災、風水害、雪害、凍害、落雷、雪崩、がけ崩れ、地すべりなどに基因する災害や、これらの災害に準ずるような状況又は事業者の責めに帰することができない状態が生じたことなどにより、届出書の提出ができない状態になったと認められる場合をいいます（基通13―1―5の2）。

（注2）簡易課税制度を選択した事業者は、選択後2年間は簡易課税制度の選択を取りやめることはできません（法37⑥）。

3 災害等による簡易課税制度の適用（不適用）届出書の提出に係る特例

災害その他やむを得ない理由(注)が生じたことにより被害を受けた事業者が、

当該被害を受けたことにより、災害等の生じた日の属する課税期間等について、簡易課税制度の適用を受けることが必要となった場合、又は受けることの必要がなくなった場合には、申請書を災害その他やむを得ない理由がやんだ日から2月以内に納税地の所轄税務署長に提出し、その承認を受けることにより、災害等の生じた日の属する課税期間等の初日の前日に消費税簡易課税制度選択（不適用）届出書を提出したものとみなされます（法37の2）。

　これにより、その課税期間から、簡易課税制度の適用を受けること又はやめることができます。

　当該特例を受けるためには、災害等による消費税簡易課税制度選択（不適用）届出に係る特例承認申請書と併せて、消費税簡易課税制度選択（不適用）届出書を提出する必要があります。

㊟　「災害その他やむを得ない理由」とは、次のものをいいます（基通13―1―7）。
- 地震、暴風、豪雨、豪雪、津波、落雷、地すべりその他の自然現象の異変による災害
- 火災、火薬類の爆発、ガス爆発、その他の人為による異常な災害
- 上記に掲げる災害に準ずる自己の責めに帰さないやむを得ない事実

4　特定非常災害の被災事業者に係る消費税の届出等に関する特例

　特定非常災害（注1）の被災事業者（注2）が、その被害を受けたことによって、被災日（注3）を含む課税期間以後の課税期間について、課税事業者を選択しようとする（若しくはやめようとする）場合又は簡易課税制度の適用を受けようとする（若しくはやめようとする）場合には、指定日（注4）までに所轄税務署長にこれらの選択をしようとする（又はやめようとする）旨の届出書を提出することにより、その適用を受けること（又はやめること）ができます（措法86の5①②⑩⑪）。

　また、課税事業者となることを選択した事業者が、課税事業者となった日から2年を経過する日までの間に開始した各課税期間中に調整対象固定資産を取得し、その取得した課税期間の確定申告を一般課税で行う場合には、原則として、一定期間、課税事業者選択不適用届出書及び簡易課税制度選択届出書の提出ができません（60ページ参照）が、災害特例により、被災事業者（被災日前

— 223 —

又は指定日前までに消費税課税事業者選択届出書を提出した事業者に限ります。）は、被災日の属する課税期間以後の課税期間から、これらの届出書を提出することができます（措法86の5②③⑪）。

（注1）「特定非常災害」とは、特定非常災害の被害者の権利利益の保全等を図るための特別措置に関する法律第2条第1項の規定により特定非常災害として指定された非常災害をいいます。

（注2）「被災事業者」とは、特定非常災害に係る国税通則法第11条の規定により申告期限等が延長されることとなる地域に納税地を有する事業者のほか、その他の地域に納税地を有する事業者のうち特定非常災害により被災した事業者も該当します。

（注3）「被災日」とは、事業者が特定非常災害により被災事業者となった日をいいます。

（注4）「指定日」とは、特定非常災害の状況及び特定非常災害に係る国税通則法第11条の規定による申告に関する期限の延長の状況を勘案して国税庁長官が定める日となります。

5 特定非常災害に係る納税義務の免除特例等の制限の解除

①　新設法人又は特定新規設立法人が被災事業者となった場合㊟には、被災日の属する課税期間以後の課税期間については、納税義務の免除の特例に係る制限規定、又は簡易課税制度の適用制限規定は適用されません（措法86の5④⑦）。

②　被災事業者が、被災日前に高額特定資産の仕入れ等を行った場合に該当していた場合又は被災日から指定日以後2年を経過する日の属する課税期間の末日までの間に高額特定資産の仕入れ等を行った場合に該当することとなった場合㊟には、被災日の属する課税期間以後の課税期間については、納税義務の免除の特例に係る制限規定、又は簡易課税制度の適用制限規定は適用されません（措法86の5⑤⑧）。

③　被災事業者が、被災日前に高額特定資産である棚卸資産等について、消費税法第36条第1項又は第3項の規定（免税事業者が課税事業者となった場合の調整等）の適用を受けた場合又は被災日から指定日以後2年を経過する日の属する課税期間の末日までの間に当該資産等についてこれらの規定の適用を受けた場合㊟には、被災日の属する課税期間以後の課税期間については、

納税義務の免除の特例に係る制限規定、又は簡易課税制度の適用制限規定は適用されません（措法86の5⑥⑨）。

㈨　国税通則法第11条の規定の適用を受けた者でない場合には、所定の届出書の提出が必要です。

21 届出・許可・承認関係

《届出関係》

(1) 消費税課税事業者届出書（第3号様式）

基準期間が免税事業者であった場合の課税売上高

> 問 令和3年分において消費税の免税事業者であった個人事業者の、令和5年分の納税義務の有無を判定する場合は、基準期間である令和3年分の課税売上高はいわゆる「税抜処理」をした後の金額が1,000万円を超えるかどうかにより判定するのですか。

答 いわゆる「税抜処理」を行わない金額（総額）により判定する必要があります。

基準期間である課税期間において免税事業者であった事業者の売上げには消費税が課されていませんので、その事業者の基準期間における課税売上高の算定に当たっては、免税事業者であった基準期間である課税期間中に国内において行った課税資産の譲渡等に伴って収受し、又は収受すべき金銭等の全額がその免税事業者のその基準期間における課税売上高となります（基通1─4─5）。

決算期を変更した場合の基準期間

> 問 当社は従来9月に決算を行っていましたが、令和5年3月に決算期を3月に変更しました。この場合、令和5事業年度（令和5年4月1日～令和6年3月31日）の基準期間は、変更前の事業年度に関係なく、新事業年度を基準として令和3年4月1日～令和4年3月31日ということになりますか。
>
> また、令和6事業年度（令和6年4月1日～令和7年3月31日）の基準期間はいつになりますか。また、課税売上高はどうなりますか。

答

① 法人の場合の基準期間は、前々事業年度が1年未満でない限り、事業年度を単位として、2期前にさかのぼった事業年度ということになります。3月決算法人の場合、令和5事業年度の基準期間は前々事業年度、つまり、令和3事業年度（通常 令和3年4月1日～令和4年3月31日）がその基準期間となりますが、質問の場合のように、前期以前の事業年度の期間が異なる場合であって

も、その課税期間からさかのぼった前々事業年度が基準期間となります。したがって、質問の法人の令和5事業年度の基準期間は、事業年度を変更する前の令和3事業年度（令和3年10月1日～令和4年9月30日）がその基準期間となります。

② 令和6事業年度（令和6年4月1日～令和7年3月31日）については、その前々事業年度（令和4事業年度　令和4年10月1日～令和5年3月31日）は決算期の変更を行ったため1年未満となっています。このような場合の基準期間は、その事業年度の開始の日の2年前の日の前日からその日以後1年を経過する日までの間に開始した各事業年度を合わせた期間であるとされています。

　質問の例の場合、令和6事業年度の開始の日の2年前の日である令和4年4月2日の前日、つまり令和4年4月1日から1年を経過する日である令和5年3月31日までの間に開始した各事業年度を合わせた期間となります。

　そうすると、この令和4年4月1日から令和5年3月31日までの間に開始した事業年度は令和4事業年度のみということになり、結局、令和6事業年度の基準期間は令和4事業年度（令和4年10月1日～令和5年3月31日）の6か月ということになります。

③ 上記②のように基準期間が1年でない場合（12か月を超える場合も含まれます。）の課税売上高は、その基準期間中の課税売上高（売上げに係る対価の返還等の金額を控除した金額（いずれも税抜き））をその基準期間に含まれる事業年度の月数の合計数で除し、これに12を乗じて1年分に換算した金額になります。したがって、質問の場合は、令和4事業年度の課税売上高を6月で除し、これに12月を乗じて計算した金額が令和6事業年度に係る基準期間における課税売上高になります。

(2) 消費税の新設法人に該当する旨の届出書（第10−(2)号様式）

新設法人の範囲

> 問 設立当初の2年間について納税義務が免除されない資本金の額又は出資の金額が1,000万円以上である法人とは、法人税法第2条第9号（定義）に規定する普通法人のみが対象となるのでしょうか。

答 株式会社、有限会社等の普通法人に限らず、農業協同組合や出資を受け入れることとしている社団法人、財団法人、公共法人、地方公営企業等も対象となり

ます。

　ただし、社会福祉法人は対象外となります。

消費税の新設法人に該当する旨の届出書の提出省略の可否

> **問**　法人を設立した場合は、法人税法上、法人設立届出書を提出しますが、「消費税の新設法人に該当する旨の届出書」も別途提出しなければならないのでしょうか。

答　法人税法第148条（内国普通法人等の設立の届出）の規定による法人設立届出書の提出があった場合において、その法人設立届出書に①消費税の新設法人に該当する旨及び②消費税の新設法人に該当する旨の届出書への記載事項を記載することにより「消費税の新設法人に該当する旨の届出書」の提出があったものとして取り扱われます（基通1―5―20）。

設立2年目からの新設法人に係る納税義務の免除の特例措置の適用

> **問**　設立後2年目になってから新設法人に係る納税義務の免除の特例措置が適用されることはありますか。

答　新設法人に係る納税義務の免除の特例措置が設立後2年目になってから適用されることがあります。

　例えば、資本金1,000万円未満で設立された株式会社が設立事業年度中に増資して資本金1,000万円以上となった場合には、設立事業年度については新設法人に係る納税義務の免除の特例措置は適用されませんが、事業年度開始の日における資本金が1,000万円以上となった設立2年目の事業年度についてはこの特例措置の適用があります。この場合、設立2年目の事業年度の納税義務は免除されないことになり、速やかに所轄税務署長に「消費税の新設法人に該当する旨の届出書」（第10-(2)号様式）を提出する必要があります。

設立3年目における届出

> **問**　新設法人も設立3年目には基準期間の課税売上高が計算でき、本来の課税事業者又は免税事業者となりますが、その場合には、届出書の提出が必要でしょうか。

答 法人の設立3年目に基準期間における課税売上高が1,000万円を超えることとなった場合には、「消費税課税事業者届出書（基準期間用）」を提出することとなります。

　また、その課税期間の基準期間における課税売上高が1,000万円以下であっても、特定期間における課税売上高の合計額が1,000万円を超えることとなった場合（特定期間の1,000万円の判定は課税売上高に代えて、給与等支払額の合計額によることも可能です。）には、「消費税課税事業者届出書（特定期間用）」を提出することとなります。

　なお、免税事業者となる場合には、特段の届出書の提出は必要ありません。ただし、資本金額等が1,000万円以上の法人が、法第12条の2第2項に規定する各課税期間中に調整対象固定資産を購入等し、その課税期間について一般課税による申告を行う場合には、その購入等した課税期間の初日から3年を経過する日の属する課税期間までは課税事業者となり、一般課税による申告が必要となります。

（注1）　基準期間における課税売上高及び特定期間における課税売上高等が1,000万円以下であることから設立3年目は免税事業者となる事業者が、課税仕入れ等に係る消費税額の控除不足額について還付を受けるため、課税事業者となることを選択しようとする場合には設立2年目の課税期間の末日までに「消費税課税事業者選択届出書」を提出する必要があります。

（注2）　「調整対象固定資産」とは、棚卸資産以外の資産で、消費税等相当額を除いた金額が100万円以上のものをいいます（159ページ参照）。

(3)　消費税課税事業者選択届出書（第1号様式）

消費税課税事業者選択届出書の提出を失念した場合

> **問**　法人の令和5事業年度（令和5年4月1日〜令和6年3月31日）から課税事業者を選択しようと思っていましたが、令和5年3月31日までに消費税課税事業者選択届出書を提出することを忘れていました。なんとかなりませんか。

答　消費税課税事業者選択届出書については、適用を受けようとする課税期間の初日の前日までに提出する必要があります。

　しかし、やむを得ない事情があるため消費税課税事業者選択届出書を提出期限までに提出できなかった場合には、やむを得ない事情がやんだ日から2か月以内に「消費税課税事業者選択届出に係る特例承認申請書」を提出し、税務署長の承

認を受けることにより、この届出書は提出期限までに提出したものとみなされます。

　この場合の「やむを得ない事情」の範囲は、災害又はこれに準ずるような状況や事業者の責めに帰すことができない状況になった場合などであり、単に届出書の提出を忘れていたような場合は、やむを得ない事情には該当しません（詳細は《承認関係》の「(2)　消費税課税事業者選択（不適用）届出に係る特例承認申請書」の項（240ページ）を参照）。

課税事業者となるための届出の手続

> 問　当社（3月決算法人、資本金300万円）は、令和5年9月1日に設立し、令和6年3月決算（設立1期目）から課税事業者となりたいのですが、いつまでに、どのような手続をすればよいですか。

答　免税事業者が課税事業者になるためには、原則として適用を受けようとする課税期間の初日の前日までに「消費税課税事業者選択届出書」を税務署長に提出する必要があります。

　ただし、事業を開始した課税期間（法人の設立の日の属する課税期間）から課税事業者となることを選択しようとする場合には、その課税期間の末日（令和6年3月31日）までに消費税課税事業者選択届出書を提出すればよいこととされています。

(4)　消費税課税期間特例選択・変更届出書（第13号様式）
課税期間の短縮についての届出の効力発生時期

> 問　課税期間の短縮についての届出を行った場合、いつから適用されるのですか。

答　課税期間を3か月（又は1か月）に短縮するために消費税課税期間特例選択・変更届出書を提出した場合、その届出の効力は、その届出書を提出した日の属する3か月（又は1か月）単位の期間の翌期間から適用されます。

　この場合、その適用を受けるまでの期間が一課税期間とみなされます。したがって、例えば3月決算の法人が9月30日に課税期間を3か月に短縮するための「消費税課税期間特例選択・変更届出書」を提出した場合、その届出書を提出した日

の属する事業年度においては、それぞれ次の期間が一の課税期間となります。

① 当年4月1日から9月30日まで

② 当年10月1日から12月31日まで

③ 翌年1月1日から3月31日まで

　また、例えば3月決算の法人が、課税期間を1か月に短縮するための消費税課税期間特例選択・変更届出書を9月30日に提出した場合には、10月1日から1か月ごとの課税期間となります。

課税期間を原則に戻す場合の手続

> 問 　課税期間短縮の適用を受けていた事業者が、原則的な課税期間に戻す場合にはどうすればよいですか。

答 　「消費税課税期間特例選択不適用届出書」を所轄税務署長に提出することにより、その提出した日の属する短縮課税期間の翌課税期間から原則的な課税期間に戻すことができます。

(注) 　3か月（又は1か月）ごとの課税期間の短縮の特例を受けている事業者が、消費税課税期間特例選択不適用届出書を提出したときは、その提出した日の属する短縮課税期間の末日の翌日以後は、既に提出されていた消費税課税期間特例選択・変更届出書の効力が失われ、課税期間短縮の特例の適用はないことになります。

　この場合、課税期間短縮の特例の適用がないこととなる最初の課税期間については、消費税課税期間特例選択不適用届出書を提出した日の属する短縮課税期間の末日の翌日からその年12月31日まで（法人にあっては事業年度の末日まで）が一の課税期間とみなされます。したがって、例えば、3か月の課税期間短縮の特例の適用を受けていた3月決算法人（事業年度　4月1日から翌年3月31日まで）が、8月30日に消費税課税期間特例選択不適用届出書を提出した場合、その届出書を提出した日の属する事業年度においては、それぞれ次の期間が一の課税期間となります。

① 　4月1日から6月30日まで

② 　7月1日から9月30日まで

③ 　10月1日から翌年3月31日まで

　なお、消費税課税期間特例選択・変更届出書を提出した日以後2年以内は、その消費税課税期間特例選択不適用届出書を提出することはできないこととされています。

課税期間の特例の短縮期間を変更する場合の手続等

> **問** 　3か月（又は1か月）ごとの課税期間の短縮の特例を受けている事業者が、1か月（又は3か月）ごとの特例に変更する場合にはどうすればよいのですか。

答　消費税課税期間特例選択・変更届出書を提出し、3か月を一の課税期間としていた事業者が1か月を一の課税期間とする特例に変更しようとする場合には、「消費税課税期間特例選択・変更届出書」を所轄税務署長に提出することにより、その提出の日の属する年の1月1日以後（法人にあっては、その提出の日の属する事業年度開始の日以後）1か月ごとに区分した期間の翌期間から変更することができます。

　なお、この場合は、変更前の課税期間の初日から変更後の課税期間の開始の日の前日までの期間を一課税期間とみなして確定申告等を行うこととなります。

　また、消費税課税期間特例選択・変更届出書を提出し、1か月を一の課税期間としていた事業者が3か月を一の課税期間とする特例に変更しようとする場合には、「消費税課税期間特例選択・変更届出書」を所轄税務署長に提出することにより、その提出の日の属する年の1月1日以後（法人にあっては、その提出の日の属する事業年度開始の日以後）3か月ごとに区分した期間の翌期間から変更することができます。

（注1）　3か月ごとの課税期間を1か月ごとの課税期間へ変更する場合は、3か月ごとの課税期間の特例届出書の効力が生じた日から2年を経過する日の属する月の初日以後でなければ消費税課税期間特例選択・変更届出書を提出して変更することはできません。

（注2）　1か月ごとの課税期間を3か月ごとの課税期間へ変更する場合は、1か月ごとの課税期間の特例届出書の効力が生じた日から2年を経過する日の属する月の前々月の初日以後でなければ消費税課税期間特例選択・変更届出書を提出して変更することはできません。

(5) 事業廃止届出書（第6号様式）

事業廃止届出書の効力

> **問** 当社（3月決算法人）は、令和5年3月31日をもってこれまで行ってき
> た製造業を廃止し、同日、事業廃止届出書を所轄税務署に提出しました。同
> 年4月1日より清算を開始し、残余財産の分配のため土地建物等の売却を行
> いましたが、令和6年3月期は、既に「事業廃止届出書」を提出しているこ
> とから、申告の必要はないということでよろしいですか。

答 たとえ「事業廃止届出書」を提出していたとしても、国内において課税資産
の譲渡等を行っている限り、納税義務は生じることとなりますので、申告は必要
です。

　ただし、基準期間（令和3年4月1日～令和4年3月31日）の課税売上高及び
特定期間（令和4年4月1日～令和4年9月30日）の課税売上高等が1,000万円
以下の場合には、申告は必要ありません。

事業を廃止した場合の届出書の取扱い

> **問** 消費税課税事業者選択届出書を提出している事業者で、課税期間の特例
> 又は簡易課税制度の適用を受けている者が事業を廃止した場合における届出
> 書の取扱いはどのようになりますか。

答 消費税課税事業者選択不適用届出書、消費税課税期間特例選択不適用届出書
又は消費税簡易課税制度選択不適用届出書のいずれかに事業を廃止する旨の記載
をして提出した場合には、事業廃止届出書の提出があったものとして取り扱われ
ます（基通1―4―15(1)）。

　また、事業廃止届出書の提出があったときは、「消費税課税事業者選択不適用
届出書」、「消費税課税期間特例選択不適用届出書」又は「消費税簡易課税制度選
択不適用届出書」について、事業を廃止することを事由とするそれぞれの不適用
届出書の提出があったものとして取り扱われます（基通1―4―15(2)）。

(6) 消費税簡易課税制度選択届出書（第9号様式）

簡易課税制度選択者が免税事業者となった後、再度課税事業者となった場合

> 問　簡易課税制度を選択していた課税事業者が免税事業者となった後、再度、課税事業者となった場合には、簡易課税と一般課税のいずれにより申告することになりますか。

答　簡易課税制度を選択した後、免税事業者になった場合は、「消費税簡易課税制度選択不適用届出書」を提出していない限り、消費税簡易課税制度選択届出書の効力は存続していますので、その後、再度、課税事業者となった場合には、基準期間における課税売上高が5千万円以下である課税期間については、簡易課税制度を適用して申告することになります（基通13—1—3）。したがって、令和5年分について再度課税事業者になった個人事業者の令和3年分の課税売上高が5千万円以下である場合に、令和5年分について簡易課税でなく一般課税により申告するためには、令和4年12月31日までに消費税簡易課税制度選択不適用届出書を提出する必要があります。

　なお、基準期間における課税売上高が5千万円を超える課税期間については、消費税簡易課税制度選択届出書を提出している場合であっても簡易課税制度の適用はなく、一般課税により申告する必要があります。

消費税簡易課税制度選択届出書及び消費税簡易課税制度選択不適用届出書の提出を失念した場合

> 問　消費税簡易課税制度選択届出書や消費税簡易課税制度選択不適用届出書をそれぞれ適用を受けようとする、又はやめようとする課税期間の初日の前日までに提出するのを忘れていましたが、なんとかなりませんか。

答　消費税簡易課税制度選択届出書については、適用を受けようとする課税期間の初日の前日までに、また、消費税簡易課税制度選択不適用届出書については、適用を受けることをやめようとする課税期間の初日の前日までに提出する必要があります。

　しかし、やむを得ない事情があるためこれらの届出書をその提出の期限までに提出できなかった場合には、やむを得ない事情がやんだ日から2か月以内に消費税簡易課税制度選択（不適用）届出に係る特例承認申請書を提出し、税務署長の

承認を受けることにより、この届出書はその提出の期限までに提出されたものと
みなされます。

　この場合の「やむを得ない事情」の範囲は、災害又はこれに準じる状況や事業
者の責めに帰すことができない状況になった場合などであり、単に届出書の提出
を忘れていたような場合は、やむを得ない事情には該当しません（詳細は《承認
関係》の「(3)　消費税簡易課税制度選択（不適用）届出に係る特例承認申請書」
の項（241ページ）を参照）。

新設法人における簡易課税制度の選択

> 問　新設法人でも簡易課税制度を選択できることとされていますが、消費税
> 簡易課税制度選択届出書はいつまでに提出すればよいでしょうか。
> ㊟　「新設法人」とは、その事業年度の基準期間がない法人のうち、その事業年度の開
> 　始の日における資本金の額又は出資の金額が1,000万円以上である法人をいい、設立
> 　1期目から課税事業者となります（法12の2①）。

答　設立された法人が設立事業年度から新設法人に該当する場合には、その設立
事業年度中に消費税簡易課税制度選択届出書を提出すれば、その設立事業年度か
ら簡易課税制度の適用を受けることができます。

　また、設立された法人が設立2年目に新設法人に該当することとなった場合に
は、設立事業年度中に当該届出書を提出していなければ、設立2年目について簡
易課税制度の適用を受けることはできません。

㊟　簡易課税制度を適用した場合には、仕組みとして課税仕入れ等に係る消費税額の控除不
　足により還付が生ずるということはありませんから、選択に当たっては、この点に注意し
　てください。

消費税簡易課税制度選択届出書提出後に調整対象固定資産を購入した場合

> 問　消費税法第12条の2第1項に規定する新設法人が、基準期間のない課税
> 期間中に翌課税期間から簡易課税制度の適用を受けることとする「消費税簡
> 易課税制度選択届出書」を提出した後、同一の課税期間中に調整対象固定資
> 産を購入した場合、既に提出している「消費税簡易課税制度選択届出書」の
> 効力はどうなりますか。

答　新設法人が消費税簡易課税制度選択届出書を提出した後、調整対象固定資産

を購入等した場合には、その届出書の提出はなかったものとみなされます（法37④）。したがって、消費税簡易課税制度選択届出書を提出したのと同一の課税期間内に調整対象固定資産を購入等した場合、購入等した課税期間の初日から3年を経過する日の属する課税期間までは、一般課税により申告する必要があります（法37③一）。

　ただし、設立した日（事業を開始した日）の属する課税期間から課税事業者となる場合に、同課税期間中に同課税期間から簡易課税制度の適用を受けるために提出した消費税簡易課税制度選択届出書については消費税法第37条第3項の規定は適用されませんので、設立した日の属する課税期間において調整対象固定資産を購入等したとしても、同課税期間中に「消費税簡易課税制度選択届出書」を提出すれば同課税期間からの簡易課税制度の選択は可能です。

簡易課税制度を採用した場合の効力

> 問　当社は木造建築業を営む3月決算法人です。令和5年3月期の工事高が年間5千万円以下であったので、令和7年3月期は簡易課税制度を選択したいと思います。令和5年3月期以降の売上げが次のようになった場合、令和7年3月期以降の簡易課税制度の適用の可否はどのようになるのでしょうか。
>
> 　なお、消費税簡易課税制度選択届出書は令和4年3月15日に所轄税務署長へ提出しています。
>
> 　　令和5年3月期　　課税売上高5千万円
> 　　令和6年3月期　　課税売上高1.2億円
> 　　令和7年3月期　　課税売上高4千万円
> 　　令和8年3月期　　課税売上高2億円
> 　　令和9年3月期　　課税売上高1億円
> 　　令和10年3月期　課税売上高1.5億円

答　「消費税簡易課税制度選択届出書」を提出した場合には、「消費税簡易課税制度選択不適用届出書」を提出しない限り、その基準期間における課税売上高が5千万円以下である課税期間については、自動的に簡易課税制度の適用を受けることとなり、その基準期間における課税売上高が5千万円以下となった課税期間に改めて消費税簡易課税制度選択届出書を提出する必要はないこととされています（基通13—1—3）。したがって、質問の場合には、令和7年3月期及び令和9年3月期については、その基準期間における課税売上高がそれぞれ5千万円以下で

あるので簡易課税制度を適用して課税仕入れ等に係る消費税額を計算することとなりますが、令和8年3月期及び令和10年3月期については、その基準期間における課税売上高が5千万円を超えるので一般課税により課税仕入れ等に係る消費税額を計算することとなります。

㊟　簡易課税制度の適用を選択している事業者が免税事業者となった場合でも、消費税簡易課税制度選択届出書は効力を有していますので、再び課税事業者となったときには、消費税簡易課税制度選択不適用届出書を提出している場合や、基準期間の課税売上高が5千万円を超えている場合を除き、簡易課税制度を適用して申告を行うことになります。

(7)　消費税異動届出書（第11号様式）

　　事業者の納税地等に異動があったときは、異動事項が発生した後、遅滞なく消費税異動届出書を提出する必要があります。

㊟　納税地の異動の場合は、異動前の納税地を所轄する税務署長に提出してください。

《許可関係》

(1)　輸出物品販売場許可申請書（一般型用）（第20—(1)号様式）
輸出物品販売場で免税販売できる非居住者の範囲

> 問　輸出物品販売場において免税で販売できる非居住者（以下「免税購入対象者」といいます。）には、具体的にはどのような者が該当するのですか。

答　外国旅券又は乗員手帳を有する者で、外国為替及び外国貿易法において非居住者とされる者で、次に掲げる者に対する販売は免税の対象となります。

イ　外国旅券に証印された上陸許可の在留資格（「Status:」）欄に
　①　「短期滞在」と表示されている者
　②　「公用」と表示されている者
　③　「外交」と表示されている者
ロ　外国旅券に「寄港地上陸許可」、「通過上陸許可」の証印を得ている者
ハ　乗員手帳を所持し、「船舶観光上陸許可書」、「乗員上陸許可書」、「緊急上陸許可書」、「遭難による上陸許可書」の交付を受けている者
ニ　日本国籍を有する者であって、国内以外の地域に引き続き2年以上住所又は居所を有することについて、在留証明又は戸籍の附票の写しであって、その者が最後に入国した日から起算して6月前の日以後に作成されたものにより確認

された者

（注1）　在留証明には、「住所（又は居所）を定めた年月日」及び「本籍地の地番」が記載されたものが必要となります。

（注2）　戸籍の附票の写しには、「本籍地の地番」が記載されたものが必要となります。

　なお、イのうち「短期滞在」の在留資格を有する者及びニの者であっても、国内に住所又は居所を有する者、国内にある事務所に勤務している者、入国から6か月以上経過した者等は、免税購入対象者には該当しません。

(2)　輸出物品販売場許可申請書（手続委託型用）（第20—(2)号様式）

一般型輸出物品販売場から手続委託型輸出物品販売場への変更

> **問**　一般型輸出物品販売場としての許可を受けている販売場から手続委託型輸出物品販売場に変更したいと考えていますが、この場合の手続について教えてください。

答　改めて手続委託型輸出物品販売場としての許可を受ける必要があります。

　なお、一般型輸出物品販売場として許可を受けている販売場が手続委託型輸出物品販売場の許可を受けた場合、一般型輸出物品販売場の許可の効力は失われます（一の販売場については、一般型輸出物品販売場又は手続委託型輸出物品販売場のいずれかの許可しか受けることができません。）（令18の2⑮）。

(注)　手続委託型輸出物品販売場から一般型輸出物品販売場に変更する場合も同様です。

《承認関係》

(1)　消費税課税売上割合に準ずる割合の適用承認申請書（第22号様式）

　課税売上高が5億円を超えるとき、又は課税売上割合が95％未満となるときに個別対応方式により仕入控除税額を算出する場合には、課税売上割合による按分に代えて所轄税務署長の承認を受けた「課税売上割合に準ずる割合」による計算も認められています（法30③）。この「課税売上割合に準ずる割合」は、承認を受けた日の属する課税期間から適用されます(注)。

　「課税売上割合に準ずる割合」は、事業者の営む事業の種類、当該事業に係る販売費、一般管理費その他の費用の種類又は当該事業に係る事業場の単位ごとに、それぞれ別の割合を適用することができます（基通11—5—8）。また、「課税売上割合に準ずる割合」とは、使用人の数又は従事日数の割合、消費又

は使用する資産の価額、使用数量、使用面積の割合その他課税資産の譲渡等とその他の資産の譲渡等に共通して要するものの性質に応ずる合理的な基準により算出した割合をいいます（基通11―5―7）。

なお、承認を受けた「課税売上割合に準ずる割合」の適用をやめようとするときは、適用をやめようとする課税期間の末日までに「消費税課税売上割合に準ずる割合の不適用届出書」（第23号様式）を提出する必要があります。

(注) 課税売上割合に準ずる割合を用いようとする課税期間の末日までに承認申請書を提出し、同日の翌日以後1月を経過する日までに承認を受けた場合には、提出日の属する課税期間から適用されます。

たまたま土地の譲渡があった場合の課税売上割合に準ずる割合の承認

> 問 土地の譲渡は非課税とされており、その譲渡対価は消費税法第30条第6項（課税売上割合）に規定する課税売上割合の計算上、資産の譲渡等の対価の額に含まれますが、土地の譲渡に伴う課税仕入れの額はその譲渡金額に比し一般的に少額であることから、課税売上割合を適用して仕入れに係る消費税額を計算した場合には、事業の実態を反映しないことがあります。
>
> そこで、たまたま土地の譲渡があったことにより課税売上割合が減少する場合で、課税売上割合を適用して仕入れに係る消費税額を計算すると当該事業者の事業の実態を反映しないと認められるときには、課税売上割合に準ずる割合の承認を受けることはできないでしょうか。

答 土地の譲渡が単発のものであり、かつ、当該土地の譲渡がなかったとした場合には、事業の実態に変動がないと認められる場合に限り、次の①又は②の割合のいずれか低い割合により課税売上割合に準ずる割合の承認申請ができることとなります。

① 当該土地の譲渡があった課税期間の前3年に含まれる課税期間の通算課税売上割合（消費税法施行令第53条第3項《通算課税売上割合の計算方法》に規定する計算方法により計算した割合をいいます。）

② 当該土地の譲渡があった課税期間の前課税期間の課税売上割合

なお、上記課税売上割合に準ずる割合によるまでもなく、消費税法基本通達11―2―19《共通用の課税仕入れ等を合理的な基準により区分した場合》によれば合理的に仕入税額控除ができると認められる場合には、当該取扱いによることとなります。

（注1）　土地の譲渡がなかったとした場合に、事業の実態に変動がないと認められる場合とは、事業者の営業の実態に変動がなく、かつ、過去3年間で最も高い課税売上割合と最も低い課税売上割合の差が5％以内である場合をいいます。

（注2）　たまたま土地の譲渡があった場合に承認された割合を当該課税期間において適用したときは、翌課税期間において「消費税課税売上割合に準ずる割合の不適用届出書」を提出することとし、提出がない場合には、その承認が取り消されることとされています。

(2)　消費税課税事業者選択（不適用）届出に係る特例承認申請書（第33号様式）

　災害等のやむを得ない事情により、その課税期間開始前に消費税課税事業者選択届出書及び消費税課税事業者選択不適用届出書の提出ができなかった場合には、所轄税務署長の承認を受けることにより、その課税期間が開始する初日の前日に届出書を提出したものとみなされます（法9⑨、令20の2①②）。

　これにより、その課税期間から課税事業者の選択をし、又は選択をやめることができることになります。

　この承認を受けようとする事業者は、「消費税課税事業者選択（不適用）届出に係る特例承認申請書」を、やむを得ない事情がやんだ日から2か月以内に所轄税務署長に提出する必要があります（令20の2③、基通1—4—17）。この場合、「消費税課税事業者選択届出書」又は「消費税課税事業者選択不適用届出書」も併せて提出してください。

「やむを得ない事情」の範囲

> 問　「やむを得ない事情の範囲」を教えてください。

答　上記、災害等の「やむを得ない事情」は、次に掲げるとおりです（基通1—4—16、13—1—5の2）。

①　震災、風水害、雪害、凍害、落雷、雪崩、がけ崩れ、地滑り、火山の噴火等の天災又は火災その他の人的災害で自己の責任によらないものに基因する災害が発生したことにより、消費税課税事業者選択（不適用）届出書の提出ができない状態になったと認められる場合

②　①に規定する災害に準ずるような状況又は当該事業者の責めに帰することができない状態にあることにより、消費税課税事業者選択（不適用）届出書の提出ができない状態になったと認められる場合

③　その課税期間の末日前おおむね１か月以内に相続があったことにより、当該相続に係る相続人が新たに消費税課税事業者選択届出書を提出できる個人事業者となった場合

　　この場合には、その課税期間の末日にやむを得ない事情がやんだものとして取り扱います。

④　①から③までに準ずる事情がある場合で、税務署長がやむを得ないと認めた場合

㊟　ここでいう「やむを得ない事情」には、届出書の提出の失念、税法の不知等は該当しないので注意する必要があります。

　　なお、上記④に掲げる①から③までに準ずる事情とは、例えば、課税期間が開始した後に①又は②の状況に該当することとなったことにより、課税事業者を選択する必要が生じた場合が該当することとなります。

(3)　**消費税簡易課税制度選択（不適用）届出に係る特例承認申請書（第34号様式）**

　　消費税簡易課税制度選択届出書及び消費税簡易課税制度選択不適用届出書は、原則として、適用を受け又は適用を受けることをやめようとする課税期間の前課税期間の末日までに提出する必要がありますが、「やむを得ない事情」があるため、これらの届出書を適用を受け又は適用を受けることをやめようとする課税期間の初日の前日までに提出できなかった場合には、所轄税務署長の承認を受けることにより、その課税期間が開始する初日の前日に届出書を提出したものとみなされます（法37⑧、令57の２①②）。

　　これにより、その課税期間から簡易課税制度の選択をし、又は選択をやめることができることになります。

　　この承認を受けようとする事業者は、「消費税簡易課税制度選択（不適用）届出に係る特例承認申請書」を、やむを得ない事情がやんだ日から２か月以内に所轄の税務署長に提出する必要があります（令57の２③、基通１－４－16、１－４－17、13－１－５の２）。この場合、「消費税簡易課税制度選択届出書」又は「消費税簡易課税制度選択不適用届出書」も併せて提出してください。

(4)　**災害等による消費税簡易課税制度選択（不適用）届出に係る特例承認申請書（第35号様式）**

　　災害等が生じたことにより被害を受けた事業者が、その被害を受けたことに

より、災害等が生じた日の属する課税期間等において簡易課税制度の適用を受けることが必要となった場合、又は受けることの必要がなくなった場合に、その災害等がやんだ日から2か月以内に申請書を所轄税務署長に提出し、承認を受けたときは、「消費税簡易課税制度選択（不適用）届出書」をその適用を受けようとする（又はやめようとする）課税期間の初日の前日に提出したものとみなされます（法37の2①⑥、基通13－1－7）。

なお、「災害等による消費税簡易課税制度選択（不適用）届出に係る特例承認申請書」の提出に際しては、「消費税簡易課税制度選択届出書」又は「消費税簡易課税制度選択不適用届出書」を併せて提出してください。

災害特例の適用を受ける場合の具体的な申請期限

> 問　災害特例の適用を受ける場合の具体的な申請期限はどのようになりますか。

答　災害特例の承認を受けようとする事業者は、災害等のやんだ日から2か月以内に所轄税務署長に対して、「災害等による消費税簡易課税制度選択（不適用）届出に係る特例承認申請書」を提出する必要があります。

ただし、災害等が長期間継続し、その課税期間終了後にその災害等のやんだ日が到来するような場合には、その課税期間等に係る確定申告書の提出期限が申請期限となります（法37の2②）。

なお、国税通則法第11条《災害等による期限の延長》の規定の適用を受けることにより、確定申告書の提出期限が延長されたときには、その延長された確定申告書の提出期限が申請期限となります（基通13－1－8⑵）。

① 課税期間の終了前に災害等のやんだ日が到来する場合

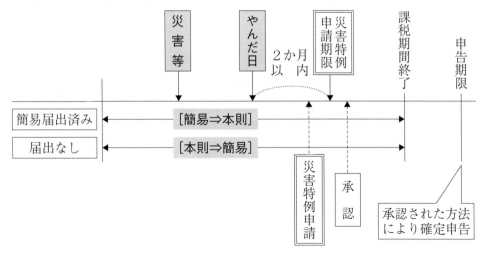

② 課税期間の終了後に災害等のやんだ日が到来する場合

　イ　国税通則法第11条の規定により申告期限が延長されない場合

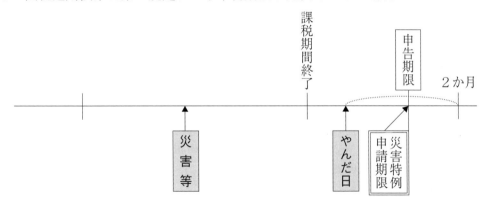

　ロ　国税通則法第11条の規定により申告期限が延長される場合

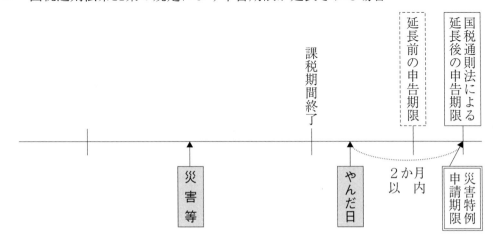

《届出、許可、承認関係の提出時期等》

(1) 届出関係

届出が必要な場合	届出書名	提出時期
基準期間における課税売上高が1,000万円超となったとき	消費税課税事業者届出書（基準期間用） 第3－(1)号様式	事由が生じた場合、速やかに提出（注1）
特定期間における課税売上高等が1,000万円超となったとき	消費税課税事業者届出書（特定期間用） 第3－(2)号様式	事由が生じた場合、速やかに提出
基準期間における課税売上高が1,000万円以下となったとき	消費税の納税義務者でなくなった旨の届出書 第5号様式	事由が生じた場合、速やかに提出（注2）
高額特定資産の仕入れ等を行ったことにより消費税法第12条の4第1項又は第2項の適用を受ける課税期間の基準期間における課税売上高が1,000万円以下となったとき	高額特定資産の取得等に係る課税事業者である旨の届出書 第5号－(2)号様式	事由が生じた場合、速やかに提出
新設法人に該当することとなったとき	消費税の新設法人に該当する旨の届出書 第10－(2)号様式	事由が生じた場合、速やかに提出（注3）
特定新規設立法人に該当することとなったとき	消費税の特定新規設立法人に該当する旨の届出書 第10－(3)号様式	事由が生じた場合、速やかに提出

届出が必要な場合	届出書名	提出時期
免税事業者が課税事業者になることを選択しようとするとき	消費税課税事業者選択届出書 第1号様式	選択しようとする課税期間の初日の前日まで（注4）
課税事業者を選択していた事業者が選択をやめよう（免税事業者に戻ろう）とするとき	消費税課税事業者選択不適用届出書 第2号様式	選択をやめようとする課税期間の初日の前日まで（注5）
課税期間の特例を選択又は変更しようとするとき	消費税課税期間特例選択・変更届出書 第13号様式	適用を受けようとする課税期間の初日の前日まで（注6）
課税期間の特例の適用をやめようとするとき	消費税課税期間特例選択不適用届出書 第14号様式	適用をやめようとする課税期間の初日の前日まで
課税事業者が事業を廃止したとき	事業廃止届出書 第6号様式	事由が生じた場合、速やかに提出
個人の課税事業者が死亡したとき	個人事業者の死亡届出書 第7号様式	事由が生じた場合、速やかに提出
法人の課税事業者が合併により消滅したとき	合併による法人の消滅届出書 ※ 合併法人が提出 第8号様式	事由が生じた場合、速やかに提出

届出が必要な場合	届出書名	提出時期
簡易課税制度を選択しようとするとき	消費税簡易課税制度選択届出書 軽減第9号 様式	適用を受けようとする課税期間の初日の前日まで（注7）
簡易課税制度の選択をやめようとするとき	消費税簡易課税制度選択不適用届出書 第25号様式	適用をやめようとする課税期間の初日の前日まで（注8）
任意の中間申告書を提出しようとするとき	任意の中間申告書を提出する旨の届出書 第26－(2)号 様式	提出しようとする6月中間申告対象期間の末日まで
任意の中間申告書の提出をやめようとするとき	任意の中間申告書を提出することの取りやめ届出書 第26－(3)号 様式	提出をやめようとする6月中間申告対象期間の末日まで
納税地等に異動があったとき	法人の消費税異動届出書 第11号 様式	異動事項が発生した後、遅滞なく提出（注9）
承認を受けた課税売上割合に準ずる割合の適用をやめようとするとき	消費税課税売上割合に準ずる割合の不適用届出書 第23号 様式	適用をやめようとする課税期間の末日まで
消費税の確定申告書を提出すべき法人（法人税の申告期限の延長の特例の適用を受ける法人）が、消費税の確定申告の期限を1月延長しようとするとき	消費税申告期限延長届出書 第28－(14)号 様式	特例の適用を受けようとする事業年度（注10）終了の日の属する課税期間の末日まで

届出が必要な場合	届出書名	提出時期
消費税の確定申告の期限の延長特例の適用を受けている法人が、その適用をやめようとするとき	消費税申告期限延長不適用届出書 第28-(15)号様式	消費税の確定申告の期限の延長特例の適用をやめようとする事業年度又は連結事業年度終了の日の属する課税期間の末日まで
輸出物品販売場を経営する事業者が、その免税販売に係る購入記録情報の提供を開始するとき	輸出物品販売場における購入記録情報の提供方法等の届出書 第20-(4)号様式	購入記録情報の提供を開始する前に

（注１）　既にこの届出書を提出している事業者は、提出後引き続いて課税事業者である限り、再度提出する必要はありません。

（注２）　消費税課税事業者選択届出書を提出した事業者は届出は必要ありません。

　　　　　なお、課税事業者の選択をやめようとする場合は、消費税課税事業者選択不適用届出書の提出が必要です。

（注３）　法人税法第148条に規定する法人設立届出書において、新設法人に該当する旨を記載して提出している場合は提出する必要はありません。

（注４）　届出後２年間は、事業を廃止した場合を除き、継続適用しなければなりません。また、消費税課税事業者選択不適用届出書が提出されない限り、その効力は存続します。

（注５）　事業を廃止した場合を除き、課税事業者となった日から２年間は、この届出による課税事業者のとりやめはできません。

　　　　　なお、調整対象固定資産の課税仕入れを行った場合で、一定の要件に該当する場合は、一定期間提出できません（60ページ参照）。

（注６）　届出後２年間は、事業を廃止した場合を除き、継続適用しなければなりません。また、消費税課税期間特例選択不適用届出書が提出されない限り、その効力は存続します。

（注７）　届出後２年間は、事業を廃止した場合を除き、継続適用しなければなりません。また、消費税簡易課税制度選択不適用届出書が提出されない限り、その効力は存続します。

　　　　　調整対象固定資産の課税仕入れを行った場合で、一定の要件に該当する場合や、高額特定資産を取得した場合等の事業者免税点制度の特例の適用を受ける場合にも、一定期間提出できません（172ページ参照）。

（注８）　事業を廃止した場合を除き、簡易課税制度を適用した日から２年間は、この届出によるその適用のとりやめはできません。

（注９）　納税地に異動があった場合は、異動前の納税地の所轄税務署長に提出します。

　　　　　なお、法人税法第15条、第20条に規定する異動届出書において「消費税」の□にレ

印を付して提出している場合は、提出する必要はありません。

（注10）　通算法人の場合にあっては、その提出をした日が事業年度終了の日の翌日から45日以内である場合のその事業年度を含みます。

(2)　許可関係

許可が必要な場合	許可申請書名	許可を受ける時期
輸出物品販売場の許可を受けようとするとき（注1）	輸出物品販売場許可申請書（一般型用）、（手続委託型用）（自動販売機型用）（注2） 第20－(1)、(2)、(3)号、様式	許可を受けようとするとき

（注1）　輸出物品販売場を廃止しようとするときは、輸出物品販売場廃止届出書の提出が必要です。

（注2）　許可申請に当たっては、輸出物品販売場の区分に応じた許可申請書の提出が必要です。

(3)　承認関係

イ　国内取引について

承認が必要な場合	承認申請書名	提出時期等
課税売上割合に代えて課税売上割合に準ずる割合を用いて、控除する課税仕入れ等の税額を計算しようとする場合	消費税課税売上割合に準ずる割合の適用承認申請書 第22号様式	承認を受けた日の属する課税期間から適用する（注1）
課税事業者選択届出書又は選択不適用届出書を災害等により、適用を受けようとする課税期間の初日の前日までに提出できなかった場合	消費税課税事業者選択（不適用）届出に係る特例承認申請書 第33号様式	災害等がやんだ日から2月以内（注2）
簡易課税制度選択届出書又は選択不適用届出書を災害等により、適用を受けようとする課税期間の初日の前日までに提出できなかった場合	消費税簡易課税制度選択（不適用）届出に係る特例承認申請書 第34号様式	災害等がやんだ日から2月以内（注3）

承認が必要な場合	承認申請書名	提出時期等
災害等が生じたことにより被害を受け、災害等の生じた日の属する課税期間等について、簡易課税制度の適用を受けることが必要となった場合又は必要のなくなった場合	災害等による消費税簡易課税制度選択（不適用）届出に係る特例承認申請書 第35号 様式	災害等がやんだ日から2月以内（注3、4）
承認免税手続事業者の承認を受けようとするとき	承認免税手続事業者 承認申請書 第20号－(7)号 様式	承認を受けようとするとき
承認送信事業者の承認を受けようとするとき	承認送信事業者 承認申請書 第20号－(10)号 様式	承認を受けようとするとき
臨時販売場を設置しようとする事業者に係る承認を受けようとするとき	臨時販売場を設置しようとする事業者に係る承認申請書（一般型・手続委託型用）、（自動販売機型用） 第20号－(12)、(13)号様式	承認を受けようとするとき（注5）

(注1) 課税売上割合に準ずる割合を用いようとする課税期間の末日までに承認申請書を提出し、同日の翌日以後1か月を経過する日までに承認を受けた場合には、提出日の属する課税期間から適用されます。

(注2) 消費税課税事業者選択（不適用）届出書と併せて提出することになります。

(注3) 消費税簡易課税制度選択（不適用）届出書と併せて提出することになります。

(注4) 災害等のやんだ日がその申請に係る課税期間等の末日の翌日（個人事業者の場合は、当該末日の翌日から1か月を経過した日）以後に到来する場合には、その課税期間等に係る申告書の提出期限までとなります。

(注5) 承認を受けた事業者が臨時販売場を設置しようとするときは、設置しようとする日の前日までに、臨時販売場設置届出書（一般型・手続委託型用）、（自動販売機型用）の提出が必要です。

ロ　輸入取引について

　　外国貨物に係る消費税額の納期限を延長しようとするときは、「納期限延長承認申請書」により保税地域の所轄税関長の承認を受けることが必要です（法51、基通15―4―4、15―4―5、15―4―6）。

22　帳簿の保存

帳簿の保存と記載事項

課税事業者は、帳簿を備え付けてこれに取引を行った年月日、取引の内容、取引金額、取引の相手方の氏名又は名称などを整然と、かつ、明瞭に記載し、この帳簿を閉鎖の日の属する課税期間の末日から2か月を経過した日から7年間、納税地等で保存する必要があります。

1　帳簿への記載事項

課税事業者は、帳簿を備え付け、以下の取引等の区分に応じて必要な事項を正確に記載しなければなりません（法58、令71①②、規27）。

取引等の区分	記　載　事　項
資産の譲渡等（特定資産の譲渡等を除きます。） ・資産の譲渡 ・資産の貸付け ・役務の提供	①　資産の譲渡等の相手方の氏名又は名称 ②　資産の譲渡等を行った年月日 ③　資産の譲渡等に係る資産又は役務の内容 （軽減税率の対象品目である旨、簡易課税制度適用者の場合、事業の種類を含みます。） ④　税率の異なるごとに区分して合計した資産の譲渡等の対価の額（消費税額等を含みます。）
売上対価の返還等 ・売上返品 ・売上値引き ・売上割戻し　など	①　売上値引き等に係る相手方の氏名又は名称 ②　売上値引き等を行った年月日 ③　売上値引き等の内容 （簡易課税制度適用者の場合、事業の種類を含みます。） ④　売上値引き等の金額
仕入対価の返還等（特定課税仕入れに係る対価の返還等を除きます。） ・仕入返品 ・仕入値引き ・仕入割戻し　など	①　仕入返品等に係る相手方の氏名又は名称 ②　仕入返品等を行った年月日 ③　仕入返品等の内容（軽減税率の対象品目である旨） ④　仕入返品等の金額

貸倒れ	① 貸倒れの相手方の氏名又は名称
	② 貸倒れのあった年月日
	③ 貸倒れに係る資産又は役務の内容（軽減税率の対象品目である旨）
	④ 税率の異なるごとに区分した貸倒れとなった金額
課税貨物に係る消費税額の還付	① 保税地域の所轄税関名
	② 還付を受けた年月日
	③ 課税貨物の内容
	④ 還付を受けた消費税額

2 記載事項の特例

(1) 記載事項の省略

該 当 業 種 等	省 略 で き る 記 載 事 項
小売業、飲食店業、写真業、旅行業等〔不特定かつ多数の者に資産の譲渡等を行うもの〕	・資産の譲渡等の相手方の氏名又は名称 ・売上対価の返還等に係る相手方の氏名又は名称
簡易課税制度適用者	・仕入対価の返還等に関する事項 ・課税貨物に係る消費税額の還付に関する事項

(2) 記載方法の特例

小売業その他これに準ずる事業で、不特定かつ多数の者に資産の譲渡等を行う事業者の現金売上げに係る資産の譲渡等(注)	資産の譲渡等に関する記載事項に代えて、課税資産の譲渡等（簡易課税適用者は、事業の種類ごと）と課税資産の譲渡等以外の資産の譲渡等に区分した日々の現金売上げのそれぞれの総額の記載によることができます。

(注) 税率の異なるごとに区分する必要があります。

3 帳簿の保存方法

　　帳簿は原則として帳票類で保存します。特例として、7年のうち最後の2年間は一定の要件を満たすマイクロフィルムによる保存が認められます。

　　また、あらかじめ納税地の所轄税務署長の承認を受けて、コンピュータで作

成した帳簿を、一定の要件の下に電子データにより保存することができます。

(注) 取引の相手先から受け取った請求書等及び自らが作成したこれらの写し（決算関係書類を除きます。）について、あらかじめ納税地の所轄税務署長の承認を受けた場合には、一定の要件の下で、書面による保存に代えて、スキャナで読み取って作成した電子化文書による保存が認められます。

23 　国、地方公共団体や公共・公益法人等

国、地方公共団体や公共・公益法人等に対する特例

　消費税法では、国、地方公共団体、公共法人、公益法人等や人格のない社団等についても、国内において課税対象となる取引を行うかぎり、消費税の納税義務者となります。

　しかし、これらの法人等については、事業活動の特殊性から、種々の特例が設けられています。

1　会計単位の特例

　国又は地方公共団体が、一般会計又は特別会計を設けて行う事業に係る資産の譲渡等については、その会計ごとに一の法人が行う事業とみなされます。

　ただし、公共・公益法人等（消費税法別表第三に掲げる法人）、人格のない社団等は、事業単位別に事業者となる特例はなく、全て「一法人」として事業者の判定を行います（法60①）。

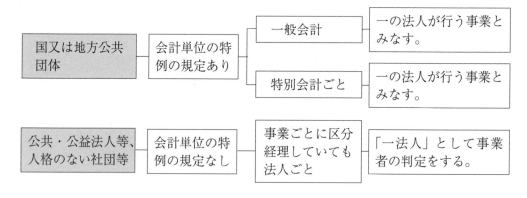

2　資産の譲渡等の時期の特例

(1)　国又は地方公共団体の特例

　国又は地方公共団体が行った資産の譲渡等又は課税仕入れ等の時期については、予算決算及び会計令や地方自治法施行令の規定によりその対価を収納

すべき又は費用の支払をすべき会計年度の末日に行われたものとすることができます（法60②、令73）。

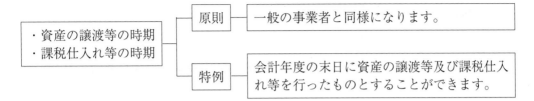

・資産の譲渡等の時期 ・課税仕入れ等の時期	原則	一般の事業者と同様になります。
	特例	会計年度の末日に資産の譲渡等及び課税仕入れ等を行ったものとすることができます。

(2) 国又は地方公共団体に準ずる法人の特例

公共・公益法人等（消費税法別表第三に掲げる法人）のうち、法令又はその法人の定款等に定める会計処理の方法が国又は地方公共団体の会計処理の方法に準じて発生主義以外の特別な会計処理により行うこととされている法人が、所轄税務署長の承認を受けた場合には、国又は地方公共団体の場合と同様、資産の譲渡等の時期及び課税仕入れ等の時期について、その対価を収納すべき又は費用の支払をすべき課税期間の末日に行われたものとすることができます（法60③、令74）。

この特例を受けようとする場合には、適用を受けようとする課税期間中に、所轄税務署長に「消費税法別表第三に掲げる法人に係る資産の譲渡等の時期の特例の承認申請書」に当該法人に係る定款等の写しを添付の上提出し、承認を受ける必要があります。

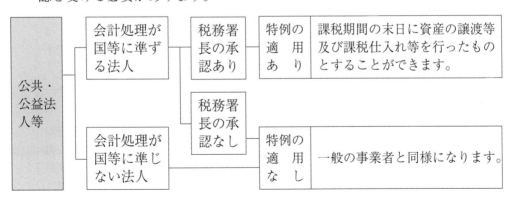

公共・公益法人等	会計処理が国等に準ずる法人	税務署長の承認あり	特例の適用あり	課税期間の末日に資産の譲渡等及び課税仕入れ等を行ったものとすることができます。
	会計処理が国等に準じない法人	税務署長の承認なし	特例の適用なし	一般の事業者と同様になります。

3 仕入控除税額の計算の特例

(1) 国又は地方公共団体の一般会計

国又は地方公共団体の一般会計に係る業務として行う事業については、そ

の課税期間の課税標準額に対する消費税額から控除することができる消費税額の合計額は、課税標準額に対する消費税額と同額とみなされ、確定申告の義務はなく、還付申告書の提出もできないこととされています（法60⑥⑦）。

(2) 国又は地方公共団体の特別会計、消費税法別表第三に掲げる法人及び人格のない社団等

　　国又は地方公共団体の特別会計、公共・公益法人等（消費税法別表第三に掲げる法人）及び人格のない社団等の消費税の仕入控除税額の計算については、一般の事業者とは異なり、租税、補助金、寄附金、会費等の対価性のない収入（特定収入）により賄われた課税仕入れ等に係る消費税額を仕入控除税額の対象から除外するという調整が必要となります（法60④、令75）。

　　ただし、次に掲げる場合には、仕入控除税額の調整を行う必要はありません。

① 　その課税期間の仕入控除税額を簡易課税制度を適用して計算する場合

② 　その課税期間における特定収入割合（257ページ参照）が５％以下である場合

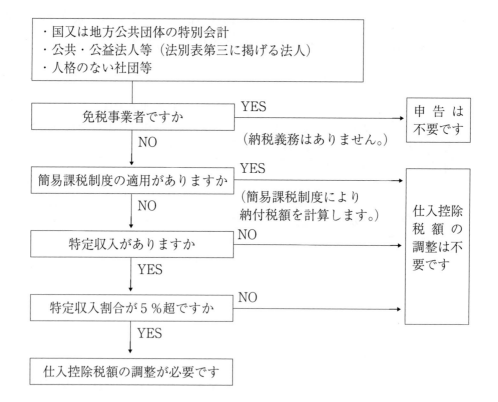

─〔特定収入割合〕───────────────────

特定収入割合 ＝

$$\frac{特定収入の合計額}{課税売上高（税抜き）＋非課税売上高＋免税売上高＋国外売上高＋特定収入の合計額}$$

↓

（資産の譲渡等の対価の額の合計額）

─〔特定収入〕───────────────────

　「特定収入」とは、資産の譲渡等の対価以外の収入で、例えば、次に掲げる収入が該当します。

　① 租税　　　　　　　　　⑥ 保険金

　② 補助金　　　　　　　　⑦ 損害賠償金

　③ 交付金　　　　　　　　⑧ 資産の譲渡等の対価に該当しない負

　④ 寄附金　　　　　　　　　　担金、他会計からの繰入金、会費等、

　⑤ 出資に対する配当金　　　　喜捨金等

　特定収入に該当しない収入は、次に掲げる収入です。

　① 借入金及び債券の発行に係る収入で、法令においてその返済又は償還のための補助金、負担金等の交付を受けることが規定されているもの以外のもの（以下「借入金等」といいます。）。

　② 出資金

　③ 預金、貯金、預り金

　④ 貸付回収金

　⑤ 返還金、還付金

　⑥ 次に掲げる収入

　　イ　法令又は交付要綱等において、次に掲げる支出以外の支出（特定支出）のためにのみ使用することとされている収入

　　　A　課税仕入れに係る支払対価の額に係る支出

　　　B　特定課税仕入れに係る支払対価等の額に係る支出

　　　C　課税貨物の引取価額に係る支出

　　　D　借入金等の返済金又は償還金に係る支出

〔特定支出のためにのみ使用することとされている収入の例示〕
・人件費補助金　　・利子補給金　　・土地購入のための補助金

（注1）　上記A～Dに該当する支出（特定支出以外の支出）のためにのみ使用することとされている対価性のない収入は特定収入に該当することとなります。

（注2）「交付要綱等」とは、国、地方公共団体又は特別の法律により設立された法人から資産の譲渡等の対価以外の収入を受ける際に、これらの者が作成したその収入の使途を定めた文書をいいます。

ロ　国、地方公共団体が合理的な方法により資産の譲渡等の対価以外の収入の使途を明らかにした文書において、特定支出のためにのみ使用することとされている収入

ハ　公益社団法人等が作成した寄附金の募集に係る文書において、特定支出のためにのみ使用することとされている一定の寄附金の収入

〔仕入控除税額の調整〕

仕入控除税額の調整がある場合の納付税額

納付税額 ＝ 課税標準額に対する消費税額 － 〔調整前の仕入控除税額（※） － 特定収入に係る課税仕入れ等の税額〕

※　「調整前の仕入控除税額」とは、通常の計算方法により計算した仕入控除税額をいいます。

特定収入に係る課税仕入れ等の税額

1　課税期間における課税売上高が5億円以下であり、かつ、課税売上割合が95％以上の場合

特定収入に係る課税仕入れ等の税額＝①＋②

①　〔特定収入のうち課税仕入れ等に係る支出のためにのみ使用することとされている部分の金額（以下「課税仕入れ等に係る特定収入」という。）の合計額〕 × $\dfrac{7.8}{110}$ 又は $\dfrac{6.24}{108}$

②　(調整前の仕入控除税額－①)×調整割合（※）

②の下線部分の金額がマイナスになる場合は、次の金額を課税標準額に対する消費税額に加算します。

$$
\begin{array}{l}
\text{特定収入に係る} \\
\text{課税仕入れ等の税額}
\end{array}
=
① -
\left[
① -
\begin{array}{l}
\text{調整前の仕入} \\
\text{控除税額}
\end{array}
\right]
\times
\begin{array}{l}
\text{調整割合} \\
（※）
\end{array}
$$

※調整割合

$$
\text{調整割合} = \frac{\text{課税仕入れ等に係る特定収入}\text{以外の特定収入の合計額}}{\begin{array}{l}\text{資産の譲渡等の対価の額}\\\text{の合計額(257ページ参照)}\end{array} + \begin{array}{l}\text{課税仕入れ等に係る特定収入}\\\text{以外の特定収入の合計額}\end{array}}
$$

2　課税期間における課税売上高が5億円超又は課税売上割合が95％未満で個別対応方式により計算する場合

特定収入に係る課税仕入れ等の税額＝③＋④＋⑤

$$
③ \quad
\left(
\begin{array}{l}
\text{課税売上げにのみ要する課税} \\
\text{仕入れ等に係る特定収入の} \\
\text{合計額}
\end{array}
\right)
\times \frac{7.8}{110} \text{ 又は } \frac{6.24}{108}
$$

$$
④ \quad
\left(
\begin{array}{l}
\text{課税売上げと非課税売上げに} \\
\text{共通して要する課税仕入れ等} \\
\text{に係る特定収入の合計額}
\end{array}
\right)
\times \frac{7.8}{110} \text{ 又は } \frac{6.24}{108}
\times
\begin{array}{l}
\text{課税売上} \\
\text{割合}
\end{array}
$$

$$
⑤ \quad
\{\text{調整前の仕入控除税額} - （③ ＋ ④）\} \times \text{調整割合}
$$

⑤の下線部分の金額がマイナスになる場合は、次の金額を課税標準額に対する消費税額に加算します。

$$
\begin{array}{l}
\text{特定収入に係る} \\
\text{課税仕入れ等の税額}
\end{array}
=
③ ＋ ④ -
\left[
（③ ＋ ④） -
\begin{array}{l}
\text{調整前の仕} \\
\text{入控除税額}
\end{array}
\right]
\times
\begin{array}{l}
\text{調整} \\
\text{割合}
\end{array}
$$

3 課税期間における課税売上高が5億円超又は課税売上割合が95％未満で一括比例配分方式により計算する場合

$$\text{特定収入に係る課税仕入れ等の税額} = ⑥ + ⑦$$

$$⑥ \left[\begin{array}{l}\text{課税仕入れ等に係る}\\\text{特定収入の合計額}\end{array}\right] \times \frac{7.8}{110} \text{又は} \frac{6.24}{108} \times \text{課税売上割合}$$

$$⑦ \quad \underline{(\text{調整前の仕入控除税額} - ⑥)} \times \text{調整割合}$$

⑦の下線部分の金額がマイナスになる場合は、次の金額を課税標準額に対する消費税額に加算します。

$$\begin{array}{l}\text{特定収入に係る}\\\text{課税仕入れ等の税額}\end{array} = ⑥ - \left[⑥ - \begin{array}{l}\text{調整前の課税}\\\text{仕入れ等の税額}\end{array}\right] \times \begin{array}{l}\text{調整}\\\text{割合}\end{array}$$

4 申告・納付期限の特例

　国、地方公共団体については、決算の処理方法や時期等につき法令の定めるところにより処理することとされており、原則的な申告・納付期限では対応が困難な事情にあるため、申告・納付期限の特例が設けられています（法60⑧、令76）。

　また、公共・公益法人等（消費税法別表第三に掲げる法人）のうちにも、国や地方公共団体と同様に、法令によりその決算を完結する日が会計年度の末日の翌日以後2か月以上経過した日と定められているなど、特別な事情があるものがあることから、上記と同様の申告・納付期限の特例が設けられています。この場合には、事前に所轄税務署長に「消費税法別表第三に掲げる法人に係る申告書の提出期限の特例の承認申請書（基準期間用）、（特定期間用）」を提出し、承認を受ける必要があります。

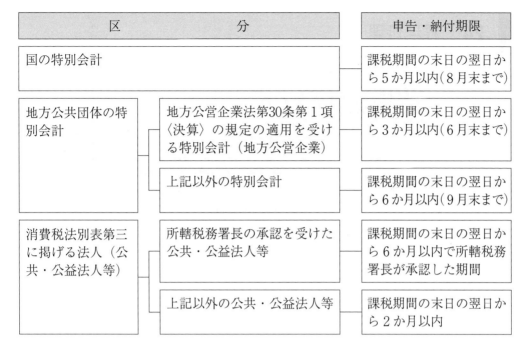

区　　　　　　　　分		申告・納付期限
国の特別会計		課税期間の末日の翌日から5か月以内（8月末まで）
地方公共団体の特別会計	地方公営企業法第30条第1項〈決算〉の規定の適用を受ける特別会計（地方公営企業）	課税期間の末日の翌日から3か月以内（6月末まで）
	上記以外の特別会計	課税期間の末日の翌日から6か月以内（9月末まで）
消費税法別表第三に掲げる法人（公共・公益法人等）	所轄税務署長の承認を受けた公共・公益法人等	課税期間の末日の翌日から6か月以内で所轄税務署長が承認した期間
	上記以外の公共・公益法人等	課税期間の末日の翌日から2か月以内

　確定申告書の提出期限の特例の適用を受ける事業者は、中間申告書の提出期限についても特例が設けられています。

5　帳簿の記載事項の特例

　国又は地方公共団体の特別会計、公共・公益法人等及び人格のない社団等については、一般の事業者の帳簿の記載事項に加え、特定収入及び特定収入以外の不課税収入に係る次の事項を、帳簿に記載することとされています（令77）。

① 　特定収入及び特定収入以外の不課税収入に係る相手方の氏名又は名称

② 　特定収入及び特定収入以外の不課税収入を受けた年月日

③ 　特定収入及び特定収入以外の不課税収入の内容

④ 　特定収入及び特定収入以外の不課税収入の金額

⑤ 　特定収入及び特定収入以外の不課税収入の使途

消費税及び地方消費税の経理処理

　消費税及び地方消費税の経理処理については、税込経理方式と税抜経理方式があります。

　どちらを選択するかは事業者の任意であり、どちらを選択しても、納付する消費税額及び地方消費税額の合計額は同額となります。

1　税込経理方式と税抜経理方式

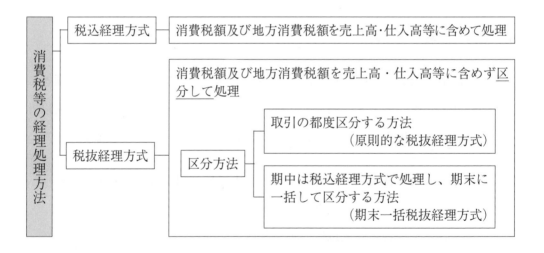

ポイント

○　免税事業者は、税込経理方式を適用することとされています。

2　税込経理方式と税抜経理方式との違い

区　分		税　込　経　理　方　式	税　抜　経　理　方　式
特　徴		・企業の損益に影響を与えます。 ・税抜計算の手数が省けます。 ・決算調整は不要です。	・企業の損益に影響を与えません。 ・税抜計算の手数が掛かります。 ・決算調整が必要です。
経理方法	売上げに係る消費税額等	売上げに含めて収益として計上します。	仮受消費税等とします。
	仕入れに係る消費税額等	仕入金額、資産の取得価額、経費等の金額に含めます。	仮払消費税等とします（控除対象外消費税額等が発生する場合があります。）。
	納付税額	租税公課として損金（必要経費）に算入します。	仮受消費税等から仮払消費税等を控除した金額を支出とし、損益には影響させません。
	還付税額	雑収入として益金（収入金額）に算入します。	仮受消費税等から仮払消費税等を控除した金額を入金とし、損益には影響させません。

3　税込経理方式と税抜経理方式の選択適用

取引の区分 / 経理方式の選択		売上げ等	経費等（販売費、一般管理費等）	固定資産等		備　考
				棚卸資産	固定資産繰延資産	
原　則	①	税込経理				全取引について同一経理
	②	税抜経理				
特例（選択適用）	③	税抜経理〔売上等の取引について税込経理を適用している場合、特例の選択適用はできません。〕	税込経理	税抜経理		選択適用
	④		税抜経理	税込経理		
	⑤		税込経理	税抜経理	税込経理	固定資産等については継続適用
	⑥		税抜経理			
	⑦		税込経理	税込経理	税抜経理	
	⑧		税抜経理			

ポイント

○　個々の経費等の支出に係る取引又は個々の固定資産等の取得に係る取引ごとに異なる方式を適用することはできません。

4　控除対象外消費税額等の処理

　その課税期間における課税売上高が5億円超の場合や課税売上割合が95％未満の場合には、仕入れに係る消費税額等のうち、課税売上げに対応する部分のみ（控除対象消費税額等）が控除されます。したがって、税抜経理方式を適用している場合は、仮払消費税額等の一部が控除対象とならず、その控除されない部分（控除対象外消費税額等）は決算の際、仮勘定にそのまま残ることになるので、次のような処理が必要となります。

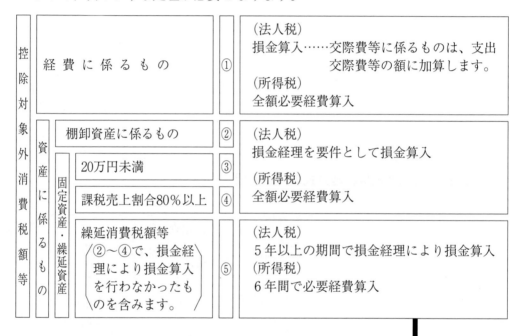

　┌〔繰延消費税額等の損金算入限度額又は必要経費算入額〕─────────
　　繰延消費税額等の生じた事業年度又は年……繰延消費税額等×$\dfrac{当期の月数}{60}×\dfrac{1}{2}$

　　その後の事業年度又は年……繰延消費税額等×$\dfrac{当期の月数}{60}$

■ポイント

○　税込経理方式の場合、調整は不要です。

○　個々の資産ごとに選択することは認められません。

○　資産に係る控除対象外消費税額等の全額について、個々の資産の取得価額に算入することもできます。

25 総額表示

総額表示の概要

課税事業者が消費者に対して商品等の販売、役務の提供等の取引を行うに当たり、あらかじめその取引価格を表示する場合には、その商品や役務の提供等に係る消費税額（地方消費税額を含む。）を含めた価格を表示する必要があります。

販売価格
220,000円

1 総額表示の対象

(1) 対象者

総額表示が義務付けられるのは、消費税の課税事業者です（法60③）。

(2) 対象となる取引

総額表示の義務付けは、消費者に対して商品の販売、役務の提供等を行う場合の価格表示を対象とするものです。

したがって、事業者間取引は、総額表示義務の対象となりません。

2 総額表示の方法

「総額表示」とは、値札などに税込価格を表示することにより消費者が商品等を購入したり役務の提供等を受ける場合に、消費税等を含む支払総額がわかるようにするものです。したがって、税込価格が表示がされていれば、併せて「消費税額等」や「税抜価格」を表示していても差し支えありません。

具体的には、例えば、次のような表示が「総額表示」に該当します。

220,000円（税抜価格200,000円、消費税等20,000円）

220,000円（うち消費税等20,000円）

220,000円（税抜価格200,000円）

220,000円（税込）

220,000円

税込220,000円

(注) 消費税等を含めた総額が表示されている場合は、「総額である」旨の表示は必要
ありません。

ポイント

○ 「あらかじめその取引価格を表示する場合」とは、課税事業者が取引の相手
方である消費者に対して事前に販売等価格を表示する場合で、商品本体による
表示（商品に添付又は貼付される値札等）、店頭における表示、チラシ広告、
新聞・テレビによる広告、インターネットによる広告など、どのような表示媒
体により行われるものであってもこれに含まれ、総額表示義務の対象になりま
す（製造業者等が参考価格として表示する、いわゆる希望小売価格は、総額表
示の対象とはなりません）。

なお、口頭による価格の提示は、総額表示義務の対象にはなりません。

(注) 総額表示は、商品等の選択時（値札等）に表示されている必要があります（代金の決
済時（レシート等）の表示は、総額表示にはなりません。）。

○ 総額表示義務の対象となるのは、あらかじめ取引価格を表示する場合であり、
価格表示がされていない事業や取引についてまで、価格の表示を義務付けるも
のではありません。

○ 消費税の納税義務が免除される免税事業者が課税資産の譲渡等を行う場合は、
総額表示の対象とはなりません。

《総額表示の対象》

見積書や請求書等の価格の表示

> 問　見積書や請求書等は、総額表示義務の対象ではないのですか。

答　総額表示の義務付けは、不特定かつ多数の者に対する（一般的には消費者取引における）値札や広告などにおいて、あらかじめ価格を表示する場合を対象としていますので、見積書、契約書、請求書等は総額表示義務の対象にはなりません。

　ただし、広告やホームページなどにおいて、あらかじめ "見積り例" などを示している場合がありますが、これは、不特定かつ多数の者にあらかじめ価格を表示する場合に該当しますのでご注意ください。

㊟　値札や広告などにおいて税込価格のみを表示している場合には、その税込みの表示価格を基に見積書、契約書、請求書等が作成されるものと考えられます。

「100円ショップ」等の看板

> 問　「100円ショップ」などの看板は総額表示の対象になりますか。

答　総額表示の義務付けは、消費者に対する値札、広告、カタログなどにおける価格表示を対象として、消費者がいくら支払えばその商品やサービスの提供を受けられるか、事前に、一目で分かるようにするためのものです。したがって、ご質問の「100円ショップ」などの看板は、お店の名称（屋号）と考えられるため、総額表示義務の対象には当たらないとされています。

　なお、いわゆる「100円ショップ」の店内における価格表示については、消費税額を含んだ支払総額を表示する必要があります。

〔店内表示の例〕

この棚の商品 どれでも 110円 （税抜　100円）	この棚の商品 どれでも 110円 （税込）	この棚の商品 どれでも 110円

㊟　上記は、あくまでも例示であることにご注意ください。

商品カタログの価格の表示

> **問** 製造業者や卸売業者が、小売店や業務用ユーザー向けに作成した商品カタログは総額表示の対象になりますか。

答 総額表示の義務付けは、「不特定かつ多数の者に対する（一般的には消費者取引における）値札や広告などにおいて、あらかじめ価格を表示する場合」が対象となりますので、一般的な事業者間取引における価格表示は、総額表示義務の対象にはなりません。

ご質問の「製造業者や卸売業者が小売店や業務用ユーザーとの間で行う取引」は、事業者間取引に該当しますので、製造業者や卸売業者が小売店や業務用ユーザー向けに作成・配布している「業務用商品カタログ」についても総額表示義務の対象にはなりません。

なお、小売店がこうしたカタログを便宜的に消費者に見せることがあったとしても、「業務用商品カタログ」自体が総額表示義務の対象となるものではありません。

事業者間取引の価格の表示

> **問** 当社は事業者向けの事務用機器を販売していますが、取引先である法人がエンドユーザーとして当社の商品を使用しています。このような場合にも、店頭や広告などにおける価格表示を税込価格にする必要があるのでしょうか。

答 総額表示の義務付けは、不特定かつ多数の者に対する（一般的には消費者取引における）値札や広告などにおいて、あらかじめ価格を表示する場合を対象としています。

したがって、「事業者向け事務用機器の販売」は事業者間取引と考えられますので、総額表示義務の対象にはなりません。

(注) 総額表示義務の対象となるのは「対消費者取引」です。しかし、小売段階といえども、取引の相手方が最終消費者か、あるいは事業者としての顧客かを判断したり、取引の相手方によって表示方法を変えることは事実上不可能だと考えられます。そこで、取引の性格に着目し、特定の取引先に限定することなく、「不特定かつ多数の者」を対象として行う取引を総額表示義務の対象としています。

したがって、ここでいう「対消費者取引」とは、取引相手が消費者であっても消費者以外の者であっても同じ条件で取引する状態を意味します。

《具体的な表示方法》

「9,800円（税込10,780円）」といった表示

> 問　「9,800円（税込10,780円）」という表示でも総額表示を行っていることになるでしょうか。

答　総額表示の義務付けは、消費者が値札や広告などを見れば、「消費税相当額（地方消費税を含む。）を含む支払総額」を一目で分かるようにするためのものですので、照会のような表示方法であっても、直ちに総額表示の義務付けに反するものではありません。

　しかしながら、「税抜価格」を本書きとする表示方法（「9,800円（税込10,780円）」）の場合、他の表示方法に比べて文字の大きさや色合いなどを変えることにより「税抜価格」をことさら強調し、消費者に誤認を与えたり、トラブルを招くような表示となる可能性も懸念されます。このような表示がされた場合には、総額表示の観点から問題が生じうることはもとより、「9,800円」が「税込価格」であると消費者が誤認するようなことがあれば、「不当景品類及び不当表示防止法（景品表示法）」の問題が生ずるおそれもあります。

「税抜価格」を基に「税込価格」を設定する場合

> 問　現在の「税抜価格」を基に「税込価格」を設定する場合に円未満の端数が生じることがありますが、どのように処理して値付けを行えば良いですか。

答　総額表示の義務付けは、消費者が値札や広告などを見れば、「消費税相当額を含む支払総額」を一目で分かるようにするためのものです。したがって、「税込価格」の設定に当たっては、一義的には、現在の「税抜価格」に消費税相当額を上乗せした金額を「税込価格」として価格設定することになります。

　この場合、照会のように「税抜価格」に上乗せする消費税相当額に1円未満の端数が生じる場合がありますが、その端数をどのように処理（切捨て、切上げ、四捨五入など）して「税込価格」を設定するかは、それぞれの事業者の判断によることとなります。

（注1）「消費税改正と物価」（平成9年4月　経済企画庁物価局）において、「事業全体で、適正な転嫁をしている場合には、ある特定の商品・サービスで税率の上昇を上回る値上げを行っても、便乗値上げには該当しない。」とされています。

（注2）消費税は商品の価格の一部を構成するものですので、取引金額には10％又は8％の

消費税相当額が含まれており、具体的には、税込価格に含まれる消費税相当額は「税込価格×$\frac{10}{110}$又は$\frac{8}{108}$」であるというのが原則的な考え方です。

端数処理の特例

> **問** 端数処理の特例は、例えば、軽減税率の適用対象の商品で税込157円（うち税11円）と値札表示した商品を3個販売した場合に、11円×3個なので消費税相当額33円とレシート表示するというように単品毎に端数処理を行っても認められますか。

答 消費税は、物やサービスの販売価格に織り込まれ、最終的には消費者に転嫁されることが予定された間接税です。このため消費者が支払った金額の中には、間接的に10％又は8％の消費税相当額が含まれていることになりますので、事業者の税込受取総額×$\frac{10}{110}$又は$\frac{8}{108}$が売上げに対して課される消費税相当額というのが原則です。

　質問の例の場合、軽減税率の適用対象ですので、157円×3個×$\frac{8}{108}$の「34.888…円」が売上げに対して課される消費税相当額となります。

　また、194ページの「端数処理の計算方法」の「(3)　経過措置の具体的内容」で説明している端数処理の特例（経過措置）は、一領収単位（レシート）ごとに生ずる端数、すなわち税込157円×3個×$\frac{8}{108}$＝34.888…円の0.888…円という1円未満の端数を処理した後の「34円」を消費税相当額としてレシート等に表示した場合に認められるものであり、単品毎の端数処理は認められていません。

　したがって、質問のような領収方法においては、この端数処理の特例は適用できません。

適格請求書等保存方式
（インボイス制度）

令和5年10月1日以降は、区分記載請求書等の保存方式に代えて、「適格請求書等」の保存が仕入税額控除の要件となります。

1 適格請求書

「適格請求書」とは、「売手が買手に対して、正確な適用税率や消費税額等を伝えるための手段」であり、一定の事項が記載された請求書や納品書その他これらに類する書類をいいます（新法57の4①）。

2 適格請求書発行事業者登録制度

適格請求書を発行できる事業者は、税務署長に申請して登録を受けた課税事業者（適格請求書発行事業者）となります。

㊟ 税務署による審査を経て登録された場合は、登録番号などの通知及び公表が行われます（新法57の2④⑦、新令70の5）。

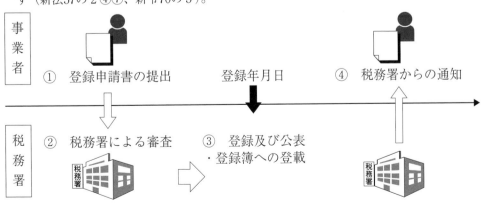

○　適格請求書発行事業者の登録を受けた事業者は、基準期間の課税売上高が1,000万円以下であっても、登録を取り消さない限り消費税の納税義務が免除されません（新法9①）。

3　適格請求書発行事業者の義務等

　　適格請求書発行事業者には、取引の相手方である課税事業者から求められた場合、適格請求書の交付及び写しの保存が義務付けられます（新法57の4①⑥）。

　　また、書面での交付に代えて、電磁的記録により提供することもできます。

（注1）　適格請求書に誤りがあった場合は、修正した適格請求書を交付しなければなりません（新法57の4④）。

（注2）　適格請求書発行事業者以外の者は適格請求書と誤認される書類を交付すること、適格請求書発行事業者は偽りの記載をした適格請求書を交付することは禁止されており、違反した場合は罰則が設けられています（新法57の5）。

(1)　適格請求書の記載事項

　　適格請求書の記載事項は以下のとおりです（新法57の4①）。

---

①　適格請求書発行事業者の氏名又は名称及び登録番号

②　取引年月日

③　取引内容（軽減税率の対象品目である旨）

④　税率ごとに区分して合計した対価の額（税抜き又は税込み）及び適用税率

⑤　税率ごとに区分した消費税額等（端数処理は一請求書当たり、税率ごとに1回ずつ）

⑥　書類の交付を受ける事業者の氏名及び名称

（注）　区分記載請求書等の記載事項に下線部分が追加されます。

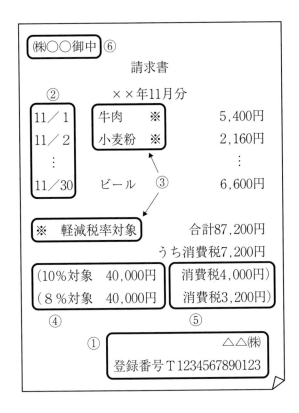

㈱〇〇御中　⑥

請求書

② 　　　　　　××年11月分

11／1	牛肉 ※	5,400円
11／2	小麦粉 ※	2,160円
⋮		⋮
11／30	ビール ③	6,600円

※　軽減税率対象　　　合計87,200円

うち消費税7,200円

| （10%対象　40,000円 | 消費税4,000円） |
| （ 8 %対象　40,000円 | 消費税3,200円） |

④ 　　　　　　⑤

① 　　　　　　　　　　△△㈱

登録番号 T 1234567890123

㈱　小売業、飲食店業、タクシー業などのように不特定かつ多数の者と取引を行う事業者は、記載事項を簡易なものとした「適格簡易請求書」を交付することができます（④適用税率と⑤消費税額等はどちらか一方、⑥は記載不要）。

(2) 適格請求書の交付義務の免除

　適格請求書を交付することが困難な以下の取引は、適格請求書の交付義務が免除されます（新令70の9②）。

イ　公共交通機関である船舶、バス又は鉄道による旅客の運送（3万円未満のものに限ります。）

ロ　出荷者等が卸売市場において行う生鮮食料品等の譲渡（出荷者から委託を受けた受託者が卸売の業務として行うものに限ります。）

ハ　生産者が農業協同組合、漁業協同組合又は森林組合等に委託して行う農林水産物の譲渡（無条件委託方式かつ共同計算方式により生産者を特定せずに行うものに限ります。）

ニ　自動販売機・自動サービス機により行われる課税資産の譲渡等（3万円未満のものに限ります。）

ホ　郵便切手を対価とする郵便サービス（郵便ポストに差し出されたものに限ります。）

4 仕入税額控除の要件

　適格請求書等保存方式の下では、適格請求書などの請求書等の交付を受けることが困難な一定の場合（以下(2)参照）を除き、一定の事項を記載した帳簿及び請求書等の保存が仕入税額控除の要件となります（新法30⑦）。

(1) 請求書等の範囲

　保存が必要になる請求書等には、以下のものが含まれます。

- イ　適格請求書及び適格簡易請求書
- ロ　仕入明細書等
- ハ　卸売市場において委託を受けて卸売の業務として行われる生鮮食料品等の譲渡及び農業協同組合等が委託を受けて行う農林水産物の譲渡について受託者から交付を受ける一定の書類
- ニ　イ～ハの電磁的記録

(2) 帳簿のみの保存で仕入れ税額控除が認められる場合

　請求書等の交付を受けることが困難な以下の取引となります。

- イ　適格請求書の交付義務が免除される取引
- ロ　適格簡易請求書の記載事項（取引年月日を除きます。）を満たす入場券等が、使用の際に回収される取引
- ハ　古物営業、質屋又は宅地建物取引業を営む事業者が適格請求書発行事業者でない者から、古物、質物又は建物を当該事業者の棚卸資産として取得する取引
- ニ　適格請求書発行事業者でない者から再生資源又は再生部品を棚卸資産として購入する取引
- ホ　従業員等に支給する通常必要と認められる出張旅費、宿泊費、日当及び通勤手当等に係る課税仕入れ

○　現行、「3万円未満の課税仕入れ」及び「請求書等の交付を受けなかったことにつきやむを得ない理由があるとき」は、法定事項が記載された帳簿の保存のみで仕入税額控除が認められる旨が規定されていますが、適格請求書等保存方式の下では、これらの規定は廃止されます。

5　免税事業者等からの課税仕入れに係る経過措置

　　事業者が国内において適格請求書発行事業者以外の者から行った課税仕入れについては、区分記載請求書等と同様の事項が記載された請求書等及び帳簿を保存し、帳簿にこの経過措置の規定の適用を受ける旨を記載している場合に、以下のとおり仕入税額相当額の一定割合を仕入税額として控除できます（平成28年改正法附則52、53）。

期　　間	割　　合
令和5年10月1日から令和8年9月30日まで	仕入税額相当額の80％
令和8年10月1日から令和11年9月30日まで	仕入税額相当額の50％

6　税額計算の方法

　　令和5年10月1日以降の売上税額及び仕入税額の計算は、次のイ又はロを選択できます（新法30、45、新令46、62）。

イ　適格請求書に記載のある消費税額等を積み上げて計算する「積上げ計算」

ロ　適用税率ごとの取引総額を割り戻して計算する「割戻し計算」

　　ただし、売上税額を「積上げ計算」により計算する場合には、仕入税額も「積上げ計算」により計算しなければなりません。

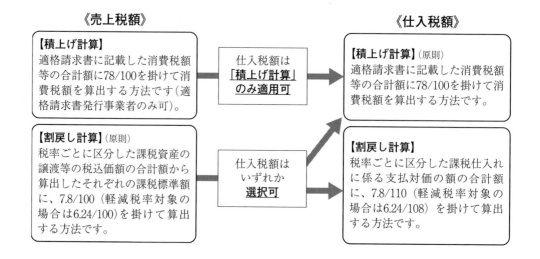

7 免税事業者の登録手続

免税事業者が適格請求書発行事業者としての登録を受けるためには、「消費税課税事業者選択届出書（59ページ参照）」（以下「課税事業者選択届出書」といいます。）を提出し、課税事業者となる必要があります㊟が、令和5年10月1日から令和11年9月30日までの日の属する課税期間中に登録を受ける場合は、登録を受けた日から課税事業者となる経過措置が設けられています（平成28年改正法附則44④）。

なお、上記経過措置の適用を受けて適格請求書発行事業者となった場合、登録を受けた日から2年を経過する日の属する課税期間の末日までは、免税事業者となることはできません（登録を受けた日が令和5年10月1日の属する課税期間中である場合を除く。）。

この経過措置の適用を受けることとなる場合は、登録を受けるに当たり、課税事業者選択届出書を提出する必要はありません（インボイス通達5—1）。

㊟ 原則として、消費税課税事業者選択届出書を提出した課税期間の翌課税期間から、課税事業者となります。

8 令和5年度税制改正のポイント

(1) 小規模事業者に係る税額控除に関する経過措置（2割特例）

適格請求書発行事業者の令和5年10月1日から令和8年9月30日までの日

の属する各課税期間において、免税事業者（54ページ参照）が適格請求書発行事業者となったこと又は課税事業者選択届出書を提出したことにより事業者免税点制度の適用を受けられないこととなる場合には、その課税期間における課税標準額に対する消費税額から控除する金額を、その課税標準額に対する消費税額に8割を乗じた額とすることにより、納付税額を課税標準額に対する消費税額の2割とすることができることとされました。

〔例1：個人事業者の場合〕

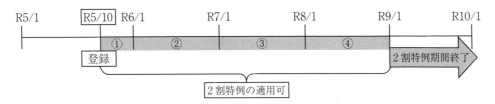

　(注)　令和5年分（令和5年10月から12月）から、令和8年分までの4課税期間分の申告において2割特例の適用を受けることが可能となります。

〔例2：法人（3月決算の場合）の場合〕

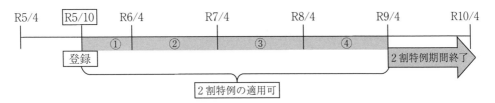

　(注)　令和6年3月期（令和5年10月から令和6年3月）から、令和9年3月期の4課税期間分の申告において2割特例の適用を受けることが可能となります。

　なお、適格請求書発行事業者が、上記特例の適用を受けようとする場合には、確定申告書にその旨を付記する必要があります。

　また、上記特例の適用を受けた適格請求書発行事業者が、適用を受けた課税期間の翌課税期間中に、簡易課税制度（170ページ参照）の適用を受ける旨の届出書を納税地を所轄する税務署長に提出したときは、その提出した日の属する課税期間から簡易課税制度の適用が認められます。

〔例3：個人事業者が、2割特例の適用期間が終了する翌課税期間において、簡易課税制度を適用する場合〕

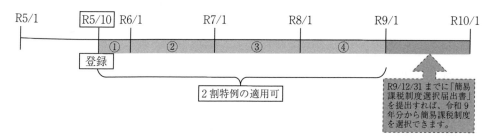

〔例4：個人事業者で、令和4年分の課税売上高が1千万円超であり、その基準期間の課税期間において、簡易課税制度を適用する場合〕

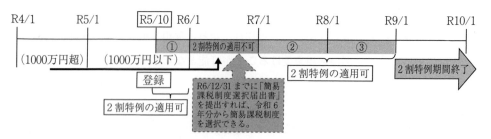

（注1）　上記特例は、課税期間の特例（89ページ参照）の適用を受ける課税期間及び令和5年10月1日前から課税事業者選択届出書の提出により引き続き事業者免税点制度の適用を受けられないこととなる同日の属する課税期間については、適用されません。

（注2）　課税事業者選択届出書を提出したことにより令和5年10月1日の属する課税期間から事業者免税点制度の適用を受けられないこととなる適格請求書発行事業者が、その課税期間中に課税事業者選択不適用届出書を提出したときは、その課税期間から課税事業者選択届出書は効力を失うこととなります。

ポイント

○　事業者が営む事業区分（175ページ参照）にかかわらず、売上・収入を把握するだけで消費税の申告が可能となるため、簡易課税制度を適用した場合と比べて、事務負担も大幅に軽減されます。

　消費税の申告を行う都度、上記特例の適用を受けるかどうかの選択を行うこととなります。

○ 簡易課税制度の届出に係る経過措置により、簡易課税制度を選択しようとしてその課税期間中に簡易課税制度選択届出書を提出したものの、事情によりその選択をやめようとするときは、その課税期間中に「取下書」を提出する必要があります。

○ 基準期間又は特定期間（62ページ参照）における課税売上高が１千万円を超える場合、新設法人（81ページ参照）である場合、調整対象固定資産（159ページ参照）や高額特定資産（85ページ参照）を取得して仕入税額控除を行った場合等、適格請求書発行事業者の登録と関係なく事業者免税点制度の適用を受けないこととなる場合や、課税期間の特例（89ページ参照）の適用を受ける場合については、上記特例の適用を受けることはできません。

〔例５：個人事業者で、令和６年分の課税売上高が１千万円超の場合〕

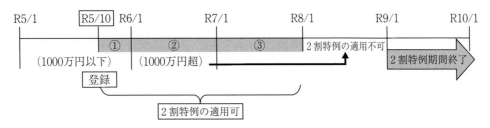

（注） 令和５年分（令和５年10月から12月）から、令和７年分までの３課税期間分の申告において２割特例の適用を受けることが可能となります。

　　なお、令和８年分の申告については、基準期間である令和６年分の課税売上高が１千万円を超えるため、２割特例の適用を受けることはできません。

〔例６：個人事業者で、令和４年分の課税売上高が１千万円超の場合〕

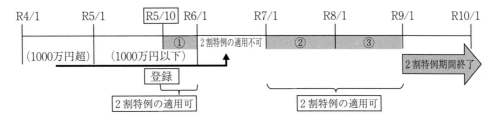

（注） 令和５年分（令和５年10月から12月）、令和７年分及び令和８年分の３課税期間分

の申告において2割特例の適用を受けることが可能となります。

なお、令和6年分の申告については、基準期間である令和4年分の課税売上高が1千万円を超えるため、2割特例の適用を受けることはできません。

(2) 一定規模以下の事業者に対する事務負担の軽減措置（少額特例）

基準期間における課税売上高が1億円以下又は特定期間における課税売上高が5,000万円以下である事業者が、令和5年10月1日から令和11年9月30日までの間に国内において行う課税仕入れについて、その課税仕入れに係る支払対価の額が1万円未満である場合には、一定の事項が記載された帳簿のみの保存による仕入税額控除を認めることとされました。

(3) 少額な適格返還請求書の交付義務の免除

売上げに係る対価の返還等（187ページ参照）に係る税込価額が1万円未満である場合には、その適格返還請求書の交付義務が免除されることとされました。

(注) 令和5年10月1日以後の課税資産の譲渡等につき行う売上げに係る対価の返還等について適用されます。

(4) 適格請求書発行事業者の登録申請手続の柔軟化

イ 適格請求書発行事業者の登録申請手続について、次の見直しが行われました。

① 免税事業者が適格請求書発行事業者の登録申請書を提出し、課税期間の初日から登録を受けようとする場合には、当該課税期間の初日から起算して15日前の日（現行：当該課税期間の初日の前日から起算して1月前の日）までに登録申請書を提出しなければならないこととされ、この場合において、当該課税期間の初日後に登録がされたときは、同日に登録を受けたものとみなされることとされました。

② 適格請求書発行事業者が登録の取消しを求める届出書を提出し、その〔　　〕があった課税期間の翌課税期間の初日から登録を取り消そうとする

場合には、当該翌課税期間の初日から起算して15日前の日（現行：その提出があった課税期間の末日から起算して30日前の日の前日）までに届出書を提出しなければならないこととされました。

〔例1：法人（3月決算の場合）で課税期間の初日から登録を受けようとする場合〕

③　適格請求書発行事業者の登録等に関する経過措置の適用により、令和5年10月1日後に適格請求書発行事業者の登録を受けようとする免税事業者は、その登録申請書に、提出する日から15日を経過する日以後の日を登録希望日として記載するものとし、この場合において、当該登録希望日後に登録がされたときは、当該登録希望日に登録を受けたものとみなされることとされました。

〔例2：課税期間の途中（登録希望日）から登録を受けようとする場合〕

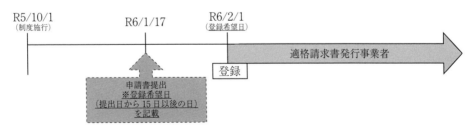

ロ　適格請求書発行事業者の登録申請手続において運用上も柔軟な対応が行われることとされました。

　上記イの改正の趣旨等を踏まえ、令和5年10月1日から適格請求書発行事業者の登録を受けようとする事業者が、その申請期限後に提出する登録申請書に記載する困難な事情については、運用上、記載がなくても改めて求めないものとされました。

複数書類で適格請求書の記載事項を満たす場合の消費税額等の端数処理

> **問** 当社は、商品の納品の都度、取引先に納品書を交付しており、そこには、当社の名称、商品名、納品書ごとの合計金額を記載しています。令和5年10月から、納品書に税率ごとに区分して合計した税込価額、適用税率と納品書ごとに計算した消費税額等の記載を追加するとともに、請求書に登録番号の記載を追加すれば、納品書と請求書を合わせて適格請求書の記載事項を満たすことになりますか。また、その場合、端数処理はどのように行えばよいでしょうか。

答 「適格請求書」とは、必要な事項が記載された請求書、納品書等の書類をいいますが、一の書類のみで全ての記載事項を満たす必要はなく、交付された複数の書類相互の関連が明確であり、適格請求書の交付対象となる取引内容を正確に認識できる方法（例えば、請求書に納品書番号を記載する方法など）で交付されていれば、これら複数の書類に記載された事項により適格請求書の記載事項を満たすことができます（インボイス通達3─1）。

このため、ご質問のように納品書に「課税資産の譲渡等の税抜価額又は税込価額を税率ごとに区分して合計した金額及び適用税率」及び「税率ごとに区分した消費税額等」の記載を追加するとともに、「登録番号」を請求書に記載した場合は、納品書と請求書を合わせて適格請求書の記載事項を満たすこととなります。

この場合、納品書に「税率ごとに区分した消費税額等」を記載するため、納品書につき税率ごとに1回の端数処理を行うこととなります。

```
          請求書
㈱○○御中              XX 年 11 月 1 日
      10 月分（10／1 ～ 10/31）
        109,200 円（税込）

┌──────────────┬──────────────┐
│  納品書番号    │    金額       │
├──────────────┼──────────────┤
│  No.0011      │   12,800 円   │
├──────────────┼──────────────┤
│  No.0012      │    5,460 円   │
├──────────────┼──────────────┤
│  No.0013      │    5,480 円   │
├──────────────┼──────────────┤
│     ⋮        │     ⋮        │
├──────────────┼──────────────┤
│  合  計       │  109,200 円   │
└──────────────┴──────────────┘
                △△商事㈱
         登録番号 T1234567890123
```

```
納品No.0013      納品書            △△商事㈱
㈱○○御中

納品No.0012      納品書            △△商事㈱
㈱○○御中

納品No.0011      納品書            △△商事㈱
㈱○○御中
下記の商品を納品いたします。
XX 年 10 月 1 日

┌──────────────┬──────────────┐
│   品名        │    金額       │
├──────────────┼──────────────┤
│ 牛肉      ※  │    5,400 円   │
├──────────────┼──────────────┤
│ じゃがいも  ※ │    2,300 円   │
├──────────────┼──────────────┤
│ 割り箸        │    1,100 円   │
├──────────────┼──────────────┤
│ ビール        │    4,000 円   │
├──────────────┼──────────────┤
│ 合計          │   12,800 円   │
├──────────────┼──────────────┤
│ 10％対象      │ 5,100 円（消費税 464 円）│
├──────────────┼──────────────┤
│ 8 ％対象      │ 7,700 円（消費税 570 円）│
└──────────────┴──────────────┘
※印は軽減税率対象商品
```

「税率ごとに区分した消費税額等」
※端数処理は納品書につき税率ごとに 1 回

（参考）
　　この場合、請求書に「税率ごとの消費税額等」の記載は不要ですが、納品書に記載した消費税額等の合計額を記載しても差し支えありません。
例）合計　109,200 円（消費税 8 ％：3,200 円／10％：6,000 円）
　　合計　109,200 円（消費税 9,200 円）　　等
　　なお、当該消費税額等の合計額については、法令上において記載を求める適格請求書の記載事項としての消費税額等にはなりませんので、ご留意下さい。

仕入明細書の相手方への確認

> 問　当社は、現在、自ら作成した仕入明細書を相手方の確認を受けた上で請求書等として保存しています。適格請求書等保存方式の下でも仕入明細書を保存することによって、仕入税額控除のための請求書等の保存要件を満たすそうですが、相手方への確認は、どのように行えばよいですか。

答　仕入税額控除の適用を受けるための請求書等に該当する仕入明細書等は、相手方の確認を受けたものに限られます。この相手方の確認を受ける方法としては、例えば、

①　仕入明細書等の記載内容を、通信回線等を通じて相手方の端末機に出力し、確認の通信を受けた上で、自己の端末機から出力したもの

②　仕入明細書等に記載すべき事項に係る電磁的記録につきインターネットや電子メールなどを通じて課税仕入れの相手方へ提供し、相手方から確認の通知等を受けたもの

③　仕入明細書等の写しを相手方に交付し、又は仕入明細書等の記載内容に係る

電磁的記録を相手方に提供した後、一定期間内に誤りのある旨の連絡がない場合には記載内容のとおり確認があったものとする基本契約等を締結した場合におけるその一定期間を経たもの

があります。

なお、③については、

・　仕入明細書等に「送付後一定期間内に誤りのある旨の連絡がない場合には記載内容のとおり確認があったものとする」旨の通知文書等を添付して相手方に送付し、又は提供し、了承を得る。

・　仕入明細書等又は仕入明細書等の記載内容に係る電磁的記録に「送付後一定期間内に誤りのある旨の連絡がない場合には記載内容のとおり確認があったものとする」といった文言を記載し、又は記録し、相手方の了承を得る。

といったように、仕入明細書等の記載事項が相手方に示され、その内容が確認されている実態にあることが明らかであれば、相手方の確認を受けたものとなります。

(参考)　区分記載請求書等保存方式においても、仕入れを行った者が作成する仕入明細書等の書類で、一定事項が記載されており、相手方の確認を受けたものについては、仕入税額控除のために保存が必要な請求書等に該当します。

　　　　ただし、適格請求書等保存方式における仕入明細書等と区分記載請求書等保存方式における仕入明細書等の記載事項は異なりますので、ご注意ください。

適格請求書の様式

> 問　適格請求書の様式は、法令又は通達等で定められていますか。

答　適格請求書の様式は、法令等で定められていません。適格請求書として必要な記載事項が記載された書類（請求書、納品書、領収書、レシート等）であれば、その名称を問わず、適格請求書に該当します。

　また、手書きであっても構いません。

請求書の保存（口座振替・口座振込による家賃の支払）

> **問** 当社は、事務所を賃借しており、口座振替により家賃を支払っています。不動産賃貸契約書は作成していますが、請求書や領収書の交付は受けておらず、家賃の支払の記録としては、銀行の通帳に口座振替の記録が残るだけです。このような契約書の締結後に口座振替等により代金を支払い、請求書や領収書の交付を受けない取引の場合、請求書等の保存要件を満たすためにはどうすればよいですか。

答 通常、契約書に基づき代金決済が行われ、取引の都度、請求書や領収書が交付されない取引であっても、仕入税額控除を受けるためには、原則として、適格請求書の保存が必要です。

この点、適格請求書は、一定期間の取引をまとめて交付することもできますので、相手方（貸主）から一定期間の賃借料についての適格請求書の交付を受け、それを保存することによる対応も可能です。

なお、適格請求書として必要な記載事項は、一の書類だけで全てが記載されている必要はなく、複数の書類で記載事項を満たせば、それらの書類全体で適格請求書の記載事項を満たすことになりますので、契約書に適格請求書として必要な記載事項の一部が記載されており、実際に取引を行った事実を客観的に示す書類とともに保存しておけば、仕入税額控除の要件を満たすこととなります。

ご質問の場合には、適格請求書の記載事項の一部（例えば、課税資産の譲渡等の年月日以外の事項）が記載された契約書とともに通帳（課税資産の譲渡等の年月日の事実を示すもの）を併せて保存することにより、仕入税額控除の要件を満たすこととなります。

また、口座振込により家賃を支払う場合も、適格請求書の記載事項の一部が記載された契約書とともに、銀行が発行した振込金受取書を保存することにより、請求書等の保存があるものとして、仕入税額控除の要件を満たすこととなります。

簡易課税制度を選択する場合の手続等

> **問** 免税事業者が令和5年10月1日から令和11年9月30日までの日の属する課税期間中に登録を受ける場合には、登録を受けた日から課税事業者になるとのことですが、その課税期間から簡易課税制度の適用を受けることができますか。

答 簡易課税制度は、課税期間の基準期間の課税売上高が5,000万円以下であり、原則として、適用を受けようとする課税期間の初日の前日までに「消費税簡易課税制度選択届出書」を提出している場合に適用することができます（簡易課税制度の選択は任意です。）。

免税事業者が令和5年10月1日から令和11年9月30日までの日の属する課税期間中に登録を受けることとなった場合には、登録日（令和5年10月1日より前に登録の通知を受けた場合であっても、登録の効力は登録日から生じます。）から課税事業者となる経過措置が設けられています。

この経過措置の適用を受ける事業者が、登録日の属する課税期間中にその課税期間から簡易課税制度の適用を受ける旨を記載した「消費税簡易課税制度選択届出書」を、納税地を所轄する税務署長に提出した場合には、その課税期間の初日の前日に消費税簡易課税制度選択届出書を提出したものとみなされます。

したがって、ご質問の場合、登録日の属する課税期間中にその課税期間から簡易課税制度の適用を受ける旨を記載した「消費税簡易課税制度選択届出書」を提出することにより、その課税期間から、簡易課税制度の適用を受けることができます。

課税事業者選択届出書を提出している場合の小規模事業者に係る税額控除に関する特例措置の適用の可否

> **問** 適格請求書発行事業者となるために令和5年10月1日以降に課税事業者となる旨の課税事業者選択届出書を提出していますが、納付税額が売上税額の2割に軽減される措置を受けることはできますか。

答 納付税額が売上税額の2割に軽減される措置については、令和5年10月1日から令和8年9月30日を含む課税期間において、免税事業者がインボイス発行事業者となった場合などに適用できることとされました。

なお、令和5年10月1日前に課税事業者選択届出書を提出していることにより同日以前に課税事業者となっている課税期間については、この計算方法が適用できません。

したがって、納税額が売上税額の2割に軽減される措置を適用したい場合、課税事業者選択不適用届出書の提出が必要となります。

免税事業者である個人事業者が、令和4年12月に課税事業者選択届出書と〔届出〕書を提出し、令和5年1月1日から納税義務が生じる場合における

課税期間については、この特例は適用できません。

（参考）　課税事業者選択届出書を提出したことにより令和5年10月1日の属する課税期間から事業者免税点制度の適用を受けられないこととなるインボイス発行事業者が、その課税期間中に課税事業者選択不適用届出書を提出したときは、その課税期間から課税事業者選択届出書を失効できることとさせる措置が設けられました。

特例措置と簡易課税制度との関係

> 問　納付税額が売上税額の2割に軽減される措置により申告できるのであれば、簡易課税制度の選択をやめたいが、どのようにすればよいですか。

答　適格請求書発行事業者の登録を受ける課税期間から簡易課税制度を選択するため、簡易課税制度選択届出書を経過措置により、その課税期間中に提出している場合、その課税期間の末日までにその届出書の「取下書」を提出することにより、簡易課税制度の選択をやめることができます。

　なお、簡易課税制度選択届出書を提出した課税期間の末日を経過しての取下げはできません。

　また、簡易課税制度の選択をやめた場合の本件措置の対象となる事業者の申告は、特例措置か本則課税かを選択して申告することになります。

（参考資料）令和5年度税制改正のポイント

Ⅰ　消費税関係

1　輸出物品販売場制度関係

　　輸出物品販売場制度（44ページ参照）について、免税購入された物品の税務署長の承認を受けない譲渡又は譲受けがされた場合には、その物品を譲り受けた者に対して譲り渡した者と連帯してその免除された消費税を納付する義務を課すこととされました。

　　この改正は、令和5年5月1日以後に行われる課税資産の譲渡等に係る税務署長の承認を受けない譲渡又は譲受けについて適用されます。

2　カジノ業務に係る課税仕入れ等の調整措置

　　特定複合観光施設区域整備法の規定により認定設置運営事業者のカジノ業務に係るものとして経理される課税仕入れ等については、仕入税額控除制度の適用を認めないこととされました。ただし、その認定設置運営事業者のその課税期間における資産の譲渡等の対価の額の合計額にカジノ業務に係る収入の合計額を加算した金額のうちに、そのカジノ業務に係る収入の合計額の占める割合が5％を超えない場合には、その課税仕入れ等について仕入税額控除制度の対象とされます。

　　この改正は、令和5年4月1日以後に開始する課税期間から適用されます。

Ⅱ　納税環境整備

1　電子帳簿保存等制度の見直し

(1)　国税関係書類に係るスキャナ保存制度

　　国税関係書類に係るスキャナ保存制度について、次の見直しが行われました。

　　　国税関係書類をスキャナで読み取った際の解像度、階調及び大きさに

関する情報の保存要件が廃止されました。

- 国税関係書類に係る記録事項の入力者等に関する情報の確認要件が廃止されました。
- 相互関連性要件について、国税関係書類に関連する国税関係帳簿の記録事項との間において、相互にその関連性を確認することができるようにしておくこととされる書類が、契約書・領収書等の重要書類に限定されることとなりました。

　この改正は、令和6年1月1日以後に保存が行われる国税関係書類について適用されます。

(2)　電子取引（取引情報の授受を電磁的方法により行う取引をいう。）の取引情報に係る電磁的記録の保存制度

　電子取引の取引情報に係る電磁的記録の保存制度について、次の見直しが行われました。

- 保存義務者が国税庁等の職員の質問検査権に基づく電磁的記録のダウンロードの求めに応じることができるようにしている場合には、検索要件の全てを不要とする措置について、対象者を①判定期間における売上高が5,000万円以下（現行1,000万円以下）である保存義務者、②電磁的記録の出力書面（整然とした形式及び明瞭な状態で出力され、取引年月日その他の日付及び取引先ごとに整理されたものに限る。）の提示又は提出の求めに応じることができるようにしている保存義務者とすることとされました。
- 電磁的記録の保存を行う者等に関する情報の確認要件が廃止されました。
- 電子取引の取引情報に係る電磁的記録を保存要件に従って保存をすることができなかったことについて相当の理由がある保存義務者に対する猶予措置として、申告所得税及び法人税に係る保存義務者が行う電子取引につき、納税地等の所轄税務署長がその電子取引の取引情報に係る電磁的記録を保存要件に従って保存をすることができなかったことについ

て相当の理由があると認め、かつ、その保存義務者が質問検査権に基づく電磁的記録のダウンロードの求め及びその電磁的記録の出力書面（整然とした形式及び明瞭な状態で出力されたものに限る。）の提示又は提出の求めに応じることができるようにしている場合には、その保存要件にかかわらず、その電磁的記録の保存をすることができることとされました。

・　電子取引の取引情報に係る電磁的記録の保存への円滑な移行のための宥恕措置は、適用期限の到来をもって廃止されます。

　これらの改正は、令和6年1月1日以後に行う電子取引の取引情報に係る電磁的記録について適用されます。

2　加算税制度の見直し

加算税制度について、次の見直しが行われました。

・　無申告加算税の割合（現行：15%（納付すべき税額が50万円を超える部分は20%））について、納付すべき税額が300万円を超える部分に対する割合を30%に引き上げることとされました。

(注)　調査通知以後に、かつ、その調査があることにより更正又は決定があるべきことを予知（以下「更正予知」といいます。）する前にされた期限後申告又は修正申告に基づく無申告加算税の割合（現行：10%（納付すべき税額が50万円を超える部分は15%））については、上記の納付すべき税額が300万円を超える部分に対する割合は25%とされます。

・　過去に無申告加算税又は重加算税が課されたことがある場合に無申告加算税又は重加算税の割合を10%加重する措置の対象に、期限後申告若しくは修正申告（調査通知前に、かつ、更正予知する前にされたものを除く。）又は更正若しくは決定（以下「期限後申告等」といいます。）があった場合において、その期限後申告等に係る国税の前年度及び前々年度のその国税の属する税目について、無申告加算税（期限後申告又は修正申告が、調査通知前に、かつ、更正予知する前にされたものであると〔　〕課されたものを除く。）若しくは無申告加算税に代えて課される重

加算税（以下「無申告加算税等」といいます。）を課されたことがある
とき、又はその無申告加算税等に係る賦課決定をすべきと認めるときに、
その期限後申告等に基づき課する無申告加算税等を加えることとされま
した。

(注) 過少申告加算税、源泉徴収等による国税に係る不納付加算税及び重加算税（無
申告加算税に代えて課されるものを除く。）については、上記の見直しの対象と
はなりません。

これらの改正は、令和6年1月1日以後に法定申告期限が到来する国税
について適用されます。

（編　　　者）

霜 崎 良 人

（執筆者一覧）

中 村　　修

長 島　牧 人

池 田　康 平

佐 野　友紀香

森 田　遼 介

令和5年版　知っておきたい消費税

令和5年4月18日　初版印刷
令和5年5月10日　初版発行

不　許
複　製

編者　霜　崎　良　人

一般財団法人大蔵財務協会　理事長
発行者　木　村　幸　俊

一般財団法人　大 蔵 財 務 協 会

〔郵便番号　130－8585〕
東京都墨田区東駒形1丁目14番1号
（販　売　部）TEL03（3829）4141・FAX03（3829）4001
（出版編集部）TEL03（3829）4142・FAX03（3829）4005
http://www.zaikyo.or.jp

発行所

乱丁、落丁の場合は、お取替えいたします。　　印刷・恵 友 社

ISBN978-4-7547-3115-1